GPS | para un matrimonio más feliz

GUÍA   PROPÓSITO   SECRETO

¡Lo que debieron contarme!

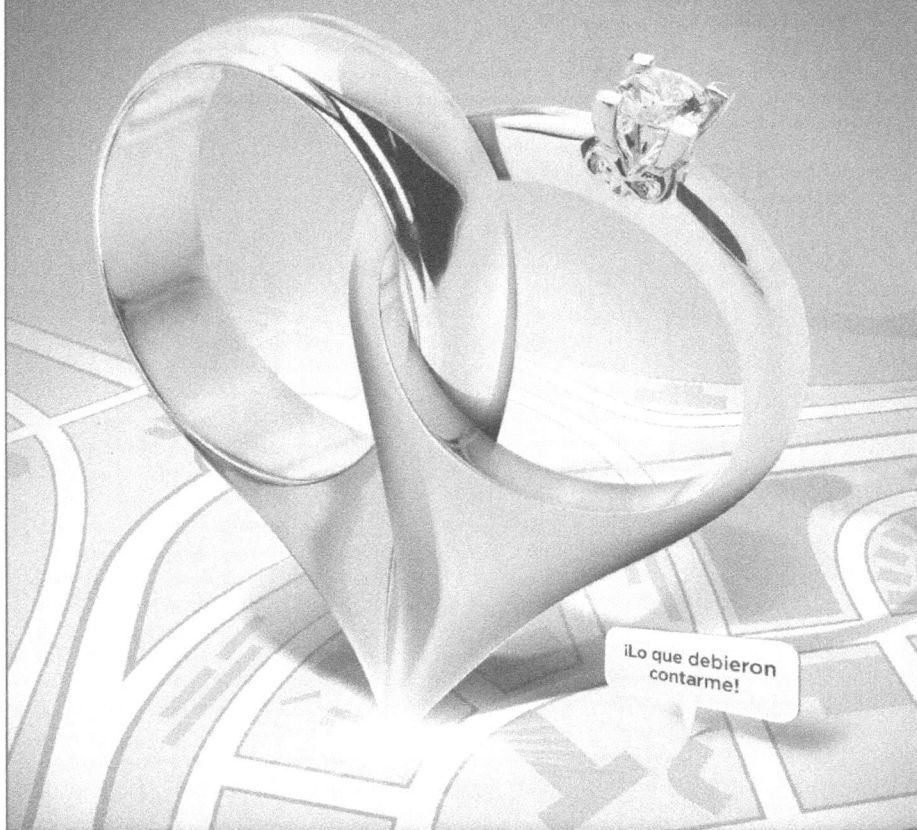

RABINO AARON LAINE

Título original: GPS for a Happier Marriage
Primera impresión: Noviembre 2016
Segunda impresión: Septiembre 2017

GPS para un Matrimonio más feliz
Primera edición en español: Abril 2018

ISBN: 978-0-692-08002-3
Impreso en Estados Unidos

A mi querida esposa

Fradel

Una verdadera Eishet Jayil

*Donado para el enaltecimiento
del alma de*

*Eduardo Rahamim
ben Miriam*

y

Jacobo ben Miriam

Índice

PRIMERA PARTE
Las P's y las A's

Ápendices

Agradecimientos

Deseo agradecer a todos los miembros de mi congregación y a la población judía de Panamá, quienes depositaron su confianza en mi habilidad como consejero matrimonial.

A la Junta Directiva de nuestra sinagoga y al grupo de las Damas de Beth-El que me dieron constantemente su apoyo, especialmente a Bruce Eisenman Z"L, (presidente anterior), quien me sugirió iniciar este proyecto. A Len Estrin por desarrollar mis ideas en el primer borrador, a la señora Suri Brand quien realizó una excelente labor rehaciendo y finalizando el trabajo. A la señora Braja Steinberg por la revisión y retoques finales, y a la señora Eden Chachamtzedek por el diseño gráfico en la versión en inglés.

Al rabino Moisés Waisberg por la traducción del libro al español, y a Galia Fajgenbaum por su revisión. Por la invaluable dedicación en revisar y corregir el texto a Déborah Wizel y Rita Segal, y a Thania Pérez por el diseño gráfico en la versión en español.

A todas las personas que lo leyeron y me dieron su invaluable opinión: Lara Ghelman de Naimark, Adina Roth, Sima Maoz y David Brunchstein; y en especial a los siguientes psicólogos y profesionales: Robert Schwartz, Isaac Shagalow, Lea Setton, Marci Mizrachi y Patricia Bentolila.

También quiero expresar mi más sincero aprecio a: Moisés Attias, Michael Bettsak, Jonathan Bettsak, Dorita Eisenman, Danny Nelkenbaum, a mis suegros Efraim y Toebe Potash, a mi querida madre Henya Laine, Michael y Yael Rubin, Danny y Lisa Yaker y Bruce Zalcer.

A los rabinos: Manis Friedman, Moshe Rapaport, Avrohom Plotkin, Rafael Aron y Shea Rubinstein, quienes indiscutiblemente merecen una mención especial.

A Jaco y Greta Lacs, que apoyaron el proyecto económicamente e hicieron posible que esta obra se publique.

A mis padres, rabino David y rebetzin Henya Laine, quienes me proporcionaron un hogar cálido y amoroso, en donde pude crecer y nutrirme, para lograr desarrollar el talento que Di-s me obsequió.

A mis hijos Mushkie, Mendel y Shlomo, ellos nos llenan de regocijo y najes, tanto a mi como a mi esposa.

Al Rebe de Lubavitch ZY"A, por inspirarme con su ejemplo de dedicación absoluta al servicio de los demás.

Y evidentemente a la Fuente de todo, Di-s Todopoderoso, por todas Sus bendiciones.

Rabino Aaron Laine

Introducción

Una celebridad en Panamá, se me acercó para pedirme ayuda. Ella me comunicó las dificultades que estaba enfrentando en su matrimonio y traté de darle un consejo. Cuando estaba por irse, le pregunté: ¿Por qué decidiste venir donde mí en lugar de solicitar consejo de un cura?

"Por supuesto que lo hice", me respondió.

"Y, ¿qué dijo?"

"Me pidió que rezara".

"¿Y…?"

"Pues me puse a rezar, pero no funcionó".

"¿Qué dijo cuándo le contaste eso?"

"Que rece con más fuerza… pero tampoco me ayudó y por eso he venido donde usted".

Asentí y luego declaré: "Debe ser difícil para alguien que jamás se ha casado, dar consejos matrimoniales".

Al poco tiempo de este episodio, recibí la visita de un miembro de mi congregación, que estaba sufriendo problemas maritales. Yo le había dado varios consejos en el pasado, pero su matrimonio se estaba derrumbando.

"Rabino, ¡¿Qué más puede sugerirme?!"

Sin pensarlo dos veces, exclamé: "¡Reza!"

Fui contratado hace más de veinte años, cuando la comunidad Ashkenazí de Panamá estaba buscando un Rabino. En ese entonces mi esposa y yo nos mudamos a Panamá. A los seis meses de nuestra llegada recibí la visita de una pareja que necesitaba ayuda: estaban sufriendo una crisis. Aunque estaba deseoso de colaborarles, yo tenía veinticinco años de edad y solamente ocho meses de casado. ¿Qué consejo podía yo darle a una pareja con quince años de casados?

Inmediatamente percibí que debía especializarme en el tema porque sería parte integral de mi trabajo.

Entendí, que en Panamá las personas con problemas matrimoniales suelen acudir al rabino antes de visitar a un especialista, me quedó claro que tendría que pulir mi habilidad de consejero cuanto antes.

En los años siguientes, me dediqué a tomar nota de mis experiencias y empecé a desarrollar mis propias ideas acerca del secreto para tener un buen matrimonio y los elementos que perjudican la paz en el hogar.

No debes contar chistes de matrimonio. Las mujeres no piensan que son graciosos y los hombres no los consideran chistes.

Aproximadamente cinco años después, reuní mis notas en un manuscrito, creía que tenía todas las respuestas y estaba seguro que mis ideas eran una obra maestra en el arte de aconsejar. Pensaba que si lograba publicar esas teorías, servirían de guía para muchas parejas.

Ansioso por confirmar mis teorías, le pedí a dos reconocidos líderes comunitarios que me dieran su opinión. Estaba convencido que estarían de acuerdo en que muchos matrimonios podrían beneficiarse con mi investigación. El primero fue muy leal, hizo un par de correcciones y me las envió para que las revisara. El segundo me dijo: "Sinceramente, esto es para principiantes".

Estaba devastado. Recuerdo que me decía a mí mismo: *"¿Cómo puede él decir tal cosa sobre mis ingeniosas contribuciones? ¿Qué tanto cree saber sobre matrimonio?"*. Yo estaba convencido de que mis pensamientos eran acertados.

Pasaron más de diez años para que me percatara que ellos tenían razón. Mis ideas eran buenas, pero no las había desarrollado lo suficiente.

Ya tengo casi veinte años desempeñándome como rabino comunitario. He conocido cientos de parejas y descubrí patrones de conducta que se repiten constantemente. La mayoría de los casos son similares, ya sea de parejas formadas recientemente, o con varios años casados. Analizando las razones por las que discuten, logré encontrar la raíz del problema y esos descubrimientos son los que componen esta obra.

Matrimonios Felices = Comunidades Sanas

Un matrimonio feliz, no solo beneficia a la pareja, sino a toda la comunidad. Estoy convencido de que mantener la integridad del hogar resulta fundamental para lograr el éxito de la sociedad en general y de la comunidad judía en particular. ¿Cómo podemos considerar que nuestra comunidad es sana, si vemos matrimonios que se derrumban y niños que crecen en hogares fragmentados?

Las personas, han tratado de convencerme de que los niños que se crían con padres divorciados se mantienen totalmente sanos. Aunque hay casos en los que logran superar el trauma, esto es poco común. Los efectos de un divorcio suelen ser devastadores, tanto para la familia involucrada, como para la comunidad entera[1]. Cuando el niño crece en un hogar en que ambos padres están presentes, es mucho más sencillo imponerle límites. Los padres pueden mantenerse unidos en el proceso disciplinario, y es más difícil que el niño logre desvirtuar la opinión de uno de los padres con la del otro. Esto le concede al niño un sentimiento de seguridad personal mientras se moldea su autodisciplina.

Cuando hay un divorcio, con frecuencia uno de los padres intenta tener a los hijos de su lado y esa maniobra suele malcriarlos. El resultado es que el niño crece sin disciplina y con falta de estabilidad. Mientras menos estabilidad tenga, más fuerte será su necesidad de encontrarla por otros medios, y

---

1 Patrick Fagan, PhD, "The Effects of Divorce on Children," Remarks to the World Congress of Families II (November 8, 1999).

generalmente, no son las más adecuadas.

La disciplina y el autocontrol son elementos primordiales para el desarrollo de una sociedad sana. Si alguien creció en un hogar fragmentado, le es mucho más difícil desempeñarse como miembro ejemplar de su comunidad.

Este es solo un ejemplo de los efectos negativos del divorcio. Personalmente he dedicado varios años a reflexionar sobre la esencia del matrimonio, y el por qué algunas parejas se comportan inadecuadamente, terminando muchas veces en divorcio. Considero que si las parejas percibieran mejor la naturaleza del matrimonio, estarían bien preparadas para mantener la armonía en su unión conyugal y evitarían que su matrimonio fracasara.

Este libro ofrecerá al lector distintas estrategias, que según mi experiencia, han demostrado ser apropiadas para construir y mantener un matrimonio feliz y una comunidad sana y feliz.

El evasivo concepto de un Matrimonio Feliz

Hace algunos años me invitaron a disertar en la ciudad de Cali, Colombia. En medio de mi discurso, planteé al público la siguiente pregunta:

"¿Cuánto tiempo tarda un individuo en graduarse de abogado?"

"Cuatro años", dijo alguien.

"¿Un médico para especializarse?"

"Diez años" contestaron.

"¿Qué es más difícil, ser abogado, doctor o esposo?"

"Esposo", contestó la mayoría de los presentes.

"¿Cuántos años se estudia acerca del matrimonio antes de casarse?"

"Ninguno."

"Esto es absurdo. ¿No creen que se debería estudiar sobre la base del matrimonio antes de casarse para obtener una exitosa relación?

Una persona exclamó: "Rabino, de ser así, nadie se casaría jamás".

Cuando empecé a investigar la razón por la que tantos matrimonios fracasan, me formulé la siguiente pregunta: ¿Cómo es posible que la institución del matrimonio ha estado vigente durante miles de años y todavía existen tantas personas que no logran entender cómo hacerla funcionar? Uno pudiera suponer que con todos los avances tecnológicos y científicos, la humanidad tendría también la capacidad de comprender el secreto de un matrimonio feliz.

Hemos descubierto métodos de comunicación para personas con impedimentos, utilizando simplemente sus ondas cerebrales. Hemos conseguido desarrollar nuevos materiales, cuyas propiedades no eran sino un sueño para los alquimistas de antaño. Las personas han podido viajar al espacio estelar – no solo como científicos, sino como *turistas*. Aun así, la humanidad no es más feliz hoy en día que hace cien años. La tasa actual de divorcio es más alta que en el pasado, e incluso si una pareja se mantiene unida, difícilmente perdura la felicidad en su relación[2].

¿Por qué no hemos podido hacer funcionar el matrimonio – la institución más importante de nuestra sociedad – óptimamente?

No es que las personas no lo hayan intentado. Psicólogos famosos han abordado el desafío, han redactado cientos de miles de páginas, plagadas de ideas y consejos maritales. Aun así, algunos de ellos están divorciados o inconformes con su propia relación. Se siguen escribiendo nuevos volúmenes sobre el tema, muchos de ellos se vuelven *best-sellers,* porque las personas buscan incansablemente las respuestas para corregir los

---

2 Hasta el 2010, 20% de las parejas se divorcian dentro de los primeros cinco años, 32% de las parejas que se mantienen unidas durante diez años, se están divorciando, y entre las que se mantienen unidas veinte años, 48% – casi la mitad – terminan en divorcio. Ver. Casey E. Copen, PhD, et al., "First Marriages in the United States: Data from the 2006–2010 National Survey of Family Growth," *National Health Statistics Reports* 49 (March 22, 2012).

errores cometidos en su matrimonio. Si existe tanta información disponible, ¿por qué hay tanta gente sufriendo todavía?

Estos son los interrogantes que me formulé al desarrollar mi método para un matrimonio funcional.

Cuando reflexioné al respecto, me di cuenta que la razón es obvia: muchas personas no siguen los consejos que reciben de los especialistas. Un matrimonio saludable y feliz requiere del esfuerzo, dedicación y compromiso de ambos. Cualquier logro importante requiere esfuerzo, ¿acaso nuestro matrimonio merece menos?

Romper con un mal hábito como fumar es de por sí bastante difícil; más difícil aún es cambiar nuestra naturaleza, que es la causante de nuestros malos hábitos. Sin embargo, podemos y *tenemos* que hacerlo. Antes de dar con la raíz del problema debemos estar dispuestos a rectificarlo. En esta obra llegaremos al núcleo, pero debo advertir al lector que si no está dispuesto a esmerarse en hacer florecer su matrimonio, esta información le resultará inútil. Si está interesado y se siente preparado para enfrentar el desafío, entonces, ¡adelante!

La Cortina de Humo

Suponga que tiene un hijo sabio y perspicaz, pero, no le está yendo bien en el colegio. Naturalmente, usted se siente frustrado y desea que él mejore su desempeño escolar. Usted inventa todo tipo de justificaciones sobre el fracaso del niño. Le pregunta, pero él no consigue poner en palabras su problema. Posiblemente usted culpe al niño por su falta de interés y esfuerzo. Si ve que el problema persiste, es probable que usted opte por incentivarlo a cambiar, utilizando el sistema de recompensa/castigo. Quizás usted continúe acusando a los maestros o a la institución de no lidiar correctamente con el problema. Por algún motivo el problema no logra resolverse, y así, su frustración crece, incrementándose igualmente la tensión entre los maestros y administradores que tratan a su hijo.

Ahora veamos. ¿Qué pasaría si se percatara que el problema radica en que el niño requiere usar lentes y nadie lo ha notado? ¿o se tratara de una falla en su audición?, esta situación le obliga a leer los labios para captar la lección. ¿Quizás el niño es disléxico o hiperactivo? Inmediatamente usted cambiaría su enfoque, comenzando a corregir la causa del problema en lugar de tratar de controlar tan solo los síntomas.

Otro escenario bastante común es el siguiente: un padre llega a su hogar luego de una larga jornada de trabajo cansado y exhausto. Su hija se comporta inadecuadamente durante la cena. La reacción inmediata del padre es ponerla en su lugar. Muchas veces, esa conducta de un adolescente no es más que una cortina de humo. Lo que el padre debe hacer, es indagar la verdadera causa de esa actitud; si él lo analiza detenidamente podrá hallarla: una pelea con algún amigo, un examen fracasado, el desprecio de algún maestro. Entonces podrá enfocarse en la causa y automáticamente los síntomas cesarán.

Analicemos algunos de los argumentos más comunes para justificar los problemas maritales:

Estamos teniendo una falta de comunicación: Esta expresión es la forma diplomática de decir que "los hombres tienen dificultades para comunicarse, ellos prefieren lidiar solos con sus dificultades y no suelen compartir sus sentimientos." Otra posibilidad sería: "Las mujeres nunca cuentan a sus maridos qué es lo que realmente les molesta, en vez de ello, simplemente les dan un trato silencioso y acaban peleándose."

Él/Ella tiene expectativas irreales: Esta expresión se podría traducir así: "Cuando me casé con él, pensé que sería un verdadero caballero, que me haría sentir amada, apreciada y respetada. Sin embargo, en ocasiones es demasiado egoísta e insensible – solo se enfoca en su trabajo, le apasionan sus hobbies, o se encuentra inmerso en su vida social. Yo pensé que nunca me sentiría sola una vez casada, ahora no solo me siento sola, sino también abandonada." Otra posible interpretación sería: "yo creía que mi pareja se encargaría de todas mis necesidades, de la misma manera en que lo hace mi madre con mi padre, ella le suele dar su espacio y no lo molesta cuando decide salir a tomarse un café con sus amistades."

Él/Ella es muy exigente y se queja todo el tiempo: las peticiones que van desde podar el césped, hasta ayudar a los niños con sus tareas o pasar más tiempo de calidad en pareja, se tornan súbitamente en demandas y exigencias cuando la relación se vuelve amarga.

Luego de trabajar con varias parejas he logrado darme cuenta de que todas estas complicaciones – y otras similares – no son más que una cortina de humo para ocultar el verdadero problema. Si logran corregir el problema de raíz, automáticamente harán desaparecer los síntomas.

Cuando nos enfocamos en el núcleo de un problema, podemos eliminarlo totalmente. Esa es precisamente la idea de esta obra: identificar la raíz de todos los problemas maritales y ofrecer el método ideal para resolverlos.

Los primeros capítulos se enfocan en la importancia de tener una buena autoestima y en los puntos que las personas buscan para sentirse bien con ellas mismas. Los hombres y las mujeres tienen necesidades distintas y consecuentemente buscan cosas diferentes. Vamos a descubrir cuáles son esos elementos y comprenderemos por qué las parejas empiezan a distanciarse entre sí.

Los siguientes capítulos están orientados para ofrecer las soluciones y analizar la manera de fortalecer la relación, en lugar de destrozarla.

Finalmente, vamos a reflexionar sobre varias técnicas con el fin de evitar discordias y resolver conflictos.

Aquí encontrarás ejemplos de la vida real que ilustran algunas de estas ideas. Todos los nombres y lugares se han cambiado para proteger la privacidad de las personas.

Una aclaratoria importante

Es fundamental advertir que estas estrategias solo funcionarán si se trata de parejas emocionalmente estables – es decir, que no padezcan algún tipo de desbalance emocional, trauma o adicción. Además, las personas que tienen leves conflictos deben aprender las bases para el buen funcionamiento de su relación.

Sin embargo, si alguno de los dos – o ambos – sufre de un desbalance emocional (bien sea un desorden bipolar, trastorno afectivo estacional, depresión o depresión postparto), deberá buscar ayuda profesional para lograr resultados positivos.

Un individuo que padece algún desbalance emocional, puede parecer totalmente racional y tratar de arreglar las cosas en casa; en realidad un desbalance emocional o mental, es una enfermedad. Aunque trates de explicarle, convencerle, excusarte o aclararle la situación, las cosas no van a mejorar hasta que consigan ayuda profesional.

De igual manera, si alguno de los dos sufre alguna adicción, también debería buscar el apoyo de un especialista. Una adicción puede ser fatal para un matrimonio y debe ser tratada antes de pensar en una terapia familiar.

Apoyarse únicamente en los consejos de éste o cualquier otro libro de autoayuda, será una total pérdida de tiempo y hasta podría causar más daño que beneficio.

I PARTE

Las P's y las A's

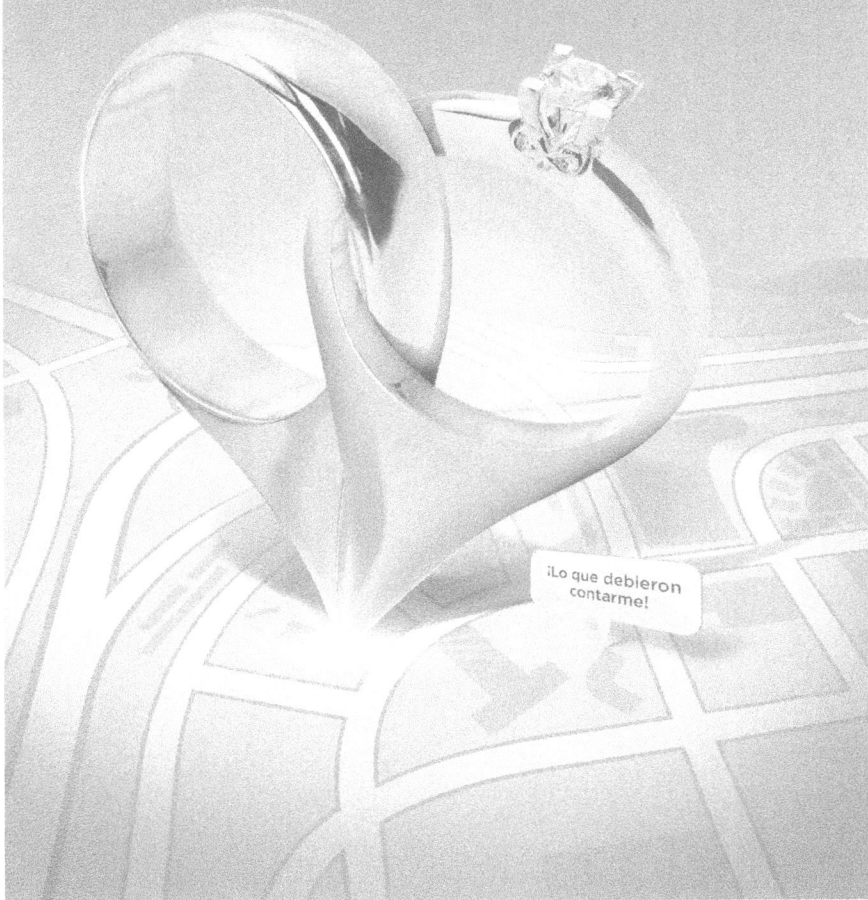

1 La Búsqueda de la Felicidad

¿Qué te hace feliz?

Si te hiciera la pregunta, "¿Qué buscas en la vida?", ¿Cuál sería tu respuesta? ¿Quizás ansías tener mucho dinero? ¿Poder? ¿Riqueza? ¿Salud? ¿Paz interior? ¿Todas las anteriores?

He formulado esta pregunta cientos de veces y he recibido toda clase de respuestas. Pero sin importar cuál escojan, creo que todo se reduce a una sola cosa: felicidad. Cuando la persona tiene problemas de salud o no encuentra su paz interior, su felicidad se ve afectada. Si le faltan los recursos para pagar la renta, la cuenta del mercado, o la matrícula escolar de sus hijos, estos inconvenientes le producirán ansiedad y le impedirán ser feliz.

Bien sea por nuestra naturaleza, o por la forma en que hemos sido criados, todos buscamos constantemente la felicidad. No podemos tolerar la ansiedad, el sufrimiento, la tristeza, el duelo, ni nada que nos haga sentir mal.

¿Cómo conseguimos la felicidad? ¿La compramos en el centro comercial? ¿Cuánto cuesta?

A pesar de lo absurdo que pueda sonar, en realidad muchas personas creen que la felicidad se puede comprar. Ellas gastan su dinero tratando de adquirirla, pero terminan confundiendo la gratificación temporal con la verdadera felicidad.

Mi esposa y yo éramos muy felices...luego nos casamos.

Con el tiempo, se tornan adictas a la dosis de adrenalina

que les produce comprarse unos lentes de sol, o un automóvil nuevo. Cuando la emoción cesa tienen que hacer algo para recuperarla, al final del camino, la felicidad no se mide en términos económicos ni en proporción a los logros. ¿Dónde se origina? ¿Hay acaso una fórmula secreta?

Pareciera como si algunas personas nacieran para ser felices, mientras que otras ni siquiera tienen oportunidad de serlo. Así como hay personas optimistas y otras pesimistas, introvertidas y extrovertidas, sociables y antisociales, del mismo modo, hay quienes poseen una inclinación natural hacia la felicidad.

La felicidad es accesible a todos. Aunque no hay garantías, la verdad es que – a menos que una persona padezca de algún desbalance o desorden químico – la felicidad está al alcance de todo ser humano.

Los sabios de Jelm se percataron que la gente perdía demasiado tiempo preocupándose. Decidieron contratar a Moshe para que se encargara de preocuparse de todos los problemas del pueblo. Desde ahora, si alguien tenía un problema, se lo llevaba a Moshe y él se encargaba de preocuparse por ello.

Esa noche Moshe llega a su hogar y le comenta a su esposa la buena noticia: "Al fin tengo un trabajo estable y que paga bien."

La esposa de Moshe, Jana, exclama con satisfacción: "¡Excelente querido!"

Entonces Moshe la mira detenidamente y le dice: "Sí, pero hay un problema. Ahora que encontré trabajo, ¡ya no tengo preocupaciones"

La autoestima: el sendero hacia la felicidad

Nuestra autopercepción se forja principalmente en base a las experiencias de nuestra infancia, la forma en que fuimos criados y la estructura de nuestro núcleo familiar. Las herra-

mientas que recibimos desde niños son las piezas que constru-
yen nuestra autoestima – y gracias a ellas, sabemos lidiar con
los desafíos que la vida nos acarrea.   Sin embargo, ya sea que
hayamos logrado un sentimiento de seguridad y fortaleza de
carácter desde niños o no, de todas formas, seguimos buscando cosas que aumenten nuestra autoestima y nos hagan sentir
bien.

> Las personas que padecen de una baja autoestima, a
> menos que hagan algo al respecto, suelen estar apaga-
> das y tristes[1].
> Claramente, ellas sufren de aquello conocido como
> problemas de identidad – se sienten desvalorizadas y
> eso les genera una tremenda depresión. Evidentemen-
> te la autoestima es fundamental para alcanzar la *simjá*
> (felicidad) .

Lo que fortalece nuestra autoestima es – un matrimonio feliz, una carrera lucrativa, un buen estilo de vida – estos elementos generan la felicidad a largo plazo. En cambio, las cosas que
no nutren nuestra autoestima, no nos harán felices – independientemente de cuánto de ellas obtengamos.

La autoestima y la felicidad se complementan entre sí[2].

La base para una felicidad fuerte y duradera, es tener una
autoimagen positiva. Cuando la persona está satisfecha consigo
misma – quién es y qué ha logrado – entonces puede ser feliz.[3]

---

1 Rabino Dr. Avraham Twerski, *Let us make man: Self-esteem through Jewishness* (CIS Publications, 1989), p 42.

2 Twerski, *Let us make man*, p. 103.

3 No estoy diciendo que la felicidad duradera proviene sólo de la riqueza material. Es seguro que una dimensión espiritual y un verdadero sentido de propósito son parte integral de la felicidad, pero eso va más allá del alcance de esta obra. El rabino Twerski escribió: "la alegría espiritual depende de sentirse valioso, de percibir que nuestra existencia posee un propósito y que hay un motivo por el que estamos en este mundo" (*Let us make man*, p. 157).

Las personas con una autoimagen positiva suelen ser más capaces de intentar cosas nuevas, de desarrollar relaciones más profundas, de aprender y de crecer. En cambio, quienes tienen una baja autoestima, les resulta difícil establecer relaciones duraderas. Ellos se ven paralizados cuando deben intentar algo nuevo y en circunstancias extremas pueden incluso quedar totalmente estancados.

Si entendemos que la base de la felicidad radica en nuestra autoestima, es obvio que no necesariamente la felicidad depende de la clase social del individuo. Una persona puede ser pobre y feliz al mismo tiempo, como también, ser rica y sentirse miserable. Nuestro estado mental depende de cómo nos percibimos a nosotros mismos y a la vida que llevamos.

Pregúntese a sí mismo, "¿Soy feliz con lo que tengo, o espero mucho más… de la vida, de mi familia, de mi trabajo, de mis compañeros – ellos satisfacen mis expectativas o preferiría que fueran diferentes?" Bien sea, que se trate de lujos materiales, como un carro elegante, o de riqueza espiritual como paz mental, lo que percibimos como valioso crea la escala con la que evaluamos la felicidad.

El dilema está, en que en la sociedad moderna nosotros medimos nuestro valor en otros parámetros – los de *los demás*. Vemos el trabajo del *otro*, la familia del *otro*, su casa, su carro, su salud, su estatus, y nos comparamos con la persona. Esta es una actitud natural, pero nada constructiva. Nuestra autoestima varía según los logros del momento.

Todo se resume a esto, *la felicidad depende de tu percepción*. En otras palabras: tu valor personal se apoya en tu perspectiva de ti mismo – cómo te percibes y de qué forma ves tu vida y los elementos que la componen. Es ese sentido de valor personal el que contribuye a tu capacidad de ser feliz.

Hay un famoso dicho en Panamá, "el dinero no nos da la felicidad… pero ayuda." Al vivir en un mundo material, gran porcentaje de la gente cree que su valor está vinculado a su estado económico. Piensan que si tuvieran dinero serían felices.

Hay una historia de un actor famoso, que luego de alcanzar la cima se suicidó. Antes de hacerlo dejó una nota que decía: "yo creí que si alcanzaba la cima sería feliz, pero ya llegué y no encontré la felicidad". Él pensó que una vez que lograra tener fama y riqueza – *todo lo que el dinero puede comprar* – entonces sería feliz. Cuando lo obtuvo todo, se dio cuenta que nada de eso lo hacía más feliz.

Esto demuestra que al decir "*estoy buscando la felicidad*" realmente estamos diciendo – *necesito elementos que fortalezcan mi autoestima*. Pero ya que la autoestima depende de la forma en que nos valorizamos – resulta que, si permitimos que nuestro valor dependa de las adquisiciones materiales, estamos colocando nuestra felicidad en *qué* tenemos en lugar de en *quiénes* somos[4].

> Un inmigrante ruso estaba aprendiendo inglés. Le preguntó a su amigo americano, "¿Cuál es la diferencia entre *recesión* y *depresión*?"
> El amigo contestó: "Recesión es cuando le va mal a tu negocio, depresión es... cuando le va mal al *mío*."

La clave en la vida

En la Torá nos damos cuenta que la autoestima es básica para la vida: En una parte del texto, el rey Salomón se refiere al matrimonio como una bendición, mientras que en otra, lo compara con la muerte[5]. ¿Cómo es posible?

Todo depende de la autoestima. Cuando nos sentimos bien

---

4 ¿Por qué hemos sido hechos de esta forma? ¿acaso no sería mejor que estuviéramos satisfechos con cómo son las cosas? ¿por qué tenemos esa necesidad de perseguir la felicidad?
Di-s en Su infinita sabiduría, hizo al ser humano con la necesidad de superarse. Si no tuviéramos esa necesidad, el mundo no progresaría. La gente no sentiría el deseo de descubrir cosas nuevas, estaríamos satisfechos con las trivialidades de la vida. El hecho de que nos sintamos bien cuando innovamos, descubrimos, logramos, etc. es clave para el desarrollo de nuestra identidad y el progreso del mundo entero.

5 En Proverbios 18:22, el Rey Salomón enseña, "el que encuentra una mujer, encuentra el bien." Por otro lado, en Eclesiastes 7:26, declara, "yo he hallado algo más amargo que la muerte: la esposa…".

con nosotros mismos – cosa que ocurre en un buen matrimonio – todo parece perfecto. Pero si nos aplastan la autoestima – lo que también ocurre a veces en el matrimonio – nos sentimos como *muertos*. En un nivel más profundo, la autoestima no es solo parte integral de la vida – ella *es* nuestra *vida*.

El *Talmud* declara: "al pobre se le considera como muerto"[6]. Literalmente podríamos verlo así: el pobre es más propenso a perder la autoestima – es comparable a estar muerto. A nivel más profundo, el *Talmud* determina que tanto la riqueza como la pobreza están sujetas a nuestra perspectiva[7]. En la visión del judaísmo, una persona pobre es *rica* si se encuentra satisfecha con su porción.[8] En otras palabras: tu satisfacción no depende de cuánta riqueza poseas, sino de la expectativa que tengas – *qué* cosas consideras importantes. Si tengo una buena autoestima, soy rico y estoy vivo – independientemente de cuántas posesiones materiales logre acumular. Pero si me siento inconforme con mi vida – soy pobre y me encuentro *sin vida*.

Quien haya sentido esa frustración y falta de alegría, sabe lo que es sentirse *sin vida*. Por ello, estoy convencido que una autoimagen sana es la clave para vivir una vida plena y radiante.

> Todos deseamos ser felices. Para lograrlo nos la pasamos en búsqueda de elementos que nos hagan sentir bien y que nos permitan incrementar nuestro sentido de valor personal.

---

6 Talmud, *Nedarim* 64b.

7 Talmud, *Nedarim* 41a.

8 Ver Mishna, *Avot* 4:1.

2 Los Hombres y las Tres P's

Uno de mis colegas y su esposa, salieron a cenar con una reconocida presentadora de radio. En varias ocasiones fueron interrumpidos por personas que la conocían. Ella, muy cordialmente siempre los presentaba a sus admiradores diciendo: "estos son mi rabino y su esposa".

Estaban ya terminando de cenar cuando una persona se les acercó – esta vez para saludar al rabino, se trataba de alguien que lo conocía a él y no a la famosa presentadora. El rabino prosiguió diciendo: "te presento a nuestra amiga – una reconocida presentadora de radio". El rabino me contó lo sucedido, y agregó: "… no sabes lo bien que me sentí en ese momento".

> Un hombre exitoso es aquel que logra ganar más dinero que el que su mujer puede gastar. Una mujer exitosa es… la que encuentra a ese hombre.

En el capítulo anterior quedó establecido que la autoestima se sustenta en aquellos temas que son importantes para nosotros – cuando tenemos las cosas que apreciamos, nos sentimos bien. Al ser la felicidad algo fundamental en la vida, el ser humano es gobernado por un fuerte impulso hacia los elementos que la generan. Sin embargo, a pesar de que todos estamos en búsqueda de la felicidad – que depende de tener una buena autoestima – en la práctica, el método varía notablemente entre los hombres y las mujeres.

Antes de entrar detalladamente en esas diferencias, quiero hacer la siguiente advertencia: cada regla tiene sus excepciones. Es posible que una mujer tenga las tendencias que caracterizan al género masculino, como también puede haber hombres con tendencias que caracterizan a la mujer. Pero según mi experiencia, es evidente, que existen ciertas constantes que aplican a los hombres y otras a las mujeres.

Las tres P's

Si eres un hombre te sugiero el siguiente ejercicio, lee las preguntas a continuación y apunta tus respuestas:

- ⊕ ¿Qué cosas te hacen sentir bien?
- ⊕ ¿Qué te entusiasma en la vida?
- ⊕ Describe aquellas cosas que incentivan tu autoestima y te hacen sentir realizado.

Algunos hombres colocarían en la lista tener "buena salud". Quienes tienen problemas de salud les es difícil mantener un buen estado de ánimo. Sin embargo, para este ejercicio no estamos analizando los requisitos básicos, sino los puntos que nos generan sentirnos bien, siempre y cuando nuestras necesidades básicas – alimentación, hogar, salud – estén ya cubiertas. Por lo tanto, al responder las preguntas evita mencionar aquellas cosas que son fundamentales para subsistir. Solo debes escribir lo que ansías más allá de lo vital. Aquí te ofrezco algunas ideas:

- ⊕ Un buen empleo
- ⊕ Inteligencia
- ⊕ Hijos atractivos
- ⊕ Estabilidad económica
- ⊕ Respeto

Deberías tener una lista con varias cosas que te hagan feliz. Ahora dime, ¿ves algún factor común entre ellas?

Con el tiempo, me he percatado que todas las cosas que los hombres buscan para elevar su autoestima pertenecen a una de tres categorías – yo las llamo *las tres P's*: prestigio, poder y placer.

Prestigio: la necesidad de sobresalir

Para los hombres, la autoestima está dirigida hacia el desempeño laboral. Para un hombre, su ocupación – aunque se dedique al estudio - es el eje central en la vida y la base sobre la que se cimienta su ego personal. Su estado de ánimo depende en gran medida de ser exitoso laboralmente[1].

En los hombres, la pregunta de *"¿quién soy?"* va de la mano con *"¿qué cosas he logrado?"* Tener una sensación positiva de ellos mismos – verse como alguien *prestigioso* – es la escala que define su valor como persona.

La necesidad de obtener logros para ser *alguien* – para sentirse importante en algún sentido – está radicado en la condición humana. Naturalmente el hombre necesita sentirse exitoso. La mayoría de nosotros nos vemos invadidos por una urgencia constante de lograr cosas – adquirir, construir, generar, vencer.

El prestigio es fundamentalmente significativo para los hombres. ¿Las personas me consideran especial? ¿Soy exitoso y único? A diferencia de las mujeres, que su motivación para el éxito radica en sentirse realizadas[2]. Para los hombres no se trata tanto de cómo me siento conmigo mismo, sino de la forma en que me ven los demás. El hombre ambiciona ese respeto que adquiere gracias a su éxito. Él se siente realizado si las personas le tienen admiración.

> Un hombre acaudalado llama a su abogado antes de morir y le dice: "por favor, después que yo fallezca, encárgate de darle a cada uno de mis empleados veinticinco mil dólares".

---

1 Dr. Miriam Adahan, *It's All a Gift* (Feldheim Publishers, 1992), p. 106.

2 Ver Capítulo 3, "Las mujeres y las tres A's."

> El abogado contesta: "pero señor, su empresa tiene
> tan sólo cinco años, apenas hay unos pocos trabaja-
> dores..."
> "Es cierto" contesta el dueño. "Pero imagínate cómo
> se verá en los periódicos"

Como el prestigio depende de la forma en que nos ven los demás, el género masculino coloca su valor personal en qué tan destacados son sus amigos y compañeros: ¿Con quién estoy relacionado? ¿Estoy vinculado con alguna estrella de cine, político, o figura importante? ¿Me asocio con personas adineradas? ¿Estudié en una universidad reconocida? ¿Me gradué en una prestigiosa academia rabínica?

Esta urgencia de ser visto como alguien exitoso se manifiesta de distintas maneras según las diferentes etapas de la vida. En un niño se puede expresar como un deseo por ser popular, destacarse en alguna actividad deportiva o tener las mejores notas escolares.

También puede aparecer en forma negativa. Hay niños que roban a sus padres para comprar dulces y dárselos a sus compañeros con la finalidad de volverse más populares, otros, hacen trampa en los exámenes para ocultar sus dificultades de estudio.

Cuando el individuo crece, su éxito se convierte en el automóvil que conduce, el teléfono que tiene, la carrera que estudió, el tamaño de su casa, la duración y calidad de sus vacaciones. Si esta actitud se lleva al extremo, la persona puede tomar medidas desesperadas para conservar su imagen: incurrir en graves deudas, mentir, engañar y hasta robar.

> Una pareja de inmigrantes rusos ganó la lotería, al
> poco tiempo de mudarse a Estados Unidos de Améri-
> rica. De repente, sus vidas cambiaron radicalmente.
> En Rusia eran granjeros y de bajo nivel cultural. Ahora
> viven en un vecindario de gente famosa, artistas e in-
> telectuales, con quienes alternan a diario.

Al volverse parte de esa sociedad, se percataron de su ignorancia. Comenzaron a instruirse leyendo constantemente y lentamente fueron subiendo su nivel intelectual y cultural para estar al nivel de sus nuevos amigos.

Posteriormente se reunieron para cenar y conversaron sobre Beethoven. Cada uno compartió con gran entusiasmo la opinión que tenía sobre su música. En medio de la conversación, la mujer rusa dijo: "Oh sí, Beethoven es un grande. Justo ayer me lo encontré en el tren número 3, que va desde Manhattan a Queens..."

En eso, su marido le mueve el pie debajo de la mesa, como señal de que estropeó todo.

Al rato, la mujer se levanta para retocarse el maquillaje en el baño. Su marido se excusa y la sigue lleno de vergüenza. La alcanza antes de que ella entre al baño, y le dice en voz baja: "Natasha, ¡¿qué ocurre contigo?! Es imposible que te hayas encontrado a Beethoven en la línea 3, ¡ese tren no va a Queens!"

En el judío observante, la búsqueda del prestigio se manifiesta en forma distinta. ¿Me consideran un genio talmúdico? ¿La gente me ve como un sabio de la Torá? ¿Qué ideas he innovado a través de mis estudios? ¿Qué tan íntima es mi relación con el rabino? ¿Me siento conectado a Di-s? ¿Estoy alcanzando el objetivo para el que he sido creado? ¿Me llena esta forma de vida?

Independientemente de si se trata de alguien observante o no, el ego de la persona, también depende de la persona con quien se case (su estatus y apariencia), sus hijos (si son agradables e inteligentes) y su posición dentro de la comunidad. Se trata de cómo lo ven sus compañeros, a través de su personalidad y sus logros, factores que ejercen una gran influencia en su sentimiento de valor personal.

El conocido comediante Jackie Mason solía hablar acerca del judío cuyo hijo conducía un camión. Cuando se le preguntaba qué profesión tenía su hijo, él respondía con orgullo: "Mi hijo salva vidas."

"¿En qué forma salva vidas?" le preguntaban. El hombre respondía: "¡Imagínate cuántas personas morirían si hubiera un camión a toda velocidad sin conductor! Pues bien, mi hijo es el que se encarga de tomar el volante para que eso no ocurra. ¡Así él salva centenares de vidas al día!"

Poder: ¿los demás reconocen mi fortaleza?

Desde que son muy pequeños, los hombres se relacionan entre si de forma asimétrica, o están por encima o por debajo. En cualquier encuentro, ellos inmediatamente buscan quién es más dominante, exitoso y poderoso. En un matrimonio, el hombre quiere ser esa persona[3].

La segunda *P* se refiere al *poder,* también forma parte integral de la autoestima de un hombre. El poder se manifiesta en sentir que uno lleva el control de una situación, persona o evento determinado.

¿La gente me ve como alguien poderoso? ¿Mis compañeros me dan el respeto que merezco? ¿Cuánto poder me da mi profesión? ¿Mi mujer me ve como el *hombre de la casa*? ¿Le estoy ofreciendo seguridad y demostrándole confianza? ¿Ella me llamaría para atrapar al *ratón*? (esa sí puede ser la excepción: tendríamos que contactar al exterminador). ¿Soy un héroe para mis hijos? ¿Mis hijos tratan de emular mi comportamiento? ¿Se enorgullecen de mí frente a sus compañeros?

Cuando uno es niño, la necesidad del poder se puede ejer-

---

3 Adahan, *It's All a Gift*, P. 102.

cer molestando a los demás, una manera de lograrlo es burlarse del más débil, con esta acción, el chiquillo se siente fuerte y poderoso.

Durante la adolescencia, la necesidad del poder se transforma en el deseo de ser visto como un *hombre* – valiente y audaz. Obtener más musculatura y ser fuerte físicamente, lo hacen sentir poderoso. Su valor se mide según la cantidad de peso que logra levantar. ¿Puedo alzar esas maletas tan pesadas? ¿Qué tan hábil soy para maniobrar el auto en esas curvas cerradas? ¿Cuánto alcohol puedo ingerir sin emborracharme? La razón por la que muchos futbolistas, boxeadores, jugadores de hockey y otros deportistas, se ganan el respeto de los jóvenes es gracias a su fuerza y habilidad; los jóvenes tratan de imitar sus logros.

Al crecer, los hombres buscan el poder, principalmente, en dos áreas de la vida: en su hogar y en el trabajo. Algunos necesitan sentir que su palabra es la decisión final en el hogar. Los niños no pueden atreverse a cuestionar ni a desafiar su autoridad. Nada es negociable, el hombre tiene que sentir que tiene el control total[4].

> Aunque un hombre podría estar dispuesto a compartir su poder, él debe ser el más poderoso y tener la última decisión. La mayoría de las mujeres están dispuestas a ceder, siempre y cuando sientan que son apreciadas por su pareja. Si un hombre está más interesado en el poder que en el amor, puede llegar a destruir su matrimonio[5].

En la oficina, el hombre debe sentir que lo escuchan, que su opinión es tomada en cuenta. Para algunos, esto es tan fundamental, que no están dispuestos a recibir órdenes de nadie,

---

4 Uno de los principios básicos del judaísmo es el honrar a los padres. El niño debe honrar y respetar a sus padres incondicionalmente. Sin embargo, el judaísmo no apoya que un padre actúe de forma prepotente con sus hijos y les advierte que se cuiden de comportarse de un modo que provoque faltarles el respeto.

5 Adahan, *It's All a Gift*, p. 106.

"a mí no me van a estar mandando", ellos necesitan ser el jefe.

> De hecho, la mayoría de las veces, la crítica proviene
> del deseo del esposo de sentirse fuerte y de tener el con-
> trol[6].

Hay otro factor central en la búsqueda del poder, consiste en *comprar poder*. Uno podría pensar que la necesidad de tener dinero corresponde específicamente a los integrantes del género masculino; pero, la verdad es que el dinero no posee realmente un valor intrínseco para los hombres. Su pensamiento es el siguiente: *entre más dinero tenga, más fuerte me siento. Mi riqueza me puede comprar cualquier cosa y las personas me respetan más cuando descubren que soy rico*. Ser el dueño de una gran mansión demuestra mi poder adquisitivo, un carro elegante me da la sensación de ser importante, así como también el yate, el *Rolex*, o mi ropa fina, todo esto, realza mi prestigio.

Para los hombres, su valor se encuentra ligado a su nivel económico, al grado en que, si sus finanzas decrecen, pueden caer en depresión e incluso, llegar a *tocar fondo*. Cuando los hombres asociamos nuestro valor con el dinero que tenemos, el negocio que manejamos, o las inversiones que hacemos, corremos el grave riesgo de que se nos aplaste la autoestima cada vez que el mercado sufre una crisis.

A continuación, te ofrezco una parábola que demuestra esta percepción:

Hubo un perro que era sumamente respetado por su dueño. Al ver que su amo estaba a punto de morir, el perro se dio cuenta que su cómoda forma de vida estaba por terminar y que muy pronto debería comenzar a valerse por sí mismo. El perro le preguntó a su amo de qué manera iba a protegerse de las fieras salvajes.

El dueño decidió fabricarle un disfraz, la parte de arriba en forma de león y la de abajo en forma de oso. Al verlo en

---

6 Rabino Aaron Feldman, *The River, the Kettle and the Bird* (Feldheim Publishers, 1987), p. 51.

el bosque, los animales estaban sumamente curiosos por estar al tanto de este nuevo ejemplar. Rápidamente le informaron al león, rey de los animales, el león lo citó de inmediato a su guarida.

> *"¡¿Quién eres?!"* le preguntó.
> *"Mi abuelo era un león"* exclamó con toda confianza.
> *"Sí, pero ¡¿quién eres?!"* replicó el león con impaciencia.
> *"Mi abuela era un oso"* dijo con menos seguridad.
> *"¡¿Quién eres TÚ?!"* rugió el león con furia.
> *"Yo soy… un simple perro"* contestó dócilmente.

Los hombres queremos que las personas nos vean como *leones* dominantes u *osos* intimidantes… Buscamos recalcar nuestras virtudes y ocultar nuestras debilidades. Cuando nuestra urgencia de poder se lleva al extremo, surgen dictadores, líderes empresariales abusivos o esposos controladores e inflexibles.

Placer: me hace sentir bien

La tercera *P* en esta ecuación es el *placer*. La búsqueda del placer – el deseo de *sentirse* bien – es considerado un rasgo de carácter masculino. Como dice el refrán, *el camino hacia el corazón de un hombre, es a través de su estómago*. Se sabe que el hombre vive motivado a la gratificación: un vino selecto, un exquisito corte de carne, un whisky especial o una cerveza helada[7].

El interés del hombre en las relaciones maritales radica en el placer físico. Creo que la mayoría de los hombres, coincidirían en que ellos, estarían dispuestos entregar amor a cambio de intimidad física, mientras que las mujeres ofrecen intimi-

---

7 Según el Bureau of Labor Statistics 2010 – 11° reporte anual, el hombre soltero promedio gasta $507 en bebidas alcohólicas por año, mientras que las mujeres solteras gastan menos de la mitad de esa cifra, $216.

Cuando el hombre le abre la puerta del carro a su mujer, ... o es un carro nuevo o es una nueva mujer.

dad física a cambio de amor[8].

Es evidente que todos los seres humanos ansían placer. Tanto hombres como mujeres disfrutan al comer, dormir y de un buen entretenimiento, pero para el hombre el placer es fundamental en la vida.

Un hombre en sus ochenta se hizo un profundo examen médico. Al finalizar le preguntó al doctor: "¿cree usted que viviré hasta los cien años?"

"¿Fuma usted cigarrillos?" le preguntó el médico.

"¡No!" fue su respuesta.

"¿Usted come alimentos grasosos o abusa de bebidas alcohólicas?"

Nuevamente su respuesta fue no.

"¿... va al casino?"

"¡No!"

"Entonces..." le pregunta el médico con intriga, " .. ¿por qué quiere vivir tantos años?"

Algunas personas dirían que los hombres buscan plata (dinero), que sería otra de las P's. Sin embargo, la verdad es que ningún hombre busca plata, si no lo que ésta trae consigo. O sea, si tienes dinero, éste te trae prestigio, obviamente genera poder y es fuente de placer. Cómo acabamos de ver, las tres P's se entremezclan. El trabajo de uno puede ser fuente de su prestigio o poder. Se sabe que a los hombres le atraen los deportes de competencia – puesto que les proporciona *poder y placer*. Comprar un auto nuevo – especialmente de lujo – produce un alto nivel de *prestigio*, y también da un sentido de *poder* y genera un grado de *placer*. De hecho, vemos que principalmente los hombres son los que disfrutan de toda clase de carreras

---

8 Ver también en el próximo capítulo, "Las mujeres y las tres A's."

y deportes extremos, como también de experiencias que los colocan al borde del peligro – conducir aviones de guerra, inscribirse en la milicia, etc. Todas estas actividades nos generan *placer, prestigio* y *poder*.

Cuando compartí mis ideas sobre prestigio, poder y placer con un miembro de la comunidad, ella exclamó: "básicamente está usted describiendo a los hombres como seres egocéntricos, cuya principal motivación en la vida son ellos mismos. Pero la verdad es que yo conozco algunos esposos que sí se preocupan por su pareja…"

"Lo que está diciendo es cierto…" respondí, "… pero esos hombres poseen estos rasgos naturales de carácter. Ellos han logrado canalizar sus vidas hacia la pareja y su familia, y generalmente pueden conseguir formar un matrimonio estable y un vínculo fuerte con sus seres queridos. El mensaje que yo trato de transmitir es que la tendencia *natural* de los hombres radica en buscar las tres P's, a menos que se los eduque o que se entrenen a sí mismos para enfocarse en sus relaciones con los demás, fuera de esos tres elementos".

También es importante reconocer que el hombre madura con el tiempo. Eso no significa que las tres P's se anulan totalmente, pero sí pierden importancia a medida que la persona crece, y así sus familias, comunidades y creencias personales, adquieren cada vez mayor importancia para ellos.

La realidad – en cualquier etapa de la vida – es la siguiente: los hombres requieren una autoestima fuerte y si les hace falta alguno de los elementos para construirla, tienden a buscar con qué reemplazarlo.

Los hombres buscan Prestigio, Poder y Placer, para forjar su autoestima.

3 Las mujeres y las tres A's

L as mujeres también requieren de una autoestima sana para sentirse bien. Pero las cosas que la hacen sentirse valorada son muy distintas a las que producen esa sensación de valor en los hombres. Si eres una mujer, te sugiero que armes una lista de las cosas que te hacen sentir bien contigo misma. Aquí te doy algunas ideas:

- ✧ Un matrimonio armonioso.
- ✧ Una buena familia.
- ✧ Algunas libras menos.
- ✧ Un vestido que te haga lucir bien.
- ✧ Zapatos nuevos.
- ✧ Amistades.

Al examinar la lista, podrás darte cuenta, la autoestima de la mujer está basada en lo que me gusta llamar, las tres A's: *autorrealización, apariencia y amor.*

Si alcanzo mis metas... ¡existo!

Aún las mujeres que trabajan fuera del hogar reportan que su fuente principal de satisfacción es la familia.[1]

Toda mujer necesita sentir que está alcanzando sus objetivos en la vida. Ya sea que aplique su mayor esfuerzo a su carrera o a su familia, ella tiene que sentir que se está realizando

---

1 Adahan, *It's All a Gift*, p. 106.

como mujer.

No sentir que ha alcanzado algo, es sinónimo de no sentir que está viva.

En una sociedad en la cual se le inculca a la persona lo importante de sentirse realizada, es obvio que también las mujeres busquen prestigio y poder. Pero en términos generales, la realidad es que ellas poseen un apetito de poder muy inferior al del hombre, a pesar de que ellas quieren ser exitosas en sus carreras y amasar la mayor cantidad de logros posible, generalmente no se debe a un tema de ego.

"Ya son más de veinte años desde que ustedes se casaron" le dijo un hombre a su compañero en el centro comercial, "¿y todavía agarras a tu mujer de la mano?" El amigo lo mira y le responde, "... claro. Si la suelto... ¡empieza a gastar!"

Simplemente fíjate cuántas mujeres con título universitario escogen ser amas de casa y dedicar su tiempo al cuidado de sus hijos, en lugar de proseguir con su carrera y contratar a una niñera.

En el mundo de hoy, para muchas mujeres el término "logro" está vinculado a conseguir una posición laboral. Pero aun así, una gran cantidad de mujeres se enorgullecen del hecho de criar a sus hijos. Hace varios años, escuché la siguiente anécdota:

Una mujer fue a una oficina de gobierno para llenar un formulario. En el espacio que decía "ocupación", ella escribió "ama de casa". Al entregar la aplicación, notó en el encargado una cara de ingenuidad al leer lo que ella había escrito. Cuando le tocó volver a llenar el formulario, en el renglón que decía "ocupación" escribió: "jueza, doctora, psicóloga y administradora". Ella estaba contenta al ver cómo el encargado la veía esta vez.

Cuando contó la historia, dijo: "no estaba exagerando". Cuando alguno de mis hijos culpaba al otro de iniciar una pelea, debía actuar como juez. Si uno enfermaba me convierto en doctora; en distintas ocasiones tuve que ejercer como psicóloga familiar y también como administradora del hogar.

La necesidad de la mujer de sentir que está logrando algo y marcando una diferencia, no es una muestra de su ego. Mientras que, para los hombres, sus logros sirven para conseguir prestigio, en la mujer todo se basa en la necesidad de sentirse bien consigo misma.

Las apariencias son importantes... para mí

Desde temprana edad, las mujeres están más preocupadas por su apariencia que los hombres.[2]

La segunda *A*, *apariencia*, se asocia más frecuentemente a las mujeres. A pesar de que los hombres también desean verse bien y saben apreciar la belleza, en realidad la belleza es más importante para la mujer.

Si quieres una prueba... fíjate en el espacio que tiene el hombre en el armario para su ropa. Cuenta la cantidad de pares de zapatos de la mujer y compárala con la del hombre. Los hombres no están absortos en su apariencia como las mujeres, esto es evidente en la forma en que se visten y el modo en que viven.

> Suena el timbre en la residencia del señor Ben Levy. El hombre se dirige a la puerta y se lleva una sorpresa al ver al repartidor cargando siete cajas de sombreros. Al verlo ahí parado, el repartidor exclama: "este es un pedido para la Sra. Levy".
>
> "¡Sara!" grita el señor con indignación, "¡¿tú ordenaste siete sombreros?!"
>
> "... Seguro" responde ella con tranquilidad.

---

2 Feldman, *The River, the Kettle and the Bird*, p. 47.

"y... ¡¿para qué necesitas siete sombreros?!"
La mujer responde serenamente: "pues para combi-
narlos con mis siete vestidos nuevos".

Observa la industria cosmética, verás que hay muchísi-
mos más productos – cremas, maquillaje, lociones, perfumes,
etc. – para las mujeres, que para los hombres. Según los datos
suministrados por las clínicas estéticas, el 78% de sus pacientes
son mujeres. Una mujer es mucho más propensa a realizarse
una cirugía estética que un hombre – el 90% de esos proce-
dimientos son realizados a las mujeres, y tan sólo un 10% al
género masculino[3].

Las mujeres jóvenes buscan siempre bajar de peso, mientras que hay hombres que, – para verse más masculinos – desean aumentar de peso. Los que sí quieren perder su sobrepe-
so, deciden hacerlo principalmente a través del ejercicio y no
haciendo dietas. En cambio, una mujer estaría más dispuesta
a privarse de comer, con tal de adquirir esa figura esbelta que
tanto ansía. De todas las personas que sufren de anorexia y
bulimia, sólo el 10% son hombres[4].

La mayoría de los hombres que se someten a cirugías para
perder peso, lo hacen motivados por su salud y no por estética.
Entiendo que esto es una generalización, pero parece ser verdadera: las mujeres están más interesadas en su apariencia que
los hombres.

---

3 The American Society for Aesthetic Plastic Surgeries, www.surgery.org/media/statistics.

4 The National Eating Disorders Collaboration, *An Integrated Response to Complexity: National Eating Disorders Framework 2012*; Paxton, "Do Men Get Eating Disorders?" *Everybody Newsletter* (1998), p. 41; G.C. Patton et al., "Adolescent Dieting: Healthy Weight Control or Borderline Eating Disorder?" *Journal of Child Psychology or Psychiatry and Allied Disciplines* 38 (1997): 299 – 306.
Hay otra estadística que dice que son 25% hombres. The National Institute of Mental Health: Eating Disorders: Facts About Eating Disorders and the Search for Solutions. Pub No. 01-901. Accessed Feb. 2002. www.nimh.nih.gov/health/publications/eating-disorders-new-trifold/index.shtml.

Con seguridad, la fijación de la mujer en su apariencia se intensifica a medida que va creciendo. Sin duda, una de sus prioridades en la vida es verse bien[5].

Ir de compras – uno de los pasatiempos predilectos de la mujer – también está vinculado con verse bien. Ellas visten de cierto modo para afianzar su autoestima y aprecian cuando los demás reconocen que están bien vestidas[6].

Este punto de vista se refleja en el siguiente versículo bíblico: "Un hombre no deberá vestir prendas de mujer, ni la mujer vestirá las del hombre"[7]. El Talmud[8] explica que esto incluye la idea de que el hombre no debe enfocarse demasiado en la apariencia, y que la mujer no debe cargar armas ni vestir una armadura. Al parecer, la Torá misma asocia a la mujer con su apariencia y al hombre con su poder y fuerza física.

Aunque los hombres también tienen cierto interés por su vestimenta, el enfoque de ellos es totalmente distinto. La mujer busca conseguir atención a partir de cómo se viste. El hombre, por otro lado, está más interesado en ganar prestigio y mostrar una imagen de: soy rico, famoso, etc [9].

Un hombre llega tarde por tercera vez consecutiva a su trabajo. El jefe se le acerca y le dice: "si no tienes

5 Feldman, *The River, the Kettle, and the Bird*, p. 47.

6 De acuerdo con una encuesta realizada por eBates y TNS Global, "Más de la mitad de la población americana – tanto hombres como mujeres - son culpables de utilizar "retail therapy" para aliviar su estado anímico… casi el 64% de las mujeres aceptan que van de compras para distenderse emocionalmente, gastando su dinero en ropa, zapatos y comida. Los resultados de la encuesta demostraron que los hombres gastan más la plata en comida, electrónica, y música o películas, cuando quieren subir su ánimo."

7 Deuteronomio 22:5.

8 Talmud, *Nazir* 59a; ver *Shuljan Aruj, Yoreh Deah* 182:5.

9 Feldman, *The River, the Kettle and the Bird*, p. 48.

uña excusa real, estás despedido".

El hombre responde: "Oh, tengo una excelente excusa, mi reloj despertador no sonó esta mañana. Cuando desperté, eran ya las 8.00 a.m. Rápidamente levanté a mi mujer y le pregunté si podía trasladarme al trabajo. A los diez minutos estábamos saliendo por la puerta"

El hombre prosiguió: "el puente de Brooklyn estaba cerrado, así que salté al East River y nadé a través del río. Salí del otro lado, luego compré un traje nuevo, me trepé en una moto policíaca y llegué aquí tan pronto pude"

El jefe indignado le contesta: "¿Crees que soy tonto... ¡no existe mujer que esté lista en diez minutos!"

El amor que tanto anhelo

La necesidad más profundamente arraigada en la mujer – aquella que forja su personalidad y determina su actitud en la vida más que cualquier otra cosa – consiste en la necesidad de ser amada, admirada y respetada[10].

La tercera y más fuerte de las A's es *amor*. Sentirse amada requiere otras cosas que también se incluyen en las A's: atención, aprecio, admiración, afecto, todas éstas y otras cosas más suman para crear amor. Incluso antes de casarse, las niñas tienden a buscar un vínculo emocional con las personas que las rodean, mucho más que los varones. Ellas están más ligadas a hacer amistades y en desarrollar una vida social que los varones; para los hombres, sus amigos representan más una compañía que una conexión. Sus amistades se basan en los intereses comunes, como deportes o juegos de mesa. Las mujeres en cambio buscan conectarse y desarrollar amistades duraderas.

---

10 Ibid., p. 46.

A través de los años, he formulado la misma pregunta a decenas de jóvenes cuando me piden una entrevista como guía matrimonial – varias vienen acompañadas de sus *jatanim* (prometidos), ¿Qué es lo que esperan de su matrimonio? Virtualmente todas me responden de la misma forma, ellas desean ser amadas. Para la mujer, la necesidad de amor representa un componente primordial de su autoestima. Sentirse amada y apreciada, es tan básico para su estado emocional como el oxígeno lo es para el organismo humano.

Encontramos este concepto de manera clara en la Torá. Cuando Lea, esposa de Yaacov, tuvo su primer hijo, lo llamó Reubén, *"pues ahora Di-s ha visto mi aflicción y ahora seré amada[11]"*. Similarmente, el Talmud declara, *"una mujer prefiere estar casada, aunque no se trate del hombre ideal para ella, antes que permanecer soltera[12]"*. Esto se debe a que la necesidad mayor de la mujer es estar acompañada, en vez de ser una persona rica o famosa. Tener un esposo que realmente se preocupe por ella le forja su autoestima.

De un modo similar, la *Mishná* declara que una mujer prefiere tener un *kav* – pequeña medida – de alimento en una relación satisfactoria, que tener nueve *kavim* de sustento, estando en una relación que no le satisface[13]. Cuando la mujer siente que hay alguien que se preocupa por ella y la cuida, se fortalece emocionalmente. En cambio, si se siente ignorada y subestimada, sufre de ansiedad y estrés.

Esto nos permite entender por qué a las mujeres les gusta compartir sus problemas entre ellas. No se trata de chismear, sino de conectarse. Si una mujer percibe que su pareja no la comprende, comienza a buscar a alguien que sí la comprenda.

Esto me hace recordar una historia verídica que ocurrió con un miembro de mi congregación. Se aproximaba la festi-

---

11 Génesis 29:32.

12 Talmud, *Yevamot* 118b.

13 Mishna, *Sota* 3:4.

vidad de *Pesaj* y la casa era un desorden total. Mientras que la mujer se esmeraba excesivamente con la limpieza, su marido iba a trabajar como de costumbre. El día antes de *Pesaj* ella no pudo contenerse más y explotó: "¡¿Acaso no te das cuenta lo agobiante que es esto… no puedes *tú* colaborar con algo?!"

El esposo contestó algo sorprendido, "¿Cuál es el problema? Sabes bien que me la paso todo el día en la oficina y que a ti te corresponde encargarte de la limpieza para *Pesaj*".

"Entiendo que estás ocupado con tu trabajo" respondió la mujer, "¡pero de todas maneras deberías colaborar un poco en tu casa!"

"Dime qué es lo que necesitas y lo haré gustosamente" exclamó el marido.

"¡Abre los ojos – que para algo los tienes – y fíjate qué hace falta!"

"No puedo así, yo necesito saber exactamente qué necesitas."

Al año siguiente, el hombre recordó la frustración de su mujer y unas semanas antes de que llegara la festividad se acercó a ella diciendo: "¿Qué puedo hacer para ayudarte con los preparativos para *Pesaj*?"

"Nada. Te agradezco la oferta, pero yo puedo manejarlo sola."

El hombre no lo podía creer. El año pasado lo había regañado por no ofrecerle ayuda y ahora ella, simplemente, rechazó su ofrecimiento sin titubear. ¿Qué había cambiado?

Lo que su esposa estaba buscando no era realmente colaboración con la limpieza, sino el apoyo de su pareja. Ella quería asegurarse de que su marido supiera lo duro que estaba trabajando. No necesitaba de su ayuda sino de su reconocimiento.

Ahora que reconocemos las tres A's, resulta interesante recalcar que la Torá exige al hombre dar tres cosas a su pareja: comida, ropa y relaciones conyugales[14]. A mi parecer, esto

---

14 Ver Éxodo 21:10.

coincide con todas las A's mencionadas: *apariencia, amor y autorrealización.*

La relación entre ropa y apariencia es evidente. En esa época, el matrimonio mismo era la tercera A, la autorrealización. Igualmente, la conexión entre las relaciones conyugales y el amor se entiende por sí sola. De hecho, la expresión bíblica al hablar de las relaciones conyugales es *onah.*[15] Esta palabra significa literalmente *tiempo* y hace referencia al ciclo femenino. Es posible que la *Torá* utilice esta palabra para indicar la importancia de que el hombre dedique tiempo a su esposa, satisfaciendo de este modo su necesidad de ser amada.

Antes de comenzar a discutir la manera en que las P's y las A's influyen en una relación, deseo advertir el hecho de que en la sociedad contemporánea, es posible encontrar mujeres que buscan *poder* y *prestigio*, y hombres que van detrás de la *apariencia* y con necesidad de *amor*. Aun así, el fundamento de este libro se basa en mi experiencia y mis conversaciones con hombres y mujeres de muchos países, que afirmaron esta idea, una y otra vez: las mujeres, en general, están mucho más enfocadas en el aspecto emocional y ansían alcanzar esa cercanía en sus relaciones más que sus maridos, y es importante estar conscientes de esto para lograr un matrimonio exitoso.

> Las mujeres necesitan sentir que han logrado algo, estar satisfechas con su apariencia física y conseguir amor y aprecio, para establecer e incrementar su autoestima.

---

15 Éxodo 21:10 e Ibn Ezra ahí.

4 Cuando Las P's Conocen a Las A's

Ya hemos establecido que la felicidad ocupa el primer lugar en nuestra lista de objetivos y para conseguirla debemos lograr una autoestima saludable y sólida. Además, dejamos claro que, tanto los hombres como las mujeres, de un modo consciente o inconsciente, buscan constantemente herramientas para reforzar su sentido de valor personal, pero de formas muy distintas: el hombre a través de lograr sus tres P's y la mujer procurando sus tres A's.

Los elementos que fortalecen la autoestima del hombre difieren enormemente de aquellas cosas que validan la autoimagen en la mujer. Por este motivo, al entregar la Torá al pueblo judío, Di-s ordenó a Moisés hablar distinto a los hombres que a las mujeres. Le dijo que a las mujeres les transmitiera la palabra Divina con delicadeza, en tanto, a los hombres debía comunicarles el mensaje de D-os con mayor severidad[1]. Ya que los hombres aprecian el poder, Di-s encomendó a Moisés hablarles categóricamente, mostrándoles quien manda. En cambio, las mujeres prefieren establecer una profunda conexión, ellas aprecian el vínculo, más que el poder y resulta más efectivo hablarles con suavidad que mostrarles la fuerza.

¿Qué significa esto en términos de un matrimonio? ¿Tiene este concepto relevancia alguna en nuestra relación con la pareja?

---

1 Ver comentario de Rashi a Éxodo 19:3.

Sin lugar a dudas. Por el hecho que los hombres están en búsqueda de *poder, prestigio, y placer*, ellos asumen que su pareja requiere de los mismos ingredientes para sentirse valiosa. Similarmente, la mujer supone que su marido también necesita *amor* y un sentido de realización personal (*alcanzar sus metas*) tal como ella. Cada integrante ignora lo que realmente necesita su pareja y ahí justamente inician los problemas.

Una noche la mujer se despierta y ve a su marido inclinado sobre la cuna del bebe. Sin hacer ruido se queda observándolo y percibe una mezcla de distintas emociones atravesando su rostro: satisfacción, sorpresa, encanto. Cautivada por semejante despliegue sentimental, exclama: "¡Cuánto daría por saber en qué piensas!". "¡¿Es increíble...?!" declaró él, "¡¿cómo alguien hizo una cuna como esta por solo cuarenta y seis dólares?!"

Es muy difícil satisfacer una necesidad si uno ignora que existe. ¿Podrías explicarle a un ciego como se ve el color azul? ¿Cómo explicar la alegría de ser padre, a un adolescente? Mejor dicho, ¿puede una persona apreciar algo sin haberlo experimentado ella misma previamente?

Por consiguiente, mientras el hombre persigue aquellos elementos que nutren su autoestima – las tres *P's* – al mismo tiempo, está dejando de lado [sin mala intención] aquellas cuestiones que su pareja requiere para tener una buena autoestima, *porque él no entiende que sus necesidades son completamente distintas a las de ella.* Para ella resulta imposible comprender cómo él es tan indiferente a sus necesidades; se siente ofendida con su actitud y le produce gran insatisfacción, lo cual conduce a que se queje y reniegue de su comportamiento.

¿Qué es mejor?

Uno de mis ejercicios predilectos que practicaba a los estudiantes de último año en la escuela Instituto Alberto Einstein, en la ciudad de Panamá, funciona de la siguiente forma [si quieres inténtalo por ti mismo]:

Rabino Laine: "¿Cuál escuela es mejor, el Einstein o las otras escuelas judías de Panamá?"

Estudiantes: "El Instituto Alberto Einstein es mejor".

RL: "Si pudieras elegir, ¿preferirías ser panameño o venezolano?"

E: "Panameño" [los de Venezuela, responden "venezolano"].

RL: "¿Qué es mejor, ser hombre o mujer?"

E: los hombres contestan "ser hombre", las mujeres "ser mujer".

RL: ¿Es preferible ser Ashkenazi o Sefaradi?

E: los que son Ashkenazim dicen, "Ashkenazi"; los que son Sefaradim, dicen "Sefaradi".

Finalmente les formulo la pregunta más importante de todas: ¿Las respuestas que me dieron están basadas en el intelecto o son netamente emocionales e instintivas?

Algunos se justifican diciendo que están apoyadas en lo intelectual, sin embargo, casi sin excepción, y al finalizar reconocen que se trata mayormente de una respuesta emocional.

Las personas estamos inclinadas a defender lo que nos pertenece. De hecho, aquello que vemos como *nuestro* define en cierto modo la autoestima que tenemos. Mi escuela, el país en el que nací, el equipo al que pertenezco, mi género, mi cultura, son extensiones de *mi ego*. Esta dinámica se repite en muchos matrimonios. Puede que se trate de la comida de *mi* madre, las tradiciones de *mi* familia, *mi* escuela, la forma en que a *mi* me gusta hacer las cosas o *mi* visión en la vida. El punto es que es precisamente esta actitud la que genera dificultades en la relación. No es solo que el hombre está en búsqueda de sus tres P's, sino que incluso si llega a descubrir que las necesidades de su esposa son diferentes a las suyas, posiblemente no entienda por qué esos elementos [las tres A's] son tan importantes para ella.

La mujer quizá no comprende la urgencia de su marido en adquirir *poder, prestigio* y *placer,* en vez de perseguir lo que para ella es valioso. Cada uno cree que su enfoque es el correcto y supone que su pareja debería buscar lo mismo, argumentando que *sin duda mis metas son más lógicas y necesarias.*

La realidad no es así y los conflictos surgen a causa de esto. Regresemos a lo que ocurrió en el salón de clases, ¿cuál era la respuesta acertada a las preguntas que planteé a mis alumnos? Cada escuela tiene sus ventajas, el ser panameño tiene sus beneficios y ser venezolano también tenía sus beneficios. Cada género, cultura y organización tienen aspectos positivos como negativos. Nadie es perfecto, uno puede hallar en cada individuo algo bueno.

Los sabios lo expresan en la Mishná del siguiente modo: "¿Quién es considerado sabio? Aquel que aprende de cada persona[2]." Muchos de nosotros estamos obsesionados con nuestro ego y se nos dificulta enormemente apreciar el valor del otro. Poder percibir las cualidades positivas de cada ser humano es una verdadera muestra de sabiduría.

Según mi experiencia, esto representa la esencia de muchos problemas en el matrimonio, independientemente de si han estado juntos dos o veinte años, en cualquier caso, están amarrados indudablemente a esta fórmula: los hombres necesitan las tres P's para ser felices, las mujeres requieren de sus tres A's y ninguno de ellos comprende las necesidades del otro, y por eso es muy difícil de satisfacer al compañero.

---

2 *Avot* 4:1.

Cómo el hombre percibe a la mujer	Cómo la mujer ve al hombre
Un hombre de negocios es dinámico. La mujer de negocios es agresiva.	Ella logra sus metas. Él está sediento de poder.
Él es detallista. Ella es fastidiosa.	Ella es segura de sí misma. Él es obstinado.
Si él está deprimido, tendrá sus razones. Si ella está de mal humor, seguro le llegó su período.	Ella comparte su perspectiva. Él es inflexible.
Él sabe pensar ágilmente. Ella es impulsiva.	Ella sabe controlar la situación. Él es un mandamás.

Más que comunicación – empatía

El hombre muestra su ira con facilidad, porque representa su disposición de luchar y es una forma de proclamar: "Yo tengo el control, soy superior."

> Para él, ella es una exagerada; para ella, él es insensible. Para el hombre, la "excesiva" respuesta emocional de su mujer demuestra que ella es inestable e inmadura, así que la critica por ser demasiado sentimental, cosa que la hiere aún más.
>
> Para la mujer, la voz determinante de su esposo, sus órdenes interminables y su crítica constante, revelan su insensibilidad, desinterés y crueldad[3].

Muchas veces, las dificultades del matrimonio se basan en la falta de comunicación. Si lograran una mejor comunicación, la relación mejoraría. Si pudieran decirse el uno al otro cómo se sienten en verdad, todo estaría resuelto. Pero no solo

---

3 Adahan, *It's All a Gift*, p.101.

se trata de la comunicación, antes debe venir la empatía.

Durante un terrible invierno en Rusia, Zalman, uno de los miembros más pudientes de la comunidad, estaba muy cómodo en su hogar, sentado frente a la gran chimenea que producía suficiente calor en toda la casa. Mientras estaba allí, escuchó que alguien golpeaba la puerta. El mayordomo, al abrir la puerta, se sorprendió al ver que era el rabino de la comunidad.

Mayordomo: "Por favor pase adelante rabino".

Rabino: "¿Podrías pedirle a Zalman que se asome a la puerta?"

Mayordomo: "Rabino, hace demasiado frío, ¿no quiere mejor entrar y calentarse?"

Rabino: "Gracias por el ofrecimiento, pero en verdad estoy apurado. Por favor dile a Zalman que venga un momento, prometo no tardarme".

Zalman se acercó a la puerta en pantuflas y exclamó: "Rabino ¿gusta pasar?"

Rabino: "No Zalman, muchas gracias, solo tomará un momento lo que vengo a decirte. Como te darás cuenta, este invierno es terrible y muchos de nuestros hermanos en la ciudad, son tan pobres que no les alcanza el dinero para adquirir madera y calentar sus hogares".

Zalman: "Discúlpeme rabino, hace mucho frío ¿le importaría hablar de esto dentro de la casa con una taza de café caliente?"

Rabino: "Estoy atrasado, vine para comunicarte que el precio de la madera subió demasiado el último año y los pobres están teniendo gran dificultad para comprarla. Sabes bien, que una casa sin madera está congelada todo el tiempo".

Ya Zalman estaba temblando de frío. "Rabino, le ruego que entremos, ya no resisto el frío, ¡se ha filtrado hasta mis huesos!"

"Si tanto insistes, voy a entrar", dijo el rabino. Cuando entró a la casa siguió con su discurso: "debemos recolectar 10.000 rublos para mantener caliente las casas de los pobres".

"Seguro que apoyaré la causa", exclamó Zalman, mientras corría a su escritorio para escribir un cheque por la cantidad solicitada.

El rabino le agradeció por su generosidad y se dispuso a salir.

"Rabino antes que se retire quiero hacerle una pregunta", "si usted vino en busca de dinero, ¿por qué no entró de una vez?" "querido Zalman" prosiguió el rabino, "yo deseaba que sintieras el frío ¡si no sientes la aflicción de los demás, no hubieras sido tan generoso!"

Esta anécdota ilustra algo importante: todos podemos identificarnos con el efecto que produce el frío, *pero es mucho más difícil identificarnos con aquello que no forma parte de nuestro sistema emocional.* Sin duda alguna es lo que genera tanta ansiedad y estrés en una relación.

La mayoría de los hombres tienen gran dificultad para entender esta percepción porque no tiene sentido en su cerebro. Muchos hombres ni siquiera se percatan de que las mujeres requieren cosas distintas a ellos.

> Muchas mujeres se quejan de no tener la cercanía emocional que desean con su pareja. Este argumento tiene su fundamentado en la fisiología humana. Numerosos estudios han demostrado que el cerebro del hombre y el de la mujer son diferentes. En el cerebro masculino las emociones están localizadas en el hemisferio derecho, en cambio, en el femenino está en ambos hemisferios[4]

Las mujeres tienen una gran facilidad para comprender las necesidades de su pareja, y no logran entender porqué los hombres no pueden hacer lo mismo. La mujer necesita sentirse apreciada y querida; para ella, es importante pasar tiempo juntos y que él le demuestre cuánto la ama; no puede entender

---

4 Adahan, *It's All a Gift*, p. 107.

que su pareja no perciba la necesidad de complacerla.

En la mayoría de los casos, ellos se aman, pero tienen distintas perspectivas, lo cual produce una gran confusión e infelicidad en su matrimonio.

> Después de muchos años, dos amigas se encuentran. Una le pregunta a la otra: "¿qué hay de tu hija?". "Ella se casó y le va excelente. Es muy afortunada, su esposo la trata como una reina. Le permite dormir hasta tarde y le lleva el desayuno a la cama. La saca a los mejores restaurantes, le da mucho dinero para que se compre todo lo que quiera".
> "Y cómo está tu hijo?" "mi hijo también se casó, pero a él no le va tan bien. Su esposa es perezosa. Duerme hasta tarde y pide que le lleven el desayuno a la cama. Solo acepta comer en restaurantes y se la pasa gastando el dinero de mi hijo. ¡¿Puedes creerlo?!"

Antes del casamiento de uno de los miembros de mi comunidad, visité a sus padres. Al mencionarle al novio que debía empezar a estudiar acerca del matrimonio, él contestó: "puedo pedirle a mis padres que me instruyan, ellos tienen un matrimonio perfecto". La expresión en el rostro de su madre me demostró que no todo era color de rosas.

Los padres de este joven llevaban treinta y cinco años casados, pero la expresión de la madre manifestaba: "no sabes lo que pasa detrás de la puerta".

Yo agregué: "Deberías pedirle consejo a tu mamá". Estaba seguro que ella podría instruirlo acerca de cómo complacer las necesidades de la mujer mejor que su padre. Probablemente él había aprendido a sobrellevar el matrimonio de la misma manera que el resto de los hombres: ensayo y error; era evidente que habían fallas que podría evitarlas si conversaba con su madre.

Tienes que caminar una milla en *sus* zapatos

En una ocasión me visitó una mujer para hablarme de sus dificultades matrimoniales. El problema central consistía en que no se sentía amada. Cuando le mencionó esto a su esposo, él respondió con sorpresa: "¿Cómo puedes decir eso? ¡Mira cuánto dinero la dejo gastar mensualmente!" En su mente él estaba seguro que se comportaba como un excelente esposo y estaba convencido que le demostraba su amor porque asumía los pagos de su tarjeta de crédito.

Luego de escucharla, opté por transmitirle mi teoría acerca de las tres P's y las tres A's. Finalmente le dije: "Entiendo plenamente cómo te sientes, tu marido no es capaz de ver tu perspectiva. Una de las tres P's corresponde al *poder,* que como ya he explicado, está relacionado con el dinero — en su mente, estar dispuesto a permitirte gastar el dinero de forma ilimitada es la mejor demostración de amor que te puede dar."

El proceso de cambiar a su esposo podría tardar toda una vida, pero aunque no conseguí convencerlo de la importancia de apoyar a su mujer emocionalmente, al menos sí logre que ella entendiera la raíz de su situación — que el error de su esposo estaba en su percepción y no en sus intenciones.

¿Sería posible que el esposo no se interesara en ella? Obviamente que no, pero ella no estaba recibiendo el aprecio y la atención que requería. ¿Por qué no?, porque él ni siquiera tenía idea, le era imposible comprender una necesidad que él no precisaba.

La dificultad para entender las necesidades de la otra persona no se aplica solamente a los hombres. En cierta oportunidad una mujer me reveló que ella no podía creer lo de las tres P's que los hombres buscan. Le contesté: "¿Cómo puedes saberlo? Solo un hombre puede determinar si mi teoría de las tres P's es acertada o no." El marido de la mujer, también estaba en la charla, él escuchó el comentario de su esposa y mi respuesta, pero se mantuvo en silencio... Después de todo, ¿a quién iba a contradecir, a su rabino o a su pareja?

> Un hombre va donde el rabino para solicitar el divorcio. El rabino lo escucha y luego le dice: "Baruj... no te entiendo, tu esposa y tú forman una maravillosa pareja, ¿por qué quieres divorciarte de ella?"
> Baruj responde: "Rabino, es igual que mi nuevo par de zapatos, por fuera se ven muy bien, pero ¡sólo yo sé cómo se sienten por dentro...!"

El Desafío

El mayor reto que enfrentamos al tratar de incorporar este nivel de entendimiento, radica en lo exasperante que es ver cómo lo que para una persona es tan obvio, resulta un total misterio para otra. ¿Acaso alguien necesita decirle a uno que apague las luces del automóvil, o el aire acondicionado al salir de la casa? ¿Necesitas que te avisen que tienes que pagar la cuenta telefónica o la electricidad? Asimismo se siente tu pareja cuando se ve obligada a explicar sus necesidades básicas, "¡¿Acaso no es obvio lo que te estoy pidiendo?!". Aunque no es con mala intención y realmente no nos percatamos de las necesidades de la otra persona, definitivamente podemos comportarnos de un modo más comprensivo y hacer un esfuerzo por darle a nuestra pareja lo que requiere de nosotros.

En algunos casos, se voltean los papeles y la mujer es quien posee una personalidad dominante y el hombre requiere más atención. Estos matrimonios tienden a ser más desafiantes. Uno podría suponer que la teoría de las P's y las A's no es aplicable en esos casos. Pero en mi experiencia, cuando uno analiza a fondo, se da cuenta que no es cierto que la teoría es completamente anulada, y todavía muchos hombres y mujeres conservan sus tendencias, simplemente es posible que tengan algunas necesidades comunes – un hombre puede requerir más apoyo emocional, o una mujer podría estar en búsqueda de poder – pero normalmente, no interfiere totalmente con sus necesidades innatas.

Los hombres y las mujeres son creaciones muy diferentes. Lo que para uno de ellos resulta evidente, para el otro es un misterio. Los desafíos en el matrimonio surgen cuando uno de los miembros malinterpreta al otro.

5 La Autoestima es Diferente para El Hombre y La Mujer

Una persona que conozco, en cierta ocasión, le dijo a su mujer: "te amo, pero no te necesito". ¿Qué opinas de esto? Para muchos hombres, esta afirmación es algo noble, demuestra que él no posee una motivación subyacente. En otras palabras: su relación con ella es de carácter incondicional. No se fundamenta en aquello que le hace falta.

> Cuando mi esposo dice que tiene un buen matrimonio, siempre me pregunto con quién se casó.

De más está decir que su mujer no lo vio de esa manera, para ella su afirmación indicaba que no tenía valor alguno. *Si no me necesitan…* supuso ella, entonces ¿*… cuál es mi valor?*

Para la mayoría de los hombres, su pareja satisface una o dos o a veces tres de las *P's* que él necesita – *placer, prestigio* o *poder*. Indiscutiblemente ella colma su deseo de placer, y simultáneamente puede simbolizar para él *prestigio* y en ocasiones incluso conferirle *poder*. Para el hombre, casi todo lo que tiene sirve para incentivar su ego: la casa en la que vive, el carro que conduce, el reloj que viste – hasta la mujer con quien se casa. Todo eso contribuye tanto a su *prestigio* como a su *poder*.

Para la mujer, su marido provee una gran parte de su autoestima, en especial su necesidad de *amor*. Ella depende profundamente de su amor para sentirse valorada, si escucha que él *no la necesita*, eso puede ser muy destructivo, porque ella necesita emocionalmente de él, y asume que para él es igual.

Al afirmar abiertamente que *no la necesita*, ella supone que, si algo llegara a sucederle el día de mañana, para él no sería gran cosa. Esto no es lo que él quiso decir, pero sí lo que ella percibió en sus palabras.

Las dos caras de la moneda

Lo que la mujer busca	Lo que la mujer encuentra
Un conversador con estilo	Alguien que estila conversar... en las propagandas
Una persona que sabe escuchar y con un buen corazón	Alguien demasiado sensible a las críticas que le da, que tiene muy buen corazón... se la pasa ejercitándose: golf, bolos, etc. Ciertamente escucha... ¡cuando ella le grita!
Alguien que le ayude con las actividades del hogar, que vaya de compras y saque a pasear al perro	Su única ayuda en la casa es recordarle a todos que no dejen luces prendidas. Seguro sale de compras, pero siempre se le olvida la mitad de los productos de la lista y la última vez que sacó al perro... desapareció.
Un hombre hábil física y mentalmente	El hombre tiene los músculos, pero nunca está dispuesto a usarlos para ayudar en la casa
Alguien que sea inteligente como Einstein, pero a la vez apuesto	El escuchó hablar de Einstein y está pensando en ponerse a dieta

El Talmud afirma que el deseo femenino de contraer matrimonio es más fuerte que el del hombre[1]. Echemos un vistazo a las estadísticas[2]:

   ⊕ Más del 70% de hombres y mujeres entre 25 y 44 años han estado casados: 71% hombres y 79% mujeres.

   ⊕ Las probabilidades de que un hombre esté casado cuando tenga 40 años son del 81%, para la mujer es 86%.

---

1 Talmud, *Ketuvot* 86.

2 Extraídas de la encuesta del 2002 del National Survey of Family Growth.

✦ Un porcentaje mayor de mujeres de entre 35 y 44 años, se han casado antes de los 35 años.

Para muchas mujeres, el matrimonio está asociado con su autoestima, por ello les resulta fundamental casarse. En cambio, aunque para el hombre también es importante formar una familia, él puede conseguir autoestima por otros medios, por eso no tiene la misma urgencia de casarse.

Por qué las mujeres dependen de los hombres para su autoestima

En la era actual, algunas personas están convencidas de que no existen diferencias intrínsecas entre el hombre y la mujer. Sin embargo, no voy a tratar este tema profundamente, porque hay varios escritores que lo analizan y no concierne a lo que deseo resaltar en esta obra[3]. Pero sí deseo mencionar cómo el judaísmo define el rol del hombre versus el de la mujer.

En el libro de Génesis se menciona a la primera pareja, Adán y Eva. La Torá relata que Di-s creó a cada criatura con su pareja. Adán en cambio fue creado solo, y posteriormente Di-s creó a Eva a partir de él.

Este es el motivo por el cual la mayoría de las mujeres ansían estar unidas con el hombre indicado – su "otra mitad". Como la mujer surgió a partir del hombre, su sentido de plenitud depende de estar a su lado.

Adán, por otro lado, vivió solo, hasta que Di-s decidió crear a Eva para que fuera su compañera. Si bien la mujer es esencial para su marido, él puede alcanzar su sentimiento de identidad sin ella. Expresándolo de otra manera: el hombre fue creado de la tierra, por lo tanto, él se ve atraído hacia lo terrenal – en búsqueda de cosas materiales. En cambio, la mujer anhela reconectarse con su fuente – el hombre.

---

3 Ver, por ejemplo, Dr. Deborah Tannen, *You Just Don't Understand* (Harper Collins, 1990).

A nivel sociológico, el hombre es naturalmente un ser independiente, él no requiere de una pareja para desarrollar su autoestima, y, la autoestima de la mujer deriva principalmente de su marido. Como resultado, la mujer suele tener una necesidad mayor de vincularse emocionalmente a su pareja y pasar más tiempo con ella que el hombre. En cambio, los hombres buscan más su independencia y se inclinan hacia el individualismo. Esa es su naturaleza, no se trata de que amen menos a sus esposas, sino que requieren conservar su propio espacio.

¿Cuántas mujeres piensan que sus maridos están más comprometidos con la oficina que con la familia? En la oficina está animado y lleno de energía, mientras que en el hogar está calmado y monótono. Cuando ella le comenta su impresión, ¿cómo responde? "Yo estoy rompiéndome el lomo trabajando por nuestra familia. No se trata de que no quiera pasar más tiempo en el hogar, ¡sino de que no puedo! Trabajo con todas mis fuerzas para poder mantenerlos, lograr pagar la educación de nuestros hijos, las vacaciones y asegurar que pueda retirarme en la vejez".

Ahora la mujer se siente culpable. *Él tiene razón – ciertamente trabaja largas horas y nosotros necesitamos esa entrada para subsistir.* Aún así, una parte de ella, siente que no es el centro de su vida y ella ansía ser la prioridad de él.

De hecho, la sensación de que no es su prioridad, tiene cierta verdad. Claro que está trabajando para sostener a su familia, pero, en realidad también lo hace para satisfacer su necesidad de *prestigio*, *poder* y *placer*. Probablemente, aunque se ganara la lotería o comenzara a ganar mucho más dinero, seguiría trabajando con la misma intensidad que lo ha hecho hasta ahora.

Quizá hayas experimentado esto por ti mismo: muchas personas, aunque posean una inmensa riqueza, siguen trabajando y siempre buscan nuevas inversiones para aumentar sus ingresos, a pesar de que eso les ocupe el tiempo que podrían aprovechar para compartir con su familia. Esto se debe a que los hombres tienen una motivación al trabajo, que estimula su sentido y aumenta su estima personal, esta necesidad antecede a su deber de estar con la familia.

Tenemos un gran dilema, la mujer anhela pasar más tiempo con su marido, para sentirse amada y elevar su autoestima. Pero él no está accesible, porque está tratando de aumentar su propia autoestima, en cómo obtener más dinero, crecer en su carrera y aumentar sus relaciones.

Muchas veces, él se justifica diciendo que es por el bien de su esposa, que ella saldrá beneficiada si él consigue más dinero y se relaciona con personas importantes. Él cree que es así, que esto es lo que demuestra su amor por ella, porque supone que así como a él le hace sentirse bien, asimismo debe ser para ella. Sin embargo, si se le preguntara, le encantaría enterarse de que ella prefiere su atención sobre su dinero.

No lo vale

En más de una oportunidad, he escuchado a una mujer exclamar: "sentirse amada vale mucho más que todos los lujos de este mundo y que todas las joyas que pudiera comprar. Si tengo que escoger entre una vida sencilla con un hombre que realmente me considere, o una con todos los lujos, pero al lado de alguien que no me valora, preferiría ser amada que adinerada, sin pensarlo".

Aunque sé que no parece verídico, ese es el consenso de la mayoría de las mujeres a quienes les he preguntado. Para las mujeres, las tres A's valen más que las tres P's, si tuvieran que elegir una de las tres A's por sobre las demás, escogerían *amor*.

No estoy diciendo que lo material sea insignificante para la mujer, pero sí que no es lo primordial. Sin embargo, si sus conocidos viven de cierto modo, ella no querrá sentirse excluida, en ese caso, la persecución de lo material se incrementará en ella. Hasta cierto punto, esto también se asocia con su necesidad de *apariencia*. Al no estar a la par de sus conocidos, podría llegar a sentirse inferior a ellos y eso le generaría gran ansiedad.

Uno de los miembros de mi congregación, Jack, me contó una historia que le ocurrió hace más de cincuenta años, él aún recuerda el impacto que surgió en su relación como si acabara de ocurrir: "Por motivos de negocios, viajé al Lejano Oriente, acompañado de mi esposa. Salimos a cenar con uno de mis proveedores y bebí unas copas. Por la manera en que se estaban desarrollando las cosas, me di cuenta que podría negociar un mejor precio para el producto que estaba por adquirir. Ya era bien tarde y noté que tardaría bastante en finalizar el trato, así que le dije a mi esposa: coge un taxi al hotel, yo iré en un rato."

"La negociación se extendió hasta largas horas de la madrugada, logré rebajar el precio medio millón de dólares. Ocurrió en los años sesenta, así que te podrás imaginar cuánto estaba ganando."

"A la mañana siguiente, cuando mi mujer se levantó, me di cuenta que estaba enojada. ¡Berta! Exclamé, tratando de animarla: no lo vas a creer, ¡nos ahorramos quinientos mil dólares!" "Mis palabras no surtieron el efecto deseado. ¿Cuál es el problema? Le pregunté, ¿por qué estás tan seria?"

"Quedé atónito cuando respondió: ¿por qué me enviaste en un taxi de regreso anoche?"

Cuando escuché la historia, quedé estupefacto. Su marido acababa de decirle que ganó una fortuna y lo único que ella tuvo que hacer fue regresar sola al hotel, ¿cómo podía estar molesta? ¡Pero lo estaba!

¿Ustedes piensan que ella exageró?

Berta se sintió abandonada. Sí, su marido había ganado una gran suma de dinero, pero eso demostró que ella no era su prioridad. Es probable que ella comprendió la decisión de su esposo, pero, eso no cambió su experiencia emocional. En su mente, se sintió echada a un lado.

¡No basta con que la ames!

Está de más mencionar que para que un matrimonio funcione, es fundamental que exista amor, aunque la pareja esté pasando por una situación difícil, todavía existe amor. Sin embargo, cada uno sostiene que la otra persona no lo ama. ¿Será posible que una misma palabra tenga dos significados totalmente distintos para la pareja?[4]

Hablemos de los hombres, ¿cómo definen ellos el amor?

Cuando el hombre se siente respetado y aceptado por quién es y le satisfacen sus relaciones maritales, considera que tiene un matrimonio sólido basado en el amor verdadero. Él asume que es igual para su esposa, porque si todo está bien a sus ojos, seguramente ella sienta lo mismo.

Cuando su mujer le revela que no se siente igual – que se encuentra insatisfecha, resentida o acongojada – él se pregunta: *¿qué pasa con ella? ¡No la entiendo! ¿Acaso no hago suficiente para satisfacerla? ¡¿Qué más quiere?!*

Después de romperse la cabeza pensando y no encontrar una explicación, deduce: *"algo debe estar pasándole. Seguramente tuvo un mal día. Quizá se peleó con su amiga o está en ese período del mes. Lo que sí estoy seguro es que su actitud no tiene nada que ver conmigo."*

Si él llega al punto de pronunciar su pensamiento en voz alta, ella le responde: *"Tu simplemente no entiendes. ¡Nunca vas a entender!"* En su mente, surgen interrogaciones, *"¿Qué le pasa a mi esposo? No puedo creer que me diga esto. Está actuando como si todo estuviera bien y me está hiriendo profundamente con su comportamiento. ¡¿Cómo se atreve a echarme la culpa!?"*

Esta situación, la conduce a pensar de la siguiente manera: *"Evidentemente yo no soy su prioridad en la vida. Ni que estuviera exigiendo demasiado, todo lo que deseo es tener un poquito de atención de su parte, ¿acaso es demasiado pedir? Simplemente necesito sentir que él pase tiempo conmigo, que se interese en mí, ¡ni siquiera se da cuenta que estoy utilizando zapatos nuevos!"*

Él por su parte, no espera esa reacción, sino todo lo con-

---

4 Vea el capítulo 8, "*El Amor No es Accidental*", para entender el verdadero significado de "amor".

trario: está orgulloso de sí mismo, al fin logró descubrir que su mujer está de mal humor antes de que ella se lo diga. Ya realizó un profundo análisis interior y está convencido que no es culpa suya de que ella se sienta de ese modo. Al verla responder de esa forma, él piensa para sus adentros: *"Esto en verdad es injusto. En lugar de reconocer mi interés y valorar la forma en que me preocupo por ella, opta por hacerme sentir culpable. Con ella no se puede ganar una"* y toma la siguiente decisión: *"No volveré a cometer este error. La próxima vez la voy a ignorar hasta que se le pase".*

¿Qué es lo que realmente está sucediendo aquí?

Mientras él se dedica completamente en alcanzar *prestigio*, *poder* y *placer*, ella nunca sentirá que es una prioridad en su vida. Para ella, tener *amor* es vital y si su marido no desea estar a su lado ni le demuestra amor de la manera en que *ella* lo espera, sencillamente no se siente amada.

¿Cómo es posible que un hombre le diga a su mujer, *"querida, tú eres todo para mí"* y ella no le crea?

La mayoría de los hombres consideran que su pareja es el centro de su vida, pero esto solo lo demuestra con palabras, él se la pasa diciendo que su mujer es la prioridad número uno, pero su comportamiento – la cantidad de tiempo que dedica a sus propios intereses, en lugar de consagrarlo a la relación con ella – expresa un mensaje diferente, él sigue enfocado en conseguir *placer*, *prestigio* y *poder*.

En su mente, el hombre cree que es la pareja ideal, se interesa en su mujer y se dedica responsablemente al trabajo. Tienen donde vivir, las cuentas se pagan a tiempo y pueden darse el lujo de tomar vacaciones anualmente. Él no tiene ningún tipo de adicción y va al gimnasio dos veces por semana. ¿Qué tiene de negativo un esposo así? Para la mente masculina… ¡Nada! Pero en la mente de ella, eso no basta. Ella piensa, "y qué hay de mí… de mi necesidad de amor. Es verdad que mantienes el hogar, pero un matrimonio es más que tener buena economía… ¡¿Qué hay de mis sentimientos como mujer?!"

El hombre contesta: "¿te refieres a que buscas atención? ¡¿Acaso no te doy atención… que hay del tiempo que pasamos en intimidad?!". Ella le responde: "eso no es suficiente para mí".

La mujer necesita sentir que ella *siempre* es lo primero en la vida de su esposo y no de vez en cuando. Si no lo percibe se encuentra vacía. Saber que es una prioridad para su marido, representa una parte integral de su autoestima. Para que ella se sienta de ese modo, él debe darle atención, aprecio y amor, de no ser así, se sentirá decaída e incluso puede caer en depresión.

En una oportunidad le conté esto a un comerciante exitoso cuyo trabajo le exigía viajar bastante seguido. Él me comentó qué cuando se casó, tenía que viajar por negocios y su mujer no estaba del todo contenta. Él me dijo: "Yo no entendía por qué ella se enfadaba – yo era el que se la pasaba viajando y el trabajo era muy duro. La situación empeoró a tal grado, que su madre me ofreció entregarme su negocio para que yo me mantuviera en Panamá y dejara de viajar, sin embargo, no acepté su ofrecimiento".

"Ahora comprendo lo que estaba pasando, esos viajes de negocios, fortalecían mi autoestima. En cambio, la autoestima de ella, dependía de que yo estuviera a su lado, y eso no estaba ocurriendo".

"Cuando tuvimos nuestro primer hijo la situación cambió bastante, ella comenzó a dedicarse y a atender al bebé y ese nexo que desarrolló con él, compensó el vacío que le generaban mis viajes. Recientemente nuestros hijos dejaron el hogar y su estrés regresó, y ahora comprendo el por qué".

Analicemos esta situación desde un punto de vista distinto. Los hombres suelen trabajar arduamente por lo cual acumulan grandes cargas de estrés. Cuando al fin llegan a su hogar lo que desean es relajarse. Su concepto de *relajación* no suele incorporar a su esposa y cuando ella le pide que comparta el motivo de su estrés, él no está dispuesto a hacerlo. Su mujer empieza a preguntarse, *¿por qué no está interesado en compartir tiempo conmigo? ¿Por qué no me revela el motivo de sus preocupa-*

ciones? Soy su esposa y deseo apoyarlo, ¿acaso él no lo ve? ¿Qué le está sucediendo a nuestro matrimonio?

Si ella intuyera las tres A's versus las tres P's, comprendería que él no escogió ignorarla, simplemente no se da cuenta del vacío que su actitud le produce. En su mente, él jura que es un esposo ejemplar, rechazó la invitación de su colega para salir a cenar con él y espera que ella esté agradecida de que llegó a la casa a comer, en vez de tardarse y llenarla de preocupaciones. Esta inconsistencia entre ellos es causa de confusiones y conflictos.

El poder de la flor

Cuando un hombre le lleva flores a su mujer sin razón... sus razones tiene.

Aquí hay otra anécdota que refleja lo distinta que es la percepción del hombre a la de la mujer:

Michel y Debbie tuvieron una discusión fuerte acerca de a quién de ellos le correspondía pagar la cuenta telefónica. La empresa había cortado sus dos líneas y cada uno sostenía que era culpa del otro. El ambiente en el hogar era sumamente tenso. A la mañana siguiente, Debbie reconoció que Michel tenía razón, él le había pedido que se encargara de la cuenta, pero a ella se le olvidó. ¿Qué podía hacer para resarcirlo? después de la discusión de la noche anterior, no sería nada fácil encarrilar la relación nuevamente.

De pronto, ella tuvo una idea: esa tarde, Michel recibió un hermoso arreglo floral acompañado de una nota de disculpa.

¿Crees esta historia? ¿Acaso una mujer trataría de rectificar un problema en su matrimonio a través de flores? ¿Qué me dices si la historia fuera al revés, si Michel hubiera sido el que cometió el error y decide arreglarlo enviándole flores a Debbie?

Cuando el hombre recibe flores, podrá apreciar el gesto – aunque no sirva de mucho, quizá piense en que es un desperdicio de dinero – en unos días se marchitarán. En cambio, cuando la mujer recibe un arreglo floral, se siente extasiada.

> Un hombre va a la floristería y ordena una docena de rosas.
> El florista le pregunta: "¿son para el cumpleaños de su esposa?"
> "No", responde
> Entonces... ¿su aniversario?
> "No", contesta nuevamente.
> "... ¿ella no se siente bien?"
> "Nada de eso", dice
> "Pues en ese caso... espero que lo perdone".

Un amigo mío acaba de contraer matrimonio y estaba pasando por ciertos desafíos. Le di algunos consejos y le funcionaron. Un día me llamó pidiendo hablar conmigo cuanto antes, organizamos una reunión en mi oficina. Apenas entró, me dijo que había tenido una discusión con su mujer y no sabía qué hacer al respecto. Lo escuché atentamente y luego le dije que él era responsable de lo que había ocurrido.

"¿Qué debo hacer?" preguntó él.

"Ve a la floristería, compra un hermoso ramo de flores y escríbele una linda tarjeta a tu esposa", le sugerí.

"Rabino", replicó él, "usted no conoce a mi mujer, eso no es suficiente para ella, no funcionará".

"Cálmate y escúchame", le contesté, "haz lo que te digo".

Unos meses después, lo vi y le pregunté cómo iba todo. "Rabino", respondió él, "su estrategia de las flores funcionó a la perfección, ella se tranquilizó y todo va bien desde entonces."

El matrimonio siguió su curso espléndidamente y tuvieron varios hijos.

¿Cómo una flor puede resultar tan efectiva? Una rosa puede corregir cualquier malentendido por grave que sea. Para mí es casi irracional, pero si se lo preguntas a una mujer, ella responderá, "Así es, las flores me hacen sentir especial."

Visto en función de las P's y las A's, esto tiene sentido. Una flor no va a incrementar el placer, ni el prestigio, ni el poder del hombre, pero satisface la necesidad de amor de la mujer. [Está de más decir, que si tu mujer sufre de alergias a las flores, no le compres flores.] Una vez me llamó una señora enfurecida, "mi esposo acaba de enviarme dos docenas de rosas". "¿Qué tiene eso de malo?", pregunté sorprendido. Ella contestó, "¡odio las flores… soy alérgica a ellas!".

Es más sencillo sentirse abandonada, que amada

> Nada golpea más a una mujer recién casada, que la sospecha de que su marido no la ama tanto como ella esperaba.[5]

Cuando nuestra autoestima está baja, nos tornamos susceptibles al enojo y la frustración. Eso es precisamente lo que ocurre con una mujer que se siente ignorada por su pareja. Una mujer que se siente desatendida por su marido empieza a reevaluar su matrimonio. Ella piensa para sus adentros: *"Toda mi vida creí que el día que me casara me sentiría como una reina, la emoción que sentí cuando nos comprometimos fue tan especial que pensé que iba a durar eternamente. Ahora me doy cuenta que todo era una bella ilusión.* Su conclusión, *¡Qué tonta fui al casarme con este hombre! ¿Cómo me dejé engañar por sus delicadas palabras? ¡Es mi culpa!*

Los sentimientos de ella por su esposo han dado un giro de 180 grados. Ahora comienza a echarle la culpa diciéndose a sí misma: *Él es una terrible persona… ¡¿Cómo se atreve a hacerme esto?!*

---

5 Feldman, *The River, the Kettle, and the Bird*, p. 48.

¿Qué crees que ocurra la próxima vez que estén sentados juntos a la mesa? Ella está tan frustrada que difícilmente pueda dibujársele una sonrisa, ni hablar de satisfacer su deseo de *placer, prestigio* y *poder*. Ella en su mente considera que ha sido abandonada, por lo tanto, ahora su actitud es de rechazo hacia él. En cambio, él simplemente quiere disfrutar la velada en compañía de su esposa, lo último que desea es verla amargada, su relación empieza a decaer.

Hay dos actividades que suelen hacer las mujeres para desahogarse, son... ¡comprar y comer! Piénsalo, cuando un hombre hace que su mujer se sienta segura en la relación, ella no requiere de nada para inflar su autoestima. En cambio, si una mujer se siente desatendida, busca otros componentes para sustituir ese vacío. La forma más fácil y eficiente es, comer o comprar – y ninguna de las dos hace muy feliz a su marido.

Hay un dicho: *"identificar la enfermedad representa la mitad de su curación"*. A mi parecer, la diferencia entre la forma en que el hombre y la mujer definen su autoestima y clasifican la felicidad, es la raíz de las dificultades en un matrimonio. Hay infinidad de volúmenes en el mercado que tratan las diferencias entre ambos géneros, aclarando malentendidos y ofreciendo sugerencias para mejorar la relación, pero si no analizan cómo está conectado el tema con la autoestima, pienso que les falta lidiar con la esencia del problema.

Los hombres, mientras obtengan lo que buscan – placer, prestigio y poder – no necesitan a su pareja para elevar su autoestima. En cambio, como la mujer necesita amor para sentirse valorada, la atención y el amor que recibe de su marido juegan un papel protagónico en su autoestima y consecuentemente, en alcanzar su felicidad.

6 Ella Quiere Conversar, Él Necesita Espacio

Vivimos en un ambiente que nos exige esfuerzo para conseguir el sustento, la mayoría de las personas trabajan cuarenta horas a la semana, sin contar una o dos horas diarias que les toma para ir de su oficina a la casa, etc. Cuando finalmente llegan a sus hogares, se sientan a cenar con la familia y se relajan un rato antes de acostarse a dormir.

Le he preguntado a cientos de hombres, *"¿qué te gusta hacer después de comer?"*, la respuesta usual es, *"ver televisión"*. En aquellos hogares en que no se mira televisión, la respuesta más común es, *"estudiar o jugar un poco con mis hijos"*. Generalmente, los hombres ven televisión, leen el periódico o navegan en la red cuando desean relajarse. Hay quienes van al gimnasio o a otros clubes recreacionales. En los hogares religiosos, lo usual es participar de una clase de *Torá* o estudiar individualmente.

Cuando le planteo la misma pregunta a las mujeres, "¿qué te gusta hacer después de cenar?", la respuesta común es, "conversar". En una clase de parejas mencioné este escenario y una mujer se volteó hacia su esposo diciendo, "¡lo ves, no estoy loca!".

Necesitamos pasar más tiempo juntos

Luego de algunos años de casadas, la mayor parte de las mujeres se resignan a no pasar tiempo conversando con su pareja, simplemente se acostumbran a la realidad y dejan de intentar mantener conversaciones íntimas y significativas con sus maridos para sentirse cercanas a ellos. A pesar de haber tomado esa decisión, la mayoría, preferiría hablar con su pareja en vez de hacer cualquier otra cosa. Pero, cuando tratan de hacerlo, éste es el diálogo que se genera entre ellos:

Mujer: *"Vamos a conversar."*

Marido: *"¿Acaso no conversamos recientemente?"*

Mujer: *"¿De qué hablas… cuándo?"*

Marido: *"Durante la cena."*

Mujer: *"¿A qué te refieres… de qué conversamos?"*

Marido: *"Tú me preguntaste cómo estuvo mi día, yo respondí que bastante bien, Gracias a Di-s."*

Mujer: *"¿A eso llamas platicar?… eso sólo fue un intercambio de información."*

> La mujer ansía compartir sus experiencias con su esposo, desea contarle todo lo que vivió durante su ausencia. El esposo debería escucharla con atención, aunque le parezca trivial o insignificante[1].

Para las mujeres, la mayoría de las conversaciones son emocionantes, la temática del intercambio pasa a segundo plano y lo que realmente valoran es la conexión con su pareja. En cambio, para los hombres, el tema en sí tiene que ser importante y significativo.

Muchos hombres tratan de ser esposos ejemplares, sin embargo, la mayoría no lo consiguen. Lo peor es que no comprenden en qué están fallando, han intentado todo lo que se les puede ocurrir, con la finalidad de hacer feliz a su pareja y al ver que nada parece funcionar, llegan a la conclusión de que es culpa de ella.

Después de todo, el hombre piensa para sus adentros, *"¿quién sería un mejor esposo que yo?"*, él gana un sueldo decen-

---

1 Rabino Shalom Arush, *The Garden of Peace*, p. 83 [reproducido con la autorización de *Chut Shel Chessed* Institutions, 2008, Israel].

te y le permite a su mujer gastar con libertad. Salen de vez en cuando a cenar, cuentan con una empleada doméstica y ella tiene tiempo de sobra para relajarse. ¡¿Qué más podría pedir?!

¿Cuál es la respuesta de su esposa? *"Necesitamos pasar más tiempo juntos", "tenemos que conversar más seguido", "siento que nos estamos distanciando", "nuestro matrimonio no es como solía ser…", "yo no soy número uno para ti… te preocupas más por tus clientes que por tu propia esposa…".*

Naturalmente, el esposo está totalmente en desacuerdo con ella. *"¡Más tiempo juntos!… ¿Cuándo? Trabajo todo el día, cuando por fin llego a casa nos sentamos a cenar juntos, luego me pongo al tanto con las noticias, veo un poco de deporte, navego en la Web por negocios, ayudo a los niños con la tarea y hasta me encargo de poner a dormir a los más pequeños. Cuando finalmente me desocupo… ¡son las 11 de la noche!"*

"A veces desearía ser uno de los canales de televisión…" se lamentó la mujer frente a su marido, "de ese modo voltearías a verme de vez en cuando". "No me parece una mala idea" respondió él pensativo, "así podría cambiarte de vez en cuando".

Cómo no entiende lo que trata de decirle su esposa, él intenta hacerla comprender sus palabras repitiéndolas. *"Mira… dijiste que deseabas conversar, eso es precisamente lo que hicimos durante la cena, yo pregunté cómo estuvo tu día y tú me respondiste en diez minutos, luego me preguntaste cómo me fue en el trabajo y te contesté en tres minutos, ¿de qué más tenemos que hablar?"*

"Discúlpame…" interrumpe ella, *"¡trabajas durante ocho horas diarias! ¿y todo lo que puedes compartir conmigo son tres minutos? Yo no estoy tratando de ser pesada, simplemente quiero que me cuentes cómo fue tu día…"*

"No me gusta traer el trabajo a la casa…" contesta él, *"en todo caso, sería demasiado estresante para ti."*

"No te preocupes por mí" responde ella, *"en serio deseo escuchar acerca de tu día".*

"Créeme… tú no quieres eso…," continúa diciendo él, *"¡mejor dejémoslo así!"*

"Pero a mí me da gran satisfacción platicar contigo… no solamente acerca de tu día sino también de otros temas."

"No hay problema", dice él, *"si hay algo en lo que pueda ayudar, siempre estoy a la orden para ti".*

"Yo sé que siempre puedo apoyarme en ti, pero no es eso a lo que me estoy refiriendo, ¡solo deseo pasar tiempo juntos!"

"Ah… ahora entiendo", dice él, *"tú quieres pasar tiempo conmigo… perfecto, acompáñame a ver el juego o las noticias, o lo que quieras… menos novelas."*

A estas alturas, el tono de la conversación está ascendiendo: *"¡Pasar tiempo juntos no significa ver televisión juntos, significa sentarnos y conversar!",* exclama ella enfáticamente.

Su marido responde agobiado: *"Te das cuenta… estás yendo en círculos. Primero me pediste que habláramos, te contesté que hemos hablado. Luego te quejaste que no pasamos tiempo juntos y yo propuse un excelente plan para hacerlo. ¿Y qué me dices tú? Necesitamos conversar más… ¡¿Acaso te escuchas a ti misma?!".*

"Tú eres quien no comprende nada" exclama ella, *"¡y ya me harté de explicarte!"*

Al fin, piensa él, *¡se terminó esta tortura! Ella no puede reconocer que está equivocada. Esa es su táctica común: terminar la conversación echándome la culpa. ¡Qué alivio que se rindió! Qué suerte tiene de que me casé con ella – nadie más toleraría esa actitud.*

Mientras tanto, su esposa está pensando, *¿Por qué mi esposo es tan cabeza dura? Siempre que intento expresarle mis sentimientos, él me los voltea. ¿Qué más pude haber dicho? Fui directa y al punto: "Pasemos un tiempo conversando". La única manera que sabe responder es tildándome de irracional. Esto es una locura, me casé con un hombre que no entiende nada acerca del funcionamiento de una relación. Si no fuera por mí, este matrimonio no* *hubiera durado ni una semana.*

¿Este intercambio te resulta familiar? Estoy convencido, que hasta cierto punto la mayoría de nosotros nos identificamos. Estos sentimientos son muy comunes. Si tu pareja y tú jamás han tenido esta discusión… me quito el sombrero.

Conversación básica de hombres

Lo que él dice	A lo que él se refiere
Es algo de los hombres.	Él no tiene explicación alguna.
Ah… tranquila, es una simple cortada.	Estoy sufriendo y la sangre está desbordándose, pero ni hablar de mostrar debilidad alguna.
Te escuché.	No tengo ni la menor idea de qué fue lo que dijiste, pero si lo reconozco te vas a poner brava, así que mejor pretendo que estaba poniéndote atención.
Hacemos un equipo maravilloso.	Me encanta cuando mantienes el orden en el hogar y si algo no está como debería, puedes estar segura de que te lo voy a hacer saber.

Ella anhela afecto, él ansía espacio

Analicemos de un modo más profundo la conversación anterior. Basándote en las diferencias que conoces entre los hombres y las mujeres [las tres P's versus las tres A's], ¿podrías identificar la conversación que está teniendo lugar inconscientemente?

El marido está diciendo: *"mi vida gira en torno al placer, prestigio y poder, así que cuando termine de cenar voy a buscar una actividad que satisfaga alguno de esos tres elementos."* ¿Qué encuentra él para hacer? Ver noticias, deportes, películas o sentarse a estudiar. El denominador común de todos ellos es *entretenimiento*, lo cual equivale a *placer* para el género masculino.

La autoestima de la mujer depende de su *autorrealización* (alcanzar metas), de su *apariencia* y de ser *amada*. Sin embargo, el principal de los tres es sentirse *amada*. Cuando se casa, la influencia del *amor* es mucho más poderosa que las otras dos A's. Por eso, ¿qué desea hacer después de comer? ¡Conversar![2]

¿Acaso no entiende que ya conversaron en la cena? Claro que sí, pero lo que realmente anhela es afecto y eso se consigue a través del vínculo en una conversación. Ella necesita sentir que su esposo *desea* compartir tiempo con ella. *Conversar* es la clave y sentarse juntos en comunicación, el objetivo.

Ella está dispuesta incluso a platicar acerca de lo que ocurrió en la oficina, con tal de pasar tiempo con su esposo. Sin embargo, él no está interesado: según él, esa no es conversación hogareña. En su casa él quiere desligarse de todo. Cuando tienen la opción de sentarse a ver el juego juntos, ella se niega. En su opinión esa no es la forma de mostrar atención.

> Casi siempre cuando una mujer se queja, es porque su marido no le presta suficiente atención. [3]

Su marido no se percata de que, si él prefiere una actividad distinta, en vez de pasar el tiempo con su mujer, la hace sentir mal. Ella inmediatamente deduce que no forma parte de sus prioridades ni de su interés, ¡no ha visto a su esposo durante unas doce horas! y poder pasar algún tiempo juntos, le resulta estimulante. ¿por qué él no desea pasar tiempo con ella?

---

2 Es importante recalcar que la *Mishná* dice explícitamente que una persona no debe conversar en exceso con su propia esposa [*Avot* 1:5]. ¿Cómo concuerda esto con el hecho de que un hombre debe pasar tiempo con ella? Debemos considerar lo siguiente, en esa época no habían tantas cosas que hacer en casa como actualmente, por eso los sabios desean que el hombre recuerde que aparte de conversar con su mujer, debe dedicar tiempo diariamente al estudio de Torá. Pero hoy día, las personas de todos modos no aprovechan su tiempo para estudiar. Están usando su tiempo en toda clase de cosas, así que seguro deberían también invertir más tiempo en conversar con la pareja.

3 Feldman, *The River, the Kettle, and the Bird*, p. 54.

Sí la amo, pero estoy viendo televisión

El mismo hombre que está dispuesto a entregar varias horas a su comunidad, puede llegar a quejarse de no tener siquiera cinco minutos para dedicar a su esposa e hijos. Eso es debido a que cuando participa en la comunidad, afianza su honor y prestigio. Además, lo hace impulsado por su iniciativa, que le permite conservar el poder. [4]

Cuando un hombre le dedica tiempo a su esposa, lo hace sacrificando sus intereses y su búsqueda de prestigio, poder y placer, y por eso le resulta menos deseable que sus otras actividades. Él no entiende cuál es la ganancia para él de sentarse a conversar con ella.

Mientras estaba en el proceso de redactar este libro, le pedí a varios hombres su opinión acerca del escenario que describí arriba. Todos reconocieron haber tenido intercambios similares con sus esposas.

Una persona mayor, me dijo, que si su esposa alguna vez deseaba hablar, él le respondía, adelante… habla. Si ella necesitaba hablar él la escucharía. Cuando surgió el tema de la televisión, le dije al señor que era muy amable de su parte escuchar a su mujer – incluso mientras se oía su programa favorito. Él contestó, *"sí, pero ya ella sabe que cuando empiezan las noticias no me debe interrumpir."* El grupo comenzó a reírse, él había demostrado mi punto de vista, las noticias eran más importantes que lo que su esposa deseaba decir.

Otro hombre señaló que no le molestaba escuchar a su mujer cuando ella hablaba de sus hijos o nietos. Sonreí diciendo, *"básicamente me estás dando la razón… cuando ella comparte información que tú deseas escuchar, te genera placer."*

---

4 Adahan, *It's All a Gift*, p. 104.

Un hombre entra en la floristería y ve un anuncio que dice, "DÍGALO CON FLORES." Le pide al florista que le venda una sola rosa.
"¿Por qué sólo una?" pregunta el florista sorprendido.
"Verá usted... yo soy un hombre de pocas palabras."

En otra ocasión recibí el llamado de un recién casado. *"¿Cómo va todo?"*, le pregunté.

"Bien... más o menos", contestó, *"a mi mujer no le agrada que la abandone dos veces por semana para ir a jugar tenis."*

De inmediato reconocí la razón de su insatisfacción. Él quería sentir placer, jugando al tenis con sus amigos. Si hubiera optado en hacer ejercicio, podía quedarse en casa y utilizar la caminadora.

Mientras tanto, su mujer le estaba rogando, *"quédate en casa conmigo."* Ella empezó a sentir que jugar tenis era más importante para él que pasar tiempo a su lado, eso le demostraba que no era su prioridad. *Yo puedo aceptar de que debes estar la mayor parte del día en la oficina*, probablemente pensaba ella para sus adentros. *Pero la noche me pertenece a mí... ninguna de tus actividades debería interferir con eso.*

En resumen, para elevar su autoestima un hombre no necesita pasar mucho tiempo al lado de su mujer. En cambio, la mujer necesita sentirse amada y querida por su marido constantemente. Como mencionamos en el capítulo anterior, la mujer puede *complementar* la autoestima de su esposo, pero para ella, él es una parte *integral* de su autoestima.

Esposo: *"¿Has escuchado? Se dice que las mujeres hablan hasta el doble que los hombres."*
Esposa: *"Claro... porque los hombres no escuchan."*
Esposo: *"¿Qué dices...?"*
Esposa: *"... ¡Lo ves!"*

A los dos nos gusta hablar...
pero de diferentes cosas

En realidad a los hombres sí les gusta hablar. Cuando los jóvenes salen a tomar unos tragos, ¿solo beben o también conversan? Claro que conversan. ¿Si a los hombres les gusta tanto hablar, entonces por qué no se sientan a conversar con sus esposas?

Los hombres y las mujeres suelen tener intereses diferentes. Si le pidieras a un hombre la lista de sus temas predilectos de conversación, seguramente diría *deportes, negocios, automóviles, temas de actualidad y películas.* Si le pidieras a una mujer *su* lista, sería algo así como: *moda, consejos de belleza, matrimonio, niños, recetas de cocina y temas de actualidad.*

Las mujeres que trabajan suelen tener más temas en común con los hombres, pero tienen diferentes temas de interés. En una reunión social, es habitual que los hombres terminen conversando entre ellos y las mujeres entre ellas.

¿Por qué? Sencillamente porque los hombres y las mujeres disfrutan conversar de cosas diferentes.

> Según el Talmud, las mujeres son por naturaleza más conversadoras que los hombres[5]. Son diferentes en su modo de hablar. Los hombres suelen ser directos y ofrecer soluciones concretas a los problemas, las mujeres se centran más en el vínculo emocional con la otra persona, que en el aspecto práctico del tema que abordan. Hay una caricatura en la que una mujer contacta a su marido diciéndole que su carro se averió y que si él podría venir a ayudarla. Minutos más tarde, el marido llama a la mujer y le informa que una grúa está en camino. La mujer exclama: "yo estoy buscando simpatía

---

5 Talmud, *Kidushin* 49b.

y él viene a ofrecerme soluciones."

Cuando las mujeres le presentan sus problemas a la pareja, su intención es compartir su sentimiento y lograr que la comprendan, el hombre, lo que intenta es conseguir la solución. Esto puede ocasionar problemas de comunicación, si en lugar de mostrar empatía hacia ella el hombre solo busca la solución pertinente. La mujer se puede enojar porque él no aprecia sus sentimientos. [6]

Cuando una pareja tiene hijos, éste se convierte en un tema central de conversación para ellos. El motivo de esto es obvio, pues ambos sienten inmensa satisfacción hablando de sus hijos. Sin embargo, cuando se trata de otros temas sus intereses son muy distintos y esa es la raíz del problema.

Conexión que desconecta

Ya que estamos debatiendo el tema de la comunicación – o la falta de ella – debemos mencionar que uno de los agentes más nocivos, es la tecnología. Los Smartphones, ipads y los iPhones, se encargan de arrebatarnos el poco tiempo libre que tenemos para compartir con nuestros seres queridos.

Anteriormente una mujer requería pasar tiempo de calidad con su esposo después de la cena, pero hoy día, ella tiene una alternativa, chatear con sus amigas. Entre el teléfono y los mensajes de texto, fácilmente el esposo puede sentir que ha pasado a un segundo plano para su mujer. Si te importa la calidad de las relaciones que llevas con tus familiares, asegúrate de mantener alejados esos aparatos.

Así como la tecnología representa un riesgo para las relaciones, lo es también el *tiempo*. Con el paso de los años, los intereses de las personas varían y así la pareja empieza a distanciarse. Buscando satisfacción personal, comienzan a de-

---

6 Rabino Dr. Avraham J. Twerski, *The First Year of Marriage* (Shaar Press, 2004), p. 119.

sarrollar nuevos pasatiempos. En algunos casos, un miembro de la pareja se torna más religioso. Cuando eso ocurre, la otra persona tiende a sentirse echada de lado y ve la religión como un intruso que intenta robarle atención. Esta sensación se intensifica a medida que la pareja presiona al otro a que adopte también un modo más ortodoxo de vida.

Involucrarse más en la observancia religiosa sería ideal, pero hay que estar de acuerdo con los sentimientos de la pareja al respecto. Aquello que puede resultar obvio y preciado a tus ojos, podría no serlo a los de tu pareja. Para evitar entrar en conflicto, es primordial no excluir o ignorar a la otra persona. La realidad es que no nos podemos acercar verdaderamente al camino de Di-s, entretanto seamos insensibles a los sentimientos y percepciones de otros.

> Los hombres disfrutan de actividades distintas que las mujeres. Una mujer requiere del afecto constante de su marido y desea pasar la mayor cantidad de tiempo a su lado.

7 Palabras Claves Cuyo Significado Difiere Entre El Hombre y La Mujer

¿Cuán común es que una pareja se casa y escuchas decir al hombre que él sabía que ella era la indicada desde que la conoció, y en cada cita que tuvieron él insistía para convencerla? Esta es una anécdota común. Cuando un hombre escoge a la mujer con la que se va a casar, su principal motivación es lo físico. Muchos hombres me han confesado que luego de ver una sola vez a su mujer, estaban seguros que esa era la mujer que desposarían.

Mientras que los hombres toman decisiones aceleradas basándose en atributos externos, las mujeres requieren más tiempo.[1] Para que una mujer escoja a su compañero de vida, él tiene que conquistar su corazón.

"Querida, te amo con todo mi corazón..." dice el novio a su futura esposa en la noche de bodas, "...y a menos de que eso cambie, no veo razón para volverlo a decir"

Esto toma tiempo y requiere de mucha paciencia, *es un proceso verbal*, la mujer necesita *escuchar* cuánto es amada, ese es el combustible de su autoestima.

---

1 En realidad la decisión de casarse y de con quién hacerlo, no debería ser tomada con ligereza. Las personas deben darse suficiente tiempo para conocerse mejor y así estar seguras de que su decisión es la correcta.

Llamé sólo para decir "Te Amo"

Para que una mujer realmente confíe en que su pareja la ama, necesita escucharlo decir "te amo" cada día de su vida. En principio puede que ella diga que no le cree, usualmente, se debe a que le fascina escuchar esas palabras de su boca, y quiere que él las repita nuevamente. O también podría ser que él la hirió de algún modo y por eso tiene en su corazón grabado el mensaje de que no la ama. En cualquier caso, él debe repetírselo todos los días y en cada momento oportuno. Similarmente, él debe buscar otras palabras de amor y calidez que pueda decirle.[2]

Es de suma importancia para la mujer escuchar a su marido decir *te amo*. ¿Qué hay con los hombres?, ¿también necesitan escuchar a cada momento que son amados?

Yo sostendría que aunque los hombres disfrutan cuando escuchan que son admirados, respetados, fuertes e inteligentes – o cualquier otra cosa que catapulte su ego masculino – ellos no tienen la misma necesidad de escuchar que son amados.

No es que el hombre no aprecie que se lo digan, solo que en él, el efecto de escucharlo es diferente. Cuando un hombre escucha a su pareja decir *te amo*, lo que interpreta es *soy un excelente esposo*. Es agradable escucharlo y ciertamente se le infla el ego, pero no lo necesita para su autoestima. Lo que él más requiere es el respeto y la confianza de su pareja; al ver que ella depende de él y le admira, se siente valorado.

La mujer, en cambio, necesita escuchar que es amada como parte de su sentimiento de valor personal. Cuando ella escucha *te amo*, su interpretación es *"tú eres valiosa"*. Esas palabras fortalecen el sentimiento de que tiene una buena relación. En su caso no se trata de un tema del ego, sino que es algo esencial para su autoestima.

---

2 Arush, *El Jardín de la Paz*, p. 274.

La mayoría de las mujeres requieren escuchar esta afirmación frecuentemente y entre más seguido mejor. Una mujer que no escucha que es amada, comienza a dudar de su valor personal. Si esto continúa unos cuantos días, ella puede entrar en crisis. Se torna ansiosa, irritable y deprimida. Entretanto, su pareja no comprende qué le está ocurriendo, solo que la personalidad de su mujer ha cambiado radicalmente de la noche a la mañana.

Más que un juego de palabras

Cuando compartí este pensamiento con una pareja que se acababa de comprometer, observé cómo la mujer se volteó hacia su futuro esposo y le dirigió una profunda mirada. Al preguntarle en qué estaba pensando, ella respondió, "Mark no va a decir que me ama, simplemente se niega a hacerlo."

¿Por qué no estás dispuesto a expresarle tu amor a tu futura esposa? le pregunté a Mark. "Me imagino que la amas, pues sería una idea terrible casarte con alguien a quien no amas."

"Ese es justamente el punto," contestó él, "si no la amara, no me casaría con ella. ¿Para qué tengo que pasar el tiempo repitiendo lo obvio?"

Yo sacudí la cabeza. "Estás cometiendo un error al asumir desde tu perspectiva. Es posible que tú no lo necesites escuchar, pero las mujeres requieren oírlo de su pareja continuamente. Aún si tú no sientes gran entusiasmo como para estar diciéndolo constantemente, ¿qué te molesta hacerlo si reconoces lo importante que le resulta a ella?"

Al igual que muchos hombres, Mark no podía entender este concepto. En cierta forma, él tenía razón, el hecho de estar comprometido o casado con alguien, demuestra un alto nivel de amor y entrega. ¿Qué gran diferencia hay si lo dices o no? Decirlo no lo va a hacer más verdadero.

Mientras que para un hombre este argumento tiene todo el sentido del mundo, para las mujeres suena ridículo e insensible. ¿Cómo podemos explicar esa necesidad aparentemente irracional de ella de escucharle decir *te amo*?

La respuesta nos remite nuevamente a las *P's* y las *A's*, *prestigio*, *poder* y *placer* en general no requieren de ninguna palabra, pero el *amor* sí. Por consiguiente, aunque el hombre en definitiva no necesita escuchar a los cuatro vientos *te amo* para sentirse valorado, la mujer sí lo necesita. Por este motivo el matrimonio resulta tan desafiante, pues incluso en algo tan básico los hombres y las mujeres son totalmente distintos.

Si esto es importante para tu esposa, díselo. Mejor aún, dilo con sentimiento. No le niegues a ella algo que le genera vitalidad y energía positiva.

En cierta ocasión le pregunté a un grupo de estudiantes por qué creían que las mujeres necesitan escuchar que son amadas y apreciadas.

Un hombre contestó, "los hombres son más confiados."

"Eso no es cierto", respondió una mujer, "Las mujeres pueden ser seguras y fuertes".

"Retornemos a la *A* de *amor*" dije yo. "Cuando las mujeres sienten una conexión con su marido, eso incentiva su autoestima, no porque ellas sean más débiles, sino porque así fueron creadas."

A pesar de que los hombres no necesitan escuchar que son amados tanto como las mujeres, ellos también requieren de cierta seguridad oral, en vez de escuchar *te amo*, ellos necesitan que su pareja les diga, *me siento segura a tu lado, siento que puedo contar contigo siempre,* o, *esa fue una idea inteligente.*

Así como decir *te amo* alimenta la necesidad de afecto de la mujer, del mismo modo escuchar que su esposa depende de él y lo respeta, fortalece el sentimiento de *prestigio* y *poder* en el hombre, lo cual alimenta directamente su autoestima.

El poder de una palabra

En un viaje a Israel, el pasajero que estaba sentado a mi lado me contó que había recibido un mensaje de texto de su hija, que decía, "papá, te amo". Él le escribió de regreso, "¿cuánto?"
Ella respondió, "mucho."
"Excelente" dijo él, "pero no me refería a eso, sino a cuánto me va a costar tú mensaje de texto."

Como los hombres y las mujeres tienen necesidades muy distintas por su naturaleza, no debiera sorprendernos que las palabras *te amo* tengan significados diferentes para ellos. Cuando la mujer escucha *te amo*, el mensaje es simple, *soy amada*. En cambio, el hombre al oír *te amo*, lo interpreta: *estoy haciendo bien mi trabajo como esposo, me espera cierta gratificación*. Desde un nivel más profundo, lo interpreta de esta manera, *tengo faltas, pero de todos modos mi mujer me acepta como soy*, esto consolida enormemente su autoestima.

Las palabras son un canal de información, pero la verdadera comunicación ocurre cuando el receptor interpreta el mensaje. Si digo *te amo* en griego, probablemente no sabrás qué dije, y mucho menos sentirás la emoción que conlleva esa expresión. El receptor filtra las palabras de acuerdo con sus experiencias y percepciones y formula una conclusión. Las palabras por si mismas no pueden transmitir su mensaje si el que escucha no las comprende.

Al comunicar un sentimiento a través de las palabras, estoy permitiendo a la otra persona elegir si desea conectarse conmigo o no, interpretar mis palabras es su decisión. Tan sólo estoy abriéndole una puerta, el resto depende de él o ella. Si una persona deprimida escucha *te amo*, no va a significar gran cosa para ella, porque la palabra *amor*, no genera sentimiento alguno mientras la persona se niegue [o simplemente sea incapaz de] captar el mensaje.

Como la expresión: *te amo,* no indica el mismo mensaje para el hombre como para la mujer, al hombre le cuesta entender la importancia que tiene para la mujer escucharla. Por ello es fundamental que los hombres comprendan la necesidad de su pareja de oírla, para satisfacer su requerimiento de *amor.* No existe otra forma de lograrlo, para la mujer esas palabras implican que él desea una relación con ella, que quiere un vínculo. Al escuchar que su esposo la ama, se siente valorada y eso mismo la motiva a darle lo que él necesita para estar satisfecho con la relación.[3]

Al contemplar esta idea, me percaté de que la Torá reitera esta enseñanza varias veces. Por ejemplo, la Torá nos informa que los judíos fueron contados en distintas oportunidades a través de censos[4]. Rashi[5] señala que Di-s en realidad no requería de una cuenta física para saber el número de judíos que había. Él sabía el número exacto. El propósito del censo era mostrar cuán importante y preciado era cada uno de ellos. Una persona que valora algo, lo repasa constantemente. Así mismo la mujer requiere de esa reiteración constante de "te amo" por parte de su esposo.

---

3 El hecho de que la palabra es un vehículo ideal para establecer un vínculo, se puede percibir desde el inicio mismo de la Creación. El Salmista declara que el mundo surgió de la Palabra de Di-s [Salmos 33:6]. Este concepto se menciona de manera explícita en Génesis: y Di-s dijo "que haya luz" y hubo luz [Génesis 1:3]. Esto demuestra que la palabra posee un poder creativo. Sin embargo, es sabido que Di-s no posee descripción alguna ni tampoco una imagen corpórea o física, entonces ¿qué significa que "Di-s dijo"? El Rambam establece que "la Torá habla en términos humanos" [Hiljot Mada 1:9]. Aunque Di-s no posee una boca, la Torá emplea expresiones humanas para que comprendamos a qué se refiere. Siendo así, ¿por qué la Torá establece específicamente que la fuerza creativa utilizada por Di-s fue Su palabra y no Su pensamiento? De acuerdo con la enseñanza jasídica, existe una buena razón por la que se usa específicamente la analogía de la palabra: solo cuando deseo comunicarme con "otro" es que necesito hablar. Al decirnos que Di-s habló, la Torá desea informarnos que Él dio espacio a "otro". Antes de la Creación, la única existencia era la Suya, no había nada aparte de Su Divina Presencia. Sin embargo, el acto creativo requirió que Él diera "espacio" a un "otro". La manera de hacer que el mundo aparente ser una entidad "independiente" era a partir de que Di-s ocultara Su absoluta Presencia. Aun así, Él utilizó la "palabra" como el vehículo para vincularse con nosotros y así facultarnos a conocerlo. Por un lado nos dio espacio, pero al mismo tiempo nos muestra que desea tener una relación con nosotros. Debemos emular Su actitud, por un lado darle espacio a nuestra pareja, pero simultáneamente transmitirle esas palabras claves que la predisponen positivamente a ser recíproca en la relación.

4 Números 1:1.

5 Rabí Shlomo Itzhacki (1040 – 1105), renombrado comentarista de la Biblia y el Talmud.

Respuesta frente al conflicto

El tema de las discusiones y conflictos será tratado más adelante[6]; sin embargo, solo para recalcar la diferencia entre hombres y mujeres en cuanto a su modo de responder frente a un conflicto, deseo tocar el tema aquí brevemente.

¿Qué ocurre cuando un hombre y una mujer discuten? Ambos se ponen ansiosos cuando son criticados, pero sus reacciones son muy diferentes.

Para el hombre, su ego se siente amenazado: él piensa, *¿cómo se atreve mi mujer a hablarme de ese modo? Yo estoy haciendo todo lo posible por ser el esposo ideal para ella, ¡¿pero aun así no le parece suficiente?!*

Por otro lado, para la mujer es su autoestima la que se encuentra devastada. Ella piensa: *mi marido me gritó e insultó, no puedo creer que esto esté ocurriendo. Nuestra relación se está erosionando. Mi matrimonio – o quizá mi vida – es deprimente.*

Aquí podemos notar nuevamente el papel que juegan las *P's* y las *A's*. El hombre, a quien el *prestigio* le es tan importante, percibe la crítica de su mujer como una afrenta contra su ego. En cambio, para la mujer – quien ansía conseguir *amor* – la crítica manifiesta una falla en la relación y representa un ataque al vínculo emocional que los une.

Para los hombres, lidiar con situaciones conflictivas en su matrimonio puede resultar un inmenso desafío. Ellos están acostumbrados a vencer en las discusiones y a mantener el control. Usualmente perciben las discusiones como una competencia. Cuando el esposo siente que la mujer lo contradice, su ego se siente amenazado, por lo que impulsivamente comienza a atacarla, alzándole la voz y enfureciéndose con ella. La mujer encuentra intimidante esta táctica, ella contestará de la misma manera o terminará por rendirse, esto dañará la relación.

---

6 Ver Tercera Parte, "El Arte de la Comunicación."

Las mujeres en general no buscan tener el control, pero sí les molesta ser manipuladas por sus esposos. Cuando una mujer siente que su opinión no es considerada, se frustra y puede caer en depresión. *¿Cómo es posible que no tengo voz ni voto en mi propia casa? Sé que mi marido tiene derecho a opinar, pero ¿por qué debo ser yo la que termine rindiéndose cada vez?* Esto la lleva a sentirse incompetente y solitaria. Ella percibe que su esposo no se preocupa por su bienestar y eso daña su autoestima.

Al hablar de la belleza del matrimonio, estamos haciendo referencia a la satisfacción emocional que genera. El hecho de sentirse amado en una relación, demuestra a la persona que hay alguien que la acepta y valora incondicionalmente. Esta sensación es muy poderosa, pero, también es el motivo por el cual un matrimonio puede llegar a ser demasiado doloroso, porque la misma persona que tiene la capacidad de afirmar nuestro valor, tiene la potestad de debilitarlo gravemente.

Si un extraño de la calle nos insulta, lo olvidamos con facilidad. Si se trata de un amigo, el dolor es más profundo. Cuando la ofensa viene de nuestra pareja, el dolor puede acabar destruyendo nuestro matrimonio. Somos mucho más abiertos, y consecuentemente más vulnerables con la persona que hemos escogido para compartir nuestra vida.

Está escrito, "la vida y la muerte dependen de la lengua"[7]. En el ámbito de una relación, esto significa que las palabras pueden resultar más dañinas que las balas, o más incentivadoras que cualquier trofeo. Decirle a tu mujer *te amo*, o a tu marido *respeto lo que haces por mí*, es lo más sencillo que hay, y hace una gran diferencia en tu matrimonio.

Las mujeres requieren de afirmaciones orales más que los hombres, y los hombres necesitan percibir que su mujer lo respeta.

---

7 Proverbios 18:21.

8 El Amor
No Es Accidental

Se relata la fábula sobre un pescador que atrapó un salmón de cuarenta libras. "Mi amo estará satisfecho – ¡ama el salmón!" exclamó entusiasmado. Cuando el pez escuchó esto se sintió aliviado, "*¡qué bien, pronto estaré de regreso en el agua!*"

El pescador fue a la mansión donde vivía su amo, al pasar la garita principal, el pez escuchó al guardia decir, "¡nuestro amo adora el salmón!"

Cuando el mayordomo vio lo que traía el pescador, también exclamó, "¡excelente, nuestro amo adora el salmón!"

Más tarde, cuando el cocinero se enteró, nuevamente proclamó en tono triunfante, "perfecto, nuestro amo adora el salmón." Mientras éste alzaba el cuchillo, el salmón gritó aterrorizado, "SI TU AMO ME ADORA, ¿POR QUÉ ME VAS A MATAR?"

En cierta forma, esta historia se aplica a nosotros. Nuestro amor se define de acuerdo al beneficio que podemos sacar de los demás. Puede ser a nivel físico, emocional o espiritual, pero el denominador común es que nuestros intereses están de por medio. Debemos admitirlo, nadie se casa con una persona que no le agrada. Nosotros elegimos casarnos con alguien que puede llenar nuestras expectativas de alegría, satisfacción, compañía, estabilidad, seguridad o amor.

Te Amo, pero Me Amo Más

Esta es la idea contemporánea del matrimonio: estoy dispuesto a amarte, pero únicamente si recibo lo que necesito. Indudablemente no se aplica a todos, pero la mayoría de las personas, entran en una relación pensando qué puede el otro hacer por ellas, en lugar de enfocarse en lo que ellas pueden dar. Cada uno busca satisfacer sus propias necesidades sin realmente considerar las de su pareja. Ya que el hombre y la mujer son tan diferentes, ¿cómo podría funcionar un matrimonio así? La respuesta es: no va a funcionar. Seguramente será un fracaso a menos que cada uno se concientice del verdadero significado de vivir una relación.

> ¿Por qué hay tantos matrimonios fallidos? Porque alguno de los dos ya está en una relación. Antes de pensar en matrimonio, debemos divorciarnos de nosotros mismos[1].

Una vez recibí una llamada de una mujer recién casada: "Rabino, estoy devastada" exclamó. "Es increíble, acabamos de casarnos y ya estamos enfrentando serias dificultades en nuestra relación.

Nuestra etapa de noviazgo fue maravillosa, él se comportaba como todo un caballero, un *mensch*; cuando salíamos a cenar, él decía, "vamos donde tú quieras". Si deseábamos ir al cine, me permitía escoger la película sin titubear, era como un sueño encantador, después que nos casamos, me dijo, "mi querida esposa, en la vida debemos ser justos, considero que ahora que estamos casados, tenemos que mantener igualdad de derechos en nuestro hogar. De inmediato le contesté que estaba totalmente de acuerdo.

---

1 Esto lo escuché del rabino Manis Friedman, autor de *Doesn't Anyone Blush Anymore?* y decano del seminario Beit Jana en Minnesota.

Una mujer soltera le confesó a su amigo, "he estado saliendo con un sinfín de hombres, y percibo que todos se interesan únicamente en la riqueza de mis padres. No puedes imaginarte cuánto daría por encontrar a alguien que se interese verdaderamente en mí." Su amigo sin titubear le preguntó, "… ¿cuánto?"

¿Te acuerdas cómo fueron las cosas el último año antes de que nos casáramos? dijo él. Siempre hicimos todo como tú querías. Seguro que lo recuerdo, respondí yo. Perfecto, entonces ahora es mí turno, este año haremos todo como yo decida".

Al principio, yo me sentí desorientado. No podía creer que su marido le hubiera dicho semejante cosa. Pero luego me percaté que no era nada fuera de lo común, en cierto sentido todos nos comportamos de ese modo, cuando hacemos algo positivo, esperamos una respuesta conveniente, asumiendo que cualquier esfuerzo debe ser correspondido de forma igualitaria.

En otras palabras, cada uno de nosotros, a su manera, mantiene una larga lista de cuentas. Mientras que lo que nos den igual o supere lo que invertimos en la relación, estamos dispuestos a mantener nuestro esfuerzo. Apenas sentimos que no estamos recibiendo lo suficiente, empezamos a buscar formas de sopesar las cosas[2].

---

2 Es en éste sentido que el Talmud declara, "En Occidente, se le preguntaba a un joven cuando se comprometía, *¿Matzá o Motzé?*" (Berajot 8a). Estas dos palabras hacen referencia a dos enunciados del Rey Salomón. El primero es: *"Matzá ishá matzá tov"* – "Aquél que ha encontrado una mujer, ha hallado bondad" (Proverbios 18:22) – es decir, que el matrimonio es una experiencia positiva. El segundo versículo proviene de Eclesiastés (7:26): *"Motzé aní mar mimavet et ha'ishá"* – "He encontrado yo más amarga que la muerte a la mujer". Los sabios le preguntaban al joven si la mujer que había hallado era virtuosa o no. Pero ¿cómo podía él responderles? Es obvio que si no la creyera una buena pareja no se casaría con ella. En realidad lo que los sabios deseaban saber era cuál era su actitud, si estaba genuinamente comprometido con ella o tenía motivos ulteriores. Si estaba interesado en lo que podía recibir o si su prioridad era hacerla feliz a ella. Cuando la persona está centrada en satisfacer a su pareja, entonces *ha hallado bondad.* Pero si su enfoque principal es recibir – *ha encontrado que* la relación con *la mujer* se tornará *más amarga que la muerte.*

El hecho de que estamos saturados por el ego, lo percibí con claridad durante un verano. Mi esposa y yo llevamos cada año un grupo de niños de campamento a California. Un día, mientras esperaba en el lobby del hotel, se me acercó un hombre que tenía alrededor de setenta años diciendo, "me gustan esos Tzitzit[3]".

De inmediato me di cuenta, que el señor era judío y respondí con gran entusiasmo, "Si quieres, puedo colocarte los Tefilin[4]." El hombre se negó diciendo, "No creo en las religiones… todas las guerras inician por culpa de ellas".

Su respuesta me dejó pensando. *Increíble, ¿cuántas guerras realmente se basan en motivos religiosos?* Días después, estaba reunido con algunos compañeros y mencioné lo ocurrido. Uno de mis compañeros, remarcó, "La Segunda Guerra Mundial no se inició por motivos religiosos. Stalin exterminó millones de personas de su propio pueblo en aras del comunismo, nada que ver con religión".

Finalmente me di cuenta, que a pesar de lo que algunas personas crean, la realidad es que, casi todas las guerras tienen un solo principio: el egoísmo. El egocéntrico ansía autoridad y hace todo lo que está a su alcance para obtener el control. Algunos manipulan la religión para conseguir su objetivo, su única motivación es la sed de riqueza y poder.

El matrimonio no es una guerra, pero si las personas entran en la relación pensando en los beneficios que puedan obtener, probablemente, se convertirá en una guerra y su matrimonio fracasará, generando conflictos inútiles y grandes cargas de estrés.

---

3 Una vestimenta de cuatro esquinas, que los hombres judíos visten como recordatorio de los Mandamientos Divinos.

4 Se trata de dos cajas de cuero dentro de las cuales se encuentran ciertos versículos bíblicos. Los hombres desde los trece años en adelante, están ordenados a vestirlas diariamente.

¿Qué cambió?

Hace cincuenta años el mundo era distinto. En aquellos tiempos la mujer sabía que el hombre tenía la última palabra y no era *sí querida*. La mujer comprendía quién era el que tenía la autoridad en el hogar, quién *llevaba los pantalones* en casa. Recordando aquellos tiempos, uno podría llegar a pensar que todo era ideal, había menos divorcios y probablemente las parejas no peleaban tanto.

Hasta el sol de hoy existen culturas que mantienen vigente esta tradición, dan por sentado que cuando la mujer recibe el anillo de compromiso, se somete completamente a su marido. Para nosotros, que vivimos en una cultura occidental, esta práctica es inadmisible, nos resulta imposible pensar que una mujer sea feliz en semejante régimen.

Realmente esa dinámica reduce significativamente los conflictos y discusiones en la pareja, pero es arrebatarle a la mujer la satisfacción y realización que ansía recibir de su matrimonio. Estar controlada y manipulada por su marido hiere su autoestima.

No hay duda alguna que la tasa de divorcio en occidente es mucho más alta que en los países en que sigue vigente esa tradición, pero eso no significa que esos matrimonios sean más plenos o más felices, solamente demuestra que la mujer es menos independiente, y en muchos casos es posible que tenga miedo de divorciarse, por no tener medios propios para su manutención.

Sin importar cómo era y cómo sigue siendo en algunos lugares, en realidad las cosas han cambiado, la mujer tiene más derechos y espera ser tratada equitativamente. Ella se opone, con justa razón, a ser controlada o tratada como un ser inferior por su pareja.

Tomando en cuenta esta situación, se presentan algunos inconvenientes. Ahora las mujeres se esmeran en demostrar que son iguales a sus maridos, se mantienen a la defensiva y muy sensibles cuando su pareja está en desacuerdo con ella. El resultado crea mayores conflictos, especialmente si el marido trata de llevar el matrimonio con una actitud de "Yo soy quien manda". Indudablemente, esta es una de las causas del elevado número de divorcios que encontramos actualmente.

¿Por qué te amo?

Los sabios en *PIRKEI AVOT* enseñan: "Hay dos tipos de amor. Uno es el que se fundamenta en elementos externos [como la apariencia física] – entretanto el elemento esté presente, el amor se mantiene, pero en cuanto caduca, ese amor se desvanece".[5]

El segundo, no depende de atributos externos, no depende de ninguna cosa en particular. Como no depende de nada, dura eternamente. De acuerdo al *Pirkei Avot* el amor entre Amnon y Tamar[6] se basaba en un deseo superficial, no se trataba de un amor genuino. En cambio, el amor fraternal entre David y Yonatán, por ser incondicional, se mantuvo siempre intacto.

Pensemos en el siguiente ejemplo: dos jóvenes comienzan a salir. El muchacho la llena de obsequios constantemente y la trata como a una reina. Ella es muy bonita y siempre viste bien, a él le enorgullece que los vean juntos, al poco tiempo se enamoran y deciden casarse, posteriormente nace su primer hijo y ambos se encuentran realizados.

Después de esto, el joven empieza a pasar más horas en la oficina, pues debe mantener a su familia y al llegar a casa, lo único que quiere es relajarse, pero en vez de ello, tiene que lidiar con una esposa necesitada y exigente. Ya no le preocupa tanto su apariencia ni se viste como solía hacerlo. El bebé la

---

5 Mishná, *Avot* 5:19.

6 Ibid. Amnon y Tamar eran dos hijos del Rey David. Amnon sentía un fuerte deseo por Tamar, que lo condujo a forzarla a tener relaciones con él.

mantiene despierta durante la noche y eso le produce mucho cansancio y la vuelve irritable. Ella espera con ansias a que su marido regrese, quiere verlo y desea seguir recibiendo los obsequios que él acostumbra entregarle; pero además de llegar con las manos vacías, él no está muy entusiasmado en pasar tiempo con ella.

La satisfacción disminuye y las razones que los motivaron a casarse, ya no están allí. Ella no se preocupa de su apariencia como antes, ni él le obsequia regalos como solía hacerlo. Ellos no se han percatado de que su amor estaba basado en cuestiones superficiales y ahora que ya no están, el amor se está desvaneciendo. Se preguntan, *¿dónde quedó la chispa que había entre nosotros? ¿Qué pasó con esa persona con la cual me casé?*[7]

Tomemos el caso de la mujer que está comprometida con un joven de buena labia y muy persuasivo. Ella está fascinada de ver cómo él se libraba de cualquier situación a través de su carisma y perspicacia, y de cómo lograba convencer a los demás de que sus opiniones son las correctas. Él utiliza su talento para hacerla sentir especial. ¿Qué ocurrió cuando finalmente se casaron y ella se percató de que su esposo era un charlatán, que no era una persona sincera y podía mentir en la cara a alguien sin titubear? Ella comienza a reconocer que eso que le generaba atracción era algo netamente superficial y vacío. Ahora ya no siente amor por él, ni mucho menos, respeto.

Toda persona necesita ser amada, eso es algo vital en cualquier matrimonio estable y feliz. Sin embargo, muchos tienen

---

7 Esto no significa que un esposo no deba dar obsequios a su mujer, ni que ella no deba arreglarse para él, sino que no pueden basar toda su relación en esos detalles. La Torá enseña, "Cuando salgas a la guerra contra tus enemigos… y veas entre los prisioneros a una mujer muy agradable y la desees… podrás traerla a tu casa… la dejarás que llore a sus familiares durante un mes entero [sin que ella se arregle físicamente]. Después de eso [si la persona aún lo desea] podrás desposarla" (Deuteronomio 21: 10 - 13). De acuerdo con el comentario de Rashi, Di-s comprende que un hombre en medio de la guerra, puede perder su autocontrol al ver a una mujer hermosa. En vez de permitirle satisfacer su deseo, la Torá le ordena llevarla a su casa, además, a ella se le prohíbe arreglar su apariencia durante el período de tiempo que está ahí. La Torá asume que al verla en ese estado, el hombre recuperará sus sentidos y podrá ver más allá de su belleza física. Esto demuestra que para mantener una relación verdadera, es fundamental que exista una conexión más profunda que el solo deseo de satisfacer las necesidades de uno, tiene que estar basada en dar y recibir.

una visión distorsionada del amor. El amor consiste en una emoción hacia alguien, es un sentimiento muy poderoso, capaz de suministrar a una madre la fuerza que requiere para alzar un carro y rescatar a su hijo.

Sin embargo, el amor también puede resultar sumamente egoísta. Si amo a alguien, pero ese amor está centrado en lo que esa persona puede hacer por mí y no en lo que yo puedo hacer por ella, entonces es un amor totalmente egoísta. No es que ame a esa otra persona, en realidad solo me amo a mí mismo. Este es uno de los principales motivos por los que tantos matrimonios fracasan. Las personas no se comprometen seriamente una con la otra, sino que basan la relación en aquello que pueden obtener – sea estatus, placer o riqueza – y una vez que ese elemento se esfuma, no hay razón alguna para conservar la relación[8].

En ocasiones uno encuentra parejas que sostienen de que a no ser por sus hijos, se divorciarían. Eso es triste, confirma el hecho de que esa relación es precaria y solo perdura en función a algo externo. El elemento que debe unir a la pareja es el amor genuino que existe entre ellos, cuando su vínculo se cimienta en los hijos, deja de ser una relación.

En base a lo que hemos visto con respecto a las *P's* y las

---

8 Este concepto se puede entender mejor en base a una orden bíblica. La Torá establece que cuando alguien construye un nuevo hogar, debe colocar un cerco alrededor del techo para prevenir que alguien se caiga (Deuteronomio 22:8). De no hacerlo, si alguien se cayera, el dueño de la casa sería culpable de derramamiento de sangre. El versículo que estipula esto utiliza un lenguaje extraño, "… se caerá el caído…". Aparentemente debería decir, "… se caerá la persona…", ¿por qué lo llama caído antes que caiga? Además esta regla se aplica también a una casa vieja, ¿por qué entonces la Torá menciona "cuando construyas una casa **nueva**"? El Rebe de Lubavitch *zy"a* explicó que el versículo hace referencia al matrimonio: "cuando construyas una casa nueva…" significa, cuando te cases – deberás erigir un cerco, es decir, tomar las medidas necesarias para proteger la santidad de tu relación matrimonial. En base a esta enseñanza, podemos reinterpretar el versículo que dice, "velo tasim damim b´veiteja", "no derrames sangre en tu hogar" – pues la palabra en hebreo "damim" [sangre] significa también "dinero". La Torá desea que nos aseguremos de no permitir que la plata sea el fundamento de nuestro hogar. No te cases para adquirir beneficio material. ¿Por qué no? Porque entonces "se caerá el caído" – cuando alguien se casa solo por dinero, ya está caído desde un inicio. Esa persona no comprende los valores verdaderos en la vida. Si él o ella se casan por una ganancia material o algún otro interés personal, entonces "el caído" seguirá cayendo.

A's, podemos entender por qué tantos matrimonios fracasan. Los hombres necesitan *poder, prestigio* y *placer* para afianzar su autoestima. Las mujeres buscan *amor, apariencia* y *autorrealización* para sentirse bien con ellas mismas. Cada uno buscará esos elementos en la relación.

En el ejemplo previo del matrimonio por razones externas, el hombre sintió que al contraer matrimonio con una mujer que se vestía bien y que lo apreciaba genuinamente, le aportaría *prestigio*. La mujer, por su lado, vio en los obsequios y en la atención que él le prestaba, una oportunidad de satisfacer su deseo de ser amada. Cuando esos elementos desaparecieron, el amor que se tenían se desvaneció. Ya no divisaban ningún beneficio de su matrimonio.

¿Significa que si en realidad amamos a nuestra pareja, no debemos esperar beneficiarnos de ella?

Por supuesto que no. En toda relación hay ciertas cosas que nos damos y cosas que recibimos. Sin embargo, si mi necesidad de recibir es más dominante que mi deseo de aportar – y la única motivación para mantener la relación es la ganancia que obtengo –indudablemente esa relación se va a derrumbar.

El amor condicional y egoísta se disipará en el instante en que esas condiciones no estén satisfechas. En cambio, el amor incondicional es constante y eterno.

> El amor condicional, usualmente significa la anulación o subyugación de un individuo. En lugar de que los dos se tornen uno, el amor del más dominante consume al otro. Por otro lado, el amor incondicional, el amor trascendental, te permite poner a un lado tus deseos egoístas y amar a la persona como debe ser.[9]

---

9   Rabino Simon Jacobson, *Toward a Meaningful Life*: *The Wisdom of the Rebbe* (Morrow Publishers, 1995), p. 61.

Una pareja se presentó ante el cura con la intención de contraer matrimonio. Durante la entrevista éste preguntó: "¿desean realizar una ceremonia tradicional o prefieren que sea moderna?"

"¿Qué diferencia hay?" preguntaron.

El cura respondió: "en la ceremonia tradicional, cada uno de los novios enciende una vela y posteriormente la apaga. En la moderna ambos prenden su vela y la dejan encendida."

"¿De qué modo el dejar las velas ardiendo supone una boda más moderna?"

"La vela encendida representa la identidad individual de cada uno de ustedes – su ego. Cuando ustedes extinguen su vela están demostrando la disposición de anular la voluntad propia, en aras de satisfacer los deseos de su pareja. Además, ese acto expresa el compromiso genuino al matrimonio por encima de cualquier circunstancia que se presente. Hoy día las personas se niegan a renunciar a su ego en virtud de mantener una relación íntegra y transparente con su conyugue, por eso les pregunto si ustedes desean ser parte de esa dinámica moderna."

El novio se quedó pensativo un momento y finalmente exclamó: "¡por qué no hacemos lo siguiente!... ambos encendemos nuestra vela y luego la novia apaga la suya."

El amor egoísta es transitorio. Cuando el amor se sustenta en algo – apariencia, dinero o una personalidad carismática – y ese elemento se va, el amor se desvanece.

II PARTE

Esto no es acerca de mí, es acerca de tí

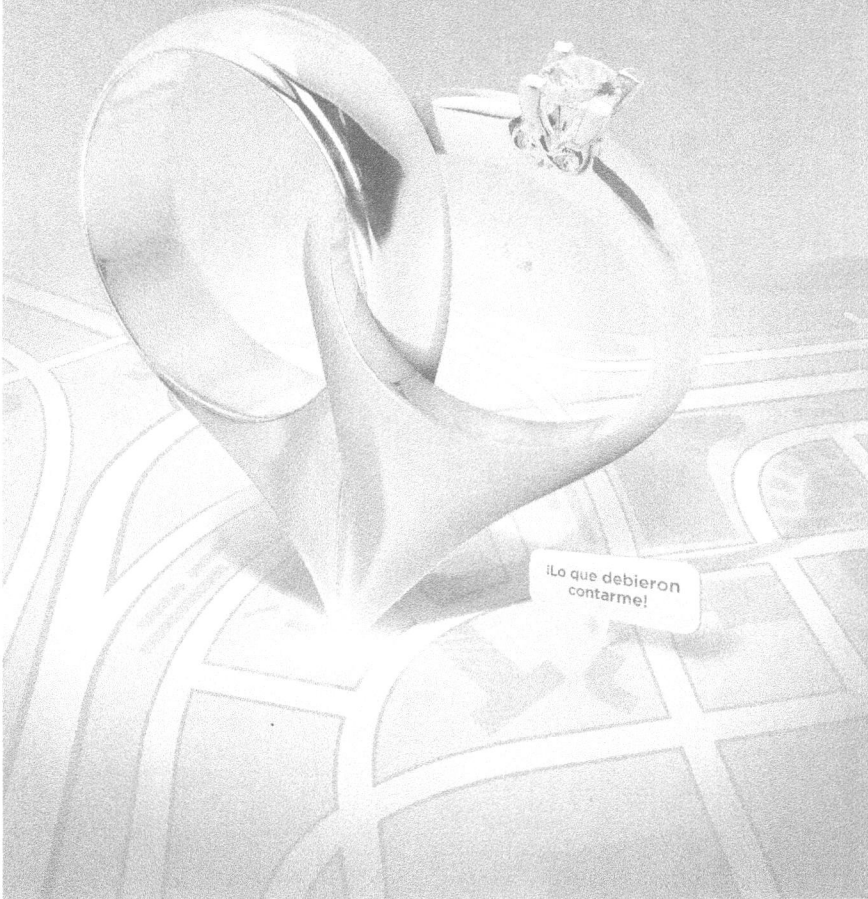

¡Lo que debieron contarme!

9 La Pirámide del Matrimonio

Todos los matrimonios se disuelven y terminan por el mismo motivo. ¿Puedes adivinar cuál es? La respuesta es: El amor desapareció.

Esto usualmente ocurre cuando el amor está basado en elementos externos – ese amor de naturaleza egoísta que describimos en el capítulo anterior. Cuando esos elementos desaparecen, lo mismo ocurre con el amor. Las parejas que dejan de amarse tienden a buscar el divorcio. Se podría sugerir que emocionalmente ya están divorciados. Quizá tarden un tiempo en divorciarse físicamente o incluso podrían optar por permanecer juntos, pero emocionalmente la relación ya acabó.

Tiene sentido decir que el amor es el pegamento que mantiene unida a la pareja. Sin embargo, no debemos olvidar la importancia del compromiso hacia la otra persona para mantener una relación duradera. El amor es como la fuerza de la vida, y el compromiso como las ondas cerebrales. Mientras estas funcionen, uno sobrevive; si el corazón no funciona eficientemente,

> Un hombre falleció y poco tiempo después su esposa. Cuando ella llega al cielo y ve a su esposo, exclama:" mi querido esposo, de nuevo juntos" "Discúlpame, dijo el esposo". Habíamos quedado en que estaríamos casados "hasta que la muerte nos separe"

no hay vida. El amor hace la conexión entre ambos, y sin él, el vínculo desaparece.

Algunas personas dirían que otras causas destruyen el matrimonio, por ejemplo, dificultades económicas o falta de comunicación. Aunque estos elementos son importantes para el buen funcionamiento de la relación, la razón por la que ésta sufre es porque la falta de comunicación y los desafíos económicos debilitan la unión de la pareja. En cambio, una pareja que verdaderamente se ama, podrá hacer frente a cualquier desafío que se le presente, ambos harán un gran esfuerzo por mejorar la comunicación y superar todas sus diferencias.

Por este motivo el amor se sitúa en la cúspide de la pirámide, efectivamente es el pegamento que mantiene junta a la pareja.

Luego de un corto tiempo de casados, una pareja estaba a punto de divorciarse. Después de un leve intento por reconciliarse, se dirigieron al rabino en busca de ayuda.

"¿Qué los ha conducido a no poder seguir juntos?" preguntó el rabino.

"En las siete semanas que hemos estado casados..." exclamó el hombre abrumado, "no hemos sido capaces de coincidir en nada."

La mujer intervino: "...son ocho semanas".

Cuando se rompe el vínculo

Es lógico afirmar que cuando una pareja se casa, seguramente se aman o por lo menos tienen cierta química entre ellos. Si el amor es el vínculo que los mantiene unidos, ¿qué es lo que pasó? ¿por qué se deterioró el matrimonio?

La verdad es que sin importar cuanto se ame una pareja, eventualmente surgirán conflictos entre ellos. Ya sea un malentendido, diferencias culturales o de educación; no existe pareja libre de altercados. Si esas discusiones se tornan frecuentes, el fundamento del matrimonio sufre.

Es difícil poder amar a una persona que discute constantemente contigo, eso carcome el amor y destruye el matrimonio. Por otro lado, si interactúan poco entre ellos, también disminuirán sus sentimientos.

¿Por qué hay conflictos en la relación?

Generalmente cada uno de los integrantes de la pareja sostiene que está cumpliendo plenamente sus obligaciones conyugales. Al sentirse atacados – bien sea en forma directa con críticas, o de manera indirecta con sarcasmo – ellos se tornan irritables, ansiosos y defensivos. Sienten que esa actitud de su pareja es injustificada, después de todo, no han hecho nada malo. Están cumpliendo con su parte de la relación, así que, ¿por qué la otra persona se queja y actúa hostilmente?

Cuando las personas se sienten atacadas suelen responder en forma agresiva. Lo mismo puede suceder cuando uno de los miembros se siente ignorado o subestimado. Naturalmente, esa persona mostrará signos de insatisfacción y comenzará a generar energía negativa. Esto inevitablemente conducirá a una discusión en la que cada uno intentará demostrar al otro que él tiene la razón, ambos se sentirán víctima de una pareja irracional. Finalmente, ambos opinarán que su pareja es inflexible, testaruda o simplemente odiosa.

Con este tipo de pensamiento, puedes imaginar que los conflictos no van a disminuir, sino que, por el contrario, solamente aumentarán.

Todo podría solucionarse si la pareja en vez de pelear, se sentara a discutir sus asuntos con calma y razonablemente, ¿no les parece? En un mundo perfecto, cada uno enuncia sus necesidades y busca una solución beneficiosa para cada problema. ¿Por qué es tan difícil para una pareja comunicarse efectivamente?

Los hombres y las mujeres tienen su forma particular de

ver las cosas. Sus perspectivas son diferentes y únicas. Comprender las diferencias que existen entre hombres y mujeres les permitiría resolver esos asuntos subyacentes.

En los primeros capítulos de este libro hemos analizado esas diferencias, se manifiestan a nivel psicológico, emocional y espiritual. Específicamente, las mujeres buscan *apariencia*, *amor* y *autorrealización* para su autoestima, en tanto que los hombres persiguen *placer*, *poder* y *prestigio*. Además, hemos visto cómo estas diferencias afectan significativamente la armonía matrimonial. Agregando las dificultades económicas, problemas de salud, conflictos de familia y las descompensaciones anímicas, que sirven solamente para intensificar el problema, tenemos definitivamente una receta para el desastre.

Simplemente la realidad es que los hombres y las mujeres requieren cosas distintas para aumentar su autoestima. Por consiguiente, no perciben las cosas del mismo modo y poseen prioridades distintas. Esta ruptura es la que genera gran ansiedad en la pareja y es la raíz de la mayoría de los conflictos que enfrentan en el hogar. No es de extrañar que terminen agrediéndose uno al otro, lo que puede deteriorar el amor y consecuentemente romper el lazo que los une, conduciendo al divorcio.

De esta forma, aunque el amor ocupe la posición más elevada en la pirámide, si no prestamos cuidado al resto de la estructura – las *P*`s y las *A*`s y el modo de ayudar a nuestra pareja a conseguir los elementos que son importantes para ella – la estructura completa se derrumbará.

La base de la pirámide

En función de esta evaluación podemos apreciar por qué le corresponde a cada individuo evaluar y entender las cosas que le aumentan su autoestima. Es así, cómo podrán distinguir la manera de balancear las necesidades para nutrir apropiadamente la relación. Una vez que la pareja refuerce sus respectivas visiones de autoestima, pueden resolver cualquier diferencia que los divida y empezar a enfocarse en las necesidades de su pareja. En lugar de enfocarme en *mí*, empiezo a enfocarme en *ti*.

Al tomar esta actitud, la pareja logrará mejorar continuamente su relación y disfrutar de un matrimonio pleno y fortalecer el vínculo que los une y la conexión se tornará cada vez más profunda.

Ese vínculo se sustenta en el amor, ahora hemos logrado redefinir la palabra amor – ya no se trata de un sentimiento egoísta enfocado en lo que uno busca – sino en un amor profundo. El tipo de amor que mantiene la conexión entre la pareja – que forma el pegamento que mantiene el matrimonio junto – es el amor incondicional. La manera de lograrlo es a través del *compromiso*. Cuando nos comprometemos a desarrollar una relación fuerte, estamos dispuestos a entregarnos incondicionalmente a nuestra pareja.

Cuando el matrimonio se ha consumado, debemos alterar nuestra perspectiva. Ya no se trata de mí, ahora se trata de mi pareja. O, mejor aún, mi pareja soy yo; lo que es su mejor interés es mi mejor interés.

Generalmente, dos personas se interesan en una relación por ciertos intereses. Hay algo que la otra persona me va a brindar, o sea, esto sería un amor condicional, pero la relación debería evolucionar: el amor egoísta debe cambiar al amor verdadero y desinteresado.

Esta transformación requiere de compromiso: compromiso de enfocarme en las necesidades de mi pareja y no solo en las mías, compromiso de fortalecer el matrimonio y compromiso de continuar cuando las cosas se ponen difíciles.

Lo que importa es el compromiso

En el pasado, la idea del matrimonio era mucho más que una relación conveniente; se trataba de auténtico compromiso. Cuando dos personas decidían casarse, asumían la responsabilidad de hacer funcionar la relación bajo cualquier condición. En otras palabras: es posible que se haya casado por motivos egoístas, pero mi compromiso con ella es eterno.

En una ocasión, que estuve presente en una *shivá*, la hija de la persona fallecida empezó a hablarme de su madre. Le pregunté cómo había sido el matrimonio de sus padres. Ella respondió, muy bueno. Comencé a extenderme en las ventajas de tener un buen matrimonio – la estabilidad que le da a las futuras generaciones, el respeto y ambiente positivo que crea en el hogar y otras cosas más.

Cuando terminé mi discurso, ella exclamó, "no rabino, no entendió lo que quise decir. Mis padres peleaban todo el tiempo, pero se seguían amando el uno al otro." ¡Eso es compromiso! Seguro que, hoy en día, esa pareja se habría divorciado, pero en esos tiempos el matrimonio era para toda la vida.

Una pareja anciana se acercó al rabino para solicitar el divorcio. El marido tenía más de noventa años de edad y la mujer no estaba muy lejos de cumplirlos .
El rabino preguntó: "Discúlpenme, ¿por qué quieren divorciarse?"
La pareja contestó: "Estamos discutiendo mucho."
Rabino: "¿Cuándo inició esto?"
Pareja: "Hace unos setenta años."
Rabino: "Pero si es así... ¡¿por qué esperaron tanto?!"
Pareja: "Estábamos esperando que murieran nuestros hijos."

Un compromiso pleno no implica 24/7

Sé que esto suena imposible de lograr. ¿Acaso alguien puede entregarse cien por ciento a otra persona, incluyendo el tiempo? Durante años la ciencia ha debatido si es la tierra o el sol el centro del universo[1]. ¿Cuál es? Ninguna de las dos. "Yo" soy el centro. La mayoría de la gente vive creyendo que son el centro de todo el universo, de más está decir que esto no contribuye a un matrimonio exitoso.

Intelectualmente, tiene sentido que ser egoísta causa la mayoría de los conflictos maritales y que un matrimonio bueno requiere un compromiso pleno hacia la otra persona. Sin embargo, emocionalmente, esto es casi imposible de conseguir. ¿Cómo puedo sentir verdaderamente que el bienestar de otra persona es más importante para mí que el mío propio?

En ocasiones logramos alcanzar ese nivel con nuestros hijos, ello se debe a que representan una extensión de nosotros mismos. En cambio, se nos dificulta ver de ese modo a nuestra pareja. El lazo que une a la pareja, así como el vínculo entre padres e hijos, están cimentados en el amor, pero el amor que sentimos hacia nuestros hijos es de carácter incondicional. No nos divorciamos de nuestros hijos; padres e hijos pueden discutir y pelear, pero la conexión esencial permanece. Sin embargo, cuando se trata de la pareja, es difícil ser generoso todo el tiempo.

Un miembro de mi comunidad me invitó una vez a su casa de playa. Ahí tuve el placer de conocer a su padre, una persona intelectual, ampliamente informado, un respetado abogado y distinguido estadista. En la conversación que tuvimos, me reveló que el año anterior había comenzado a colocarse los *Tefilin* y que recientemente dejó de hacerlo.

"¿Por qué?" Le pregunté con asombro.

"Pues... en los rezos que leía dice que "Amarás a Di-s... con todo tu corazón, toda tu alma y toda tu fuerza...", pero amor es lo que siento por mi esposa, no creo que pueda amar a Di-s de ese modo, me sentía como un hipócrita al rezar".

---

1 El Rebe de Lubavitch ZY"A, explica que incluso científicamente se puede argumentar que la tierra es el centro. (*Mind over Matter. The Lubavitcher Rebbe on Science, Technology and Medicine* [Shamir, 2003], p. 75)

"Querido Moshe…" exclamé, "en verdad me impresiona tu sinceridad, pero permíteme preguntarte una cosa, ¿en serio, tu amas a tu mujer con la misma intensidad veinticuatro horas al día? Seguro que no. Una relación se caracteriza por sus altibajos, esos sentimientos vienen y van de acuerdo con las circunstancias en que uno se encuentra. Similarmente ocurre con Di-s, es evidente que no todo el tiempo sentimos ese amor apasionante al servirlo. Sin embargo, el hecho que en ciertos momentos conseguimos una conexión más profunda, demuestra que estamos en una relación con Él. Por lo tanto, decir que "amarás a Di-s con todo tu corazón, alma y fuerza…" no es solo una expresión vacía."

> El Alter Rebe le indicó a su hijo, Rab Dov Ber, que le tocara la mano.
> "¿Qué sentiste?" Preguntó el Rebe.
> "… una mano" Contestó su hijo.
> El Alter Rebe replicó: "Quien toca con la mano, siente una mano. Quien toca con el corazón, siente un alma."

Es cierto: nos resulta prácticamente imposible sentirnos totalmente entregados a nuestra pareja el cien por ciento del tiempo. Sería irracional esperar que una persona sea capaz de amar incondicionalmente siempre. Posiblemente no sería correcto hacerlo, porque un ser humano necesita también satisfacer sus propias necesidades para funcionar bien. Aun así, cuando uno entra en una relación, aplicando el enfoque correcto – que el matrimonio consiste en dar, no solo en recibir – definitivamente experimentarás momentos de amor intenso e incondicional hacia tu pareja y de ese modo el matrimonio florecerá.

La pareja se divorcia cuando se esfuma el amor.
Esto ocurre si ambos discuten
sobre sus diferencias constantemente en lugar
de comprometerse a entender
y resolver las dificultades.

10 El Primer Paso: Una Nueva Perspectiva

Una noche me llama un miembro de la comunidad diciendo: "¡Rabino, mi padre se encuentra en grave estado! El doctor dice que tiene dos arterias tapadas. Está convencido que no pasará la noche."

De inmediato me dirigí a su hogar para pronunciar una plegaria y acompañarlos en su aflicción. Al día siguiente no tenía noticias de la familia, y decidí llamar al hijo esperando lo peor.

"¿¡Cómo está todo?!" Pregunté inquieto.

"Todo está bien" respondió el joven con calma.

"¡Increíble! Un verdadero milagro", exclamé.

"Según los doctores, sus arterias han estado tapadas por varios años", dijo el joven.

"Entonces, ¿cómo logró sobrevivir?", pregunté sorprendido.

"Es algo increíble. Su organismo encontró vías alternas para enviar la sangre al cerebro".

No tienes que aprender a vivir con eso

Mantener una dieta sana, comiendo pan integral y vegetales, evitando bebidas alcohólicas y gaseosas, definitivamente es mejor para el organismo. De todos modos, hay quienes alegan tener un cuerpo sano a pesar de consumir alimentos grasosos y dañinos. Así como el organismo logra lidiar con las toxinas generadas por la mala alimentación, y encuentra una vía alterna para enviar la sangre al cerebro cuando las arterias están tapadas, las personas logran adaptarse emocionalmente a su matrimonio, aunque no les satisfaga realmente.

Quizá a unos no les gusten los inviernos fríos, pero si le toca mudarse a Canadá, esa será la realidad y tendrá que acoplarse a la situación.

¿Qué es lo ideal? ¿tener un cuerpo que se maneja con las toxinas que le introducimos, o un organismo sano que se deleita con una buena alimentación?

> Nunca dudes de las decisiones de tu mujer. ¡Sólo mira con quién se casó!

Muchas parejas se resignan con su situación actual, *porque ignoran que podría ser mejor.* Ellos piensan que eso es el matrimonio y no se percatan de que solo están sobreviviendo, cuando pudieran estar gozándolo. Es posible que sientan un descontento general, pero en verdad no reconocen a qué se debe. Si el marido pasa demasiado tiempo lejos de casa, o la mujer actúa desdeñosamente, ellos solo lo ven como el precio de una relación. Inclusive si uno tiene un matrimonio feliz y productivo, la mayoría estaríamos de acuerdo en que siempre hay lugar para mejorar la relación.

En cualquier caso, antes de pensar en mejorar algo, la persona tiene que reconocer qué es lo que debe hacer para lograr la mejoría. El primer paso, es desarrollar la perspectiva adecuada. La visión que tienes de tu pareja – y ella de ti, es clave en el modo en que se tratan el uno al otro.

> Harry estaba muy entusiasmado. Al fin iba a casarse con la mujer de sus sueños. Justo antes de contraer matrimonio, estaba saliendo de la oficina, cuando su jefe lo llamó y le dijo: "Te felicito, quiero que sepas una cosa: yo llevo 30 años casado y te puedo asegurar que el día de hoy lo recordarás con cariño toda tu vida. ¡Jamás lo olvidarás!"

"Pero señor" Objetó Harry. "Me caso mañana".
"¡Sí, lo sé!"

Reconoce que eres diferente

Sin reconocer que los hombres y las mujeres son diferentes, será muy difícil dar los pasos correctos para ajustar el matrimonio. Las mujeres deben entender cómo ellas piensan y cuáles son las cuestiones que impulsan su autoestima. Ellas deben darse cuenta que sus necesidades son distintas a las de los hombres.

En esencia, la mujer debe comprender que el modo en que un hombre se comporta no es algo que él elige o siquiera se percate de ello, simplemente es parte de su naturaleza. El deseo femenino de ser el eje central de la vida de su pareja es algo antinatural desde la perspectiva masculina. Una vez que la mujer acepta este hecho, podrá apoyar a su marido para que él comprenda sus necesidades.

Del mismo modo, los hombres no pueden vivir con la perspectiva de que el matrimonio será siempre un viaje placentero, inclusive, si en su mente ellos no perciben alguna causa para que haya turbulencia en la relación. Una pareja infeliz genera estrés. Cuando el hombre entiende que las quejas de su mujer son reflejo de sentirse emocionalmente distante o de percibir que no se la considera de forma justa, puede lidiar con la ansiedad de ella y las acusaciones que le lanza.

Hace poco tiempo dicté una charla a una audiencia masculina de recién casados. Al explicarles este concepto, fue sorprendente ver, como en sus rostros se dibujaba un sentimiento de tranquilidad; cada uno creía ser el único que estaba enfrentando estas dificultades. Para ellos fue un alivio descubrir que sus conflictos maritales eran algo normal.

Para que la relación funcione de manera óptima, cada integrante debe en primera instancia entender la posición de su pareja. *Percatarse de que cada uno posee requerimientos distintos, es el primer paso para alcanzar un matrimonio satisfactorio y pleno.* Aquí es cuando las P's y las A's entran en juego.

En general una mujer necesita sentirse amada [*Amor*] para mantener una autoestima positiva, esto se logra cuando se le dedica atención. El hombre, por su lado, necesita sentirse admirado y que se le respeta [*Prestigio*]. Él requiere de la confianza de su pareja y saber que ella cuenta con él.

Alguien a quien conozco bien, solía regresar a su hogar a las siete y media. En algunas ocasiones a las siete y cuarenta y cinco y de vez en cuando a las ocho. Siempre que regresaba más tarde de las siete y media, su mujer se enfadaba. A veces se quejaba y otras veces, lo recibía con una cara larga, lo recibía de mala gana.

"¿Por qué llegaste tarde?" Preguntaba ella.

El esposo respondía incrédulo, "tenía cosas que hacer en la oficina, ¿acaso piensas que estoy todo el día rascándome la espalda?"

Ella contestaba con frustración, "¿pero no sabes que estoy aquí esperándote?"

Él respondía, "ese es un bonito gesto de tu parte, pero a veces surgen cuestiones de las que debo encargarme en la oficina."

La mujer exclamaba, "está bien, pero al menos podrías llamar para avisar".

El hombre se sentía molesto, pensaba que su mujer estaba siendo irracional. Ella sentía que su marido era un desconsiderado. Las cosas nunca se resolvían.

¿Qué era realmente lo que estaba ocurriendo?

Ella como mujer se encontraba deseosa de ver a su esposo luego de todo un día de trabajo, asimismo esperaba que él estuviera ansioso de verla. Si por alguna razón no podría regresar a tiempo, ella esperaba que, al menos se dignara a levantar el teléfono para avisarle. Por otro lado, él no estaba sintiendo esa ansiedad de ver a su mujer, no es porque no la amara, sino que, esa no era una necesidad vital para él. Ambos se veían a sí mismos como víctimas de una pareja insensible a sus necesidades y requerimientos.

El elemento faltante en ellos era la humildad. Debían mostrarse un "amor incondicional" en lugar de uno egoísta. De haber sabido entenderse el uno al otro, ella no se habría sentido tan herida ni habría exagerado la situación. En vez de sentirse ofendida, habría echado su propio ego a un lado y simplemente le habría comunicado calmadamente sus necesidades como mujer, de ese modo habrían conseguido evadir ese conflicto innecesario.

Él, a su vez, debió haberse percatado de que su esposa ansiaba verlo tras pasar un día entero distanciados. Si hubiera logrado ignorar el golpe a su ego – la queja de ella de por qué llegaba tarde – él habría sido capaz de observar más allá de las acusaciones y darse cuenta que ella estaba manifestándole sus necesidades. A pesar de que él no sentía la misma necesidad, hubiera realizado un esfuerzo para satisfacerla.

Esto es lo que las mujeres deben hacer en cuanto a su sensación de abandono, ellas deben procesar de manera diferente la información. En lugar de asumir que a ellos no les interesa su bienestar lo suficiente como para darles la atención que les corresponde, deberían visualizar a su pareja como un hombre trabajador y dedicado, que se esmera de manera incansable para proveer las necesidades de su familia. Esa es la verdadera razón por la que se encuentra inmerso en sus pensamientos y no encuentra el tiempo para dedicarle a su esposa. La responsabilidad que tiene sobre sus hombros de cuidar a su familia le produce un inmenso estrés, y toma esta responsabilidad muy en serio.

Por otro lado, el hombre debe intentar ser sensible a las necesidades de su pareja, reconociendo que, al casarse con ella, él se comprometió a ser un esposo entregado. Ser un buen marido no implica tan solo encargarse de la manutención de la familia, sino dar a su mujer la atención, amor y apreciación que requiere.

Recuerdo que hace varios años, leí un suceso de una pareja que enfrentaba una situación sorprendente, se requería de un guía espiritual con la sabiduría del Rey Salomón y, gracias al Cielo, estaba justamente ahí.

Cada verano miles de familias se trasladan desde la ciudad de Nueva York a las montañas en Catskill, los hombres pasan la semana entera en la ciudad trabajando y el fin de semana viajan para reunirse con sus familias; el domingo regresan a la ciudad.

Se presentó un caso, en el que el hombre y su mujer enfrentaban un gran desacuerdo en cuanto al modo en que debían conducir su hogar de verano. La mujer se encarga durante toda la semana en atender a sus hijos, y considera que el fin de semana le corresponde un descanso y que su marido debía hacerse cargo de ellos. El esposo, había pasado la semana completa trabajando arduamente y anhelaba ese merecido descanso en las montañas, necesitaba recargar las baterías y confiaba en que su mujer le entendería y se ocuparía de los niños.

El rabino evaluó la situación colocándose en el lugar de ambos y luego les informó su veredicto. "El marido debe considerar que su esposa realmente se encuentra agotada porque toda la semana, tuvo a su cargo a los niños. Él debería fijarse cómo puede facilitarle su trabajo para que pueda tomarse un pequeño descanso. La mujer debe darse cuenta que, su esposo está exhausto por la intensa semana laboral que tuvo y tratar de buscar la forma de que él consiga un poco de descanso. Si evaluaran esta situación, cada uno entendería la posición del otro y el matrimonio seguiría funcionando adecuadamente".

Permítanme compartir una historia personal. Uno de los temas de discusión en varios matrimonios consiste en la forma en que los hombres y las mujeres, se comportan detrás del volante. Yo acostumbro a conducir en el carril de alta velocidad y a pesar de ser un conductor experimentado, hay quienes se quejan de mi forma de manejar. Mi mujer sostiene que mi manera de conducir la hace sentir insegura y nerviosa, "se me forma un nudo en el estómago por la manera en que manejas…" suele decirme.

"¿Confías en mí?" le pregunto.

"¡Seguro! No se trata de un tema de confianza, sino del modo que me haces sentir…"

Ella reconoce que soy un buen conductor y que poseo buenos sentidos para librarme de situaciones complejas en la vía, pero de todos modos, insiste en que disminuya la velocidad. Yo me considero un conductor confiable. Es cierto que soy algo agresivo en la calle, pero eso no me altera en absoluto. Incluso cuando reduzco la velocidad para honrar la petición de mi esposa, mantengo una velocidad mayor de la que ella desearía. Durante mucho tiempo, no lograba comprender por qué se ponía tan ansiosa cuando yo conducía.

Mi actitud cambió el día en que varios miembros de mi comunidad, nos dirigíamos al cementerio local, y uno de ellos estaba conduciendo el vehículo. Él era un conductor experimentado, pero solía acelerar con toda fuerza y cuando se aproximaba a otros autos frenaba abruptamente. Su modo de conducir me puso nervioso, me producía una gran tensión emocional [… y no porque estuviéramos dirigiéndonos al cementerio]. En ese momento comprendí lo que mi mujer había intentado decirme todo el tiempo, "confío en ti, pero, me siento intranquila". Desde ese día, decidí conducir más lento cuando mi esposa está en el carro.

En ese caso particular no hubo un arreglo fácil ni resultados inmediatos – todavía disfruto conduciendo velozmente – lo que sí hubo es un esfuerzo mayor de mi parte para satisfacer la voluntad de mi pareja, y sucedió cuando pude ver las cosas según su punto de vista.

El amor necesita nutrirse

Nuestros sabios nos enseñan, "Uno debe ser flexible y blando como la caña y no rígido y firme como el cedro[1]". Para que un matrimonio sea exitoso, ambos integrantes deben superar su ego e intereses personales. Ellos tienen que ser maleables y no inflexibles. En palabras simples y directas: deja de pensar si estás logrando todo aquello que te propusiste y que siempre soñaste de tu matrimonio. Deja de cuestionarte: "¿Estoy recibiendo todo lo que me había propuesto obtener? ¿Será que los demás reciben más de lo que yo recibo? ¿Conseguí la pareja perfecta? ¿Mi vida se ha enriquecido ahora que me casé? ¿Es mi vida tan plena como esperaba que fuera?"

Si realmente deseas tener un matrimonio ideal, tienes que cambiar de libreto. "¿Será que *mi pareja* está recibiendo aquello que él/ella esperaba de la relación? ¿Soy verdaderamente una persona que se dedica a su pareja? ¿Qué más podría hacer para que la vida de mi pareja sea perfecta?"

> Nunca existe un motivo o justificación para que una persona esté tan absorbida en sí misma, al grado de excluir a familiares, vecinos, compañeros... a Di-s mismo, de su mente, de su corazón y de su vida[2].

¿Por qué la Torá menciona las leyes de la *Sotá* (Números 5:12) – una mujer sospechada de haberle sido infiel a su marido – justo luego de discutir las leyes que conciernen a los obsequios que corresponden al *Cohen* [sacerdote]? Rashi lo explica de la siguiente manera: si un hombre se abstiene de entregar al *Cohen* las donaciones que le corresponden según la Torá, tendrá de todos modos que ir donde el *Cohen* – para llevarle a

---

1 Talmud, *Taanit* 20.

2 Rabino Manis Friedman, *Doesn't Anyone Blush Anymore?* (Harper Collins, 1990), p. 45.

su mujer de quien sospecha le fue infiel[3]. ¿Cuál es la conexión?

Una persona que se niega a compartir sus posesiones con el *Cohen* es egoísta, si se comporta de esa manera con el sacerdote, seguramente actuará del mismo modo con su esposa. Cuando una mujer se siente abandonada a causa del egoísmo de su marido, se torna más vulnerable para otro hombre.

Respecto a la persona arrogante, el Talmud enseña: "Di-s exclama: ¡Él y Yo no podemos morar juntos!"[4] Para el judaísmo, la humildad es la mayor virtud posible, como el Ramban [Najmanides] escribió a su hijo: "La humildad es la mayor virtud entre todas las cualidades loables que uno puede adquirir[5]".

Sin la humildad resulta imposible mantener una relación auténtica. Hilel el Anciano enseñó: "No hagas a los demás aquello que no querrías que te hagan a ti[6]" y Rabí Akiva dijo: "Ama a tu prójimo como a ti mismo", es una regla fundamental de la Torá[7]. ¿Qué implica amar al otro como a ti mismo? Así como aprecias que tus necesidades sean consideradas seriamente, del mismo modo debes comportarte con los demás. Es obvio que, si esta regla se aplica a tu prójimo, ¡más aplicable es para tu pareja! Averigua cuáles son sus necesidades y provéeselas.

Si consigues aplicar el principio de "ama a tu prójimo como a ti mismo" con tu pareja, inmediatamente ella recibirá el amor y atención que ansía obtener. Sin embargo, quien es arrogante no puede hacerlo, pues no sabe cómo salir de sí mismo para reconocer las necesidades de la pareja y proveérselas.

Imagina a dos personas jalando los extremos de una cuerda en direcciones opuestas, por supuesto que se romperá. Eso es

---

3 Rashi en números 5,12

4 Talmud, *Sotá* 5a.

5 *Igueret HaRambán*, citada en *Meulefes Sapirim*.

6 Talmud, *Shabat* 31a.

7 Talmud Yerushalmi, *Nedarim* 9:4.

exactamente lo que ocurre en una relación cuando cada integrante está centrado en su ego y su agenda personal.

Hay una importante distinción en la analogía de la soga cuando se aplica al matrimonio, ya que ninguno de los dos está dispuesto a ceder ni un ápice, en cambio, todos sabemos que inevitablemente un matrimonio se derrumba si únicamente buscamos nuestra propia satisfacción.

Ninguna relación puede sobrevivir siendo unilateral. Pocas personas aceptarían tales términos. Por ello, en nuestra relación matrimonial sí cedemos, hacemos cosas por la otra persona que no desearíamos hacer ya que, sin esto, el matrimonio no duraría.

Cuando uno de los miembros invierte el mínimo necesario para el matrimonio, el otro percibirá el patrón rápidamente. La unión podrá perdurar, pero no será satisfactoria ni psicológica, ni emocionalmente. Por el contrario, se volvería monótona y estancada.

Sólo piénsalo, si tu pareja no se interesa en ti de forma genuina sobre tu vida, necesidades, preocupaciones, intereses y conflictos, ¿cómo pueden ustedes mantener una relación verdadera? Podrán vivir juntos, viajar juntos, ir a eventos sociales juntos y hasta compartir momentos especiales juntos, pero no será un matrimonio ideal.

Mientras cada integrante de la pareja se imagine a sí mismo como una entidad independiente, buscando su propia plenitud, el matrimonio está destinado a fracasar. Casarse no es una proposición 50/50, más bien es 100/100. Cada integrante debe comprometerse al cien por ciento por el bienestar de la pareja.

Infórmale a tu pareja qué quieres en realidad

No solo se trata de reconocer que las necesidades de tu pareja son distintas a las tuyas, por eso, debes juzgar su comportamiento de manera diferente – también debes percatarte que *tu pareja,* quizá no se ha dado cuenta que *tus* necesidades son distintas a las de ella. Lo que resulta obvio para ti, puede no serlo del todo para tu pareja.

Un miembro de mi comunidad me llamó para contarme que su esposa se quejaba constantemente porque él nunca la sacaba de noche.

"Querida, tienes toda la razón", le dijo él confortándola, "¿por qué no planificas qué noche podemos salir? y vamos con gusto, avísame cuándo".

Pasaron un par de semanas y de nuevo la mujer se quejó que todavía no habían salido de noche. El marido respondió, "Es cierto, pero acuérdate que habíamos quedado que me avisarías…" "Mira…" exclamó la mujer, "para mí es de suma importancia ver que esto es importante para ti… ¡Por qué no tomas la iniciativa!"

La siguiente semana el esposo telefoneó a su mujer desde la oficina ofreciéndole que salieran esa noche. "¡Excelente!" respondió la mujer con gran emoción. Después de acostar a los niños, el marido se dirigió a su mujer diciendo, "… y bien, ¿estás lista para que salgamos?" La mujer contestó, "… no, realmente estoy un poquito cansada, pero si tú quieres salimos…"

El marido, cuando me llamó por teléfono, me dijo, que quedó perplejo, "Simplemente no tiene sentido. Primero se queja que nunca salimos, yo propongo salir, ella insiste en que tome la iniciativa, lo hago y terminamos quedándonos en la casa"

"Amigo mío…" le dije, "tienes que entender la verdadera intención que ocultaban las palabras de tu esposa. Cuando ella te pidió salir, lo que en realidad estaba diciendo era: siento que no soy la prioridad en tu vida porque nunca salimos de noche. Tú encontraste una solución, pero ella no buscaba soluciones, ¡lo que quería era ver que estabas pensando en ella! Cuando finalmente ofreciste que salieran, ella declinó la invitación, porque su objetivo, era ver qué tan importante era ella para ti y al invitarla demostraste que ella sí es una prioridad en tu vida. Después de eso, ya no necesitaba realmente salir de la casa".

El hecho de entender que las cosas que a ti te resultan obvias pueden ser inconcebibles para tu pareja, te va a quitar un gran peso de encima. Cuando una mujer comienza a sentirse ansiosa por percibir que la ignoran o critican, lo que debería decirse a ella misma es, *mi marido no busca herir mis sentimientos, lo que sucede es que su capacidad de comunicación es demasiado precaria.* Una vez que la tormenta se calma, ella debería transmitir a su esposo claramente qué es lo que le molestó. Al hablarle con paciencia y sinceridad, es mucho más factible que reciba la respuesta porque él intentará rectificar su falla.

El hombre por su parte debe comprender que su mujer posee una personalidad diametralmente distinta a la suya. Ella es mucho más susceptible emocionalmente y le afecta profundamente sentir – que no representa la prioridad principal en la vida de su marido. En lugar de tomar la defensiva cuando ella se molesta, lo critica o cuestiona su comportamiento, él más bien puede mostrar empatía. Al utilizar palabras amables y transmitirle cariño, él podrá resolver la situación con facilidad.

Mantén los ojos abiertos

Mientras estamos hablando acerca de nuestra percepción en cuanto al matrimonio, aquí les comparto algo que seguramente no habían pensado: todos los beneficios del matrimonio – compañerismo, amistad, relación, hijos, apoyo – se pueden lograr sin necesidad de casarse. Entonces, ¿para qué hacerlo?

Según la tradición judía existe una única razón para el matrimonio: Di-s lo instituyó. En otras palabras, es un mandamiento Divinamente ordenado[8].

---

8   Ver Deuteronomio 22:13. Rambam, *Hiljot Ishut* 1:2.

¿Por qué es importante tomar consciencia de este hecho?

Si decides casarte porque crees que se trata de algo opcional y una idea agradable, al momento en que pierda ese atractivo, sentirás la libertad de cambiar de opinión. Si cambiaste de parecer no pasa nada, simplemente pides el divorcio y sigues adelante con tu vida. Pero si tu decisión de contraer matrimonio consiste en satisfacer el plan Divino, tienes que preguntarte si Él está de acuerdo en que esa relación se termine[9].

El Talmud declara que el Altar Sagrado "derrama lágrimas" cuando una pareja se divorcia[10]. Esta declaración nos faculta para ver las cosas desde un ángulo mucho más sublime – no solo se trata de mí, lo que yo quiero y los intereses que tengo. Es acerca de algo que trasciende mi ego, un plan divino que atañe al propósito mismo de mi existencia[11].

En otro lado de la Torá encontramos algo sorprendente. Cuando Di-s anuncia a Sará que va a concebir un hijo, ella al principio duda de la promesa divina. En ese momento Di-s regaña a Abraham diciendo: "¿Por qué Sará se rió diciendo… soy una mujer anciana…?"

Si observamos cuidadosamente el texto, descubrimos que en realidad las palabras de Sará fueron, "¿Cómo voy a concebir… mí maestro [refiriéndose a Abraham] es anciano?" ¿Por qué Di-s cambió las palabras de Sará? Nuestros sabios ense-

---

9 Al igual como con todas las demás decisiones de nuestra vida, la Torá es la que determina cuándo y cómo debe darse el divorcio. Ver *Shuljan Aruj, Even HaEzer* 119:1.

10 Talmud *Guitin* 90b.

11 La paz en el hogar es tan importante para Di-s, que Él permite incluso que Su Sagrado Nombre sea borrado para preservarla. En realidad, borrar el Nombre Divino representa una grave prohibición bíblica, pero existe una excepción. En los tiempos del Templo, si una mujer era hallada sola con otro hombre, generando dudas en cuanto a la lealtad a su marido, se seguía un procedimiento para verificar si efectivamente le había sido infiel. Su esposo la llevaba al Templo y ahí el Cohen preparaba un pergamino con el Nombre de Di-s. El pergamino se ponía en agua hasta que el Nombre se desvanecía y esta agua se le daba a la mujer como bebida. De haber sido infiel las consecuencias eran inmediatas [Si el marido había sido infiel alguna vez, esta técnica no tendría efecto en la esposa]. Nuestros sabios explican que, en aras de la paz marital, Di-s está dispuesto a pasar por alto Su propio honor (*Vaikra Rabá* 9:9).

ñan[12] que aquí aprendemos lo importante que es para Di-s la paz del hogar. Que incluso está dispuesto a ocultar parte de la verdad para que se mantenga la atmósfera pacífica.

Si la persona considera este enfoque cósmico estará más decidido para que su matrimonio funcione sin dejar que le afecten las pequeñeces cotidianas.

Simplemente pensémoslo. ¿Acaso tiene sentido que dos personas con antecedentes y características diferentes logren fusionar sus personalidades y formar un enlace verdadero? Lógicamente siempre habrá desacuerdos y conflictos. La proporción de éxito en una relación será mayor, si pueden aplicar sus características individuales y contradicciones para un propósito común.[13]

Cuando nos enfocamos en el propósito y objetivo superior, podemos lidiar con nuestras diferencias. Al apreciar que nuestro matrimonio es Divino y que se trata de una institución sagrada, podemos superar cualquier desafío, conservar una relación sana y forjar un vínculo eterno.

> Dos personas se pueden amar e interesar de modo genuino una por la otra, pero sin la presencia de una fuerza Divina ¿Cómo pueden seres mortales forjar un vínculo inmortal entre ellos? Esto es necesario, porque aparte de que ellos poseen personalidades y entornos muy distintos, también son demasiado diferentes a nivel biológico, emocional y psicológico y están destinados a transitar diversas experiencias a lo largo de su vida[14]

---

12 Talmud *Yevamot* 65b.

13 Hay un conocido dicho talmúdico acerca del matrimonio: "Si el hombre y la mujer son meritorios, la Divina Presencia mora entre ellos, si no lo son, serán consumidos por el fuego" (*Sotá* 17a). Basado en el hecho que las palabras hombre y mujer en hebreo son *Ish* e *Ishá*. Ambas contienes la palabra *Esh* que significa *fuego*. Además de *esh*, la palabra en hebreo para hombre tiene la letra *"Yud"*, mientras que la palabra en hebreo para mujer tiene la letra *"Hei"*. Esas dos letras juntas forman el Nombre de Di-s. Es decir, en tanto Di-s esté presente en la relación, habrá armonía y paz. En el instante en que Di-s es removido del matrimonio, lo que queda es el fuego de la discordia.

14 Jacobson, *Toward a Meaningful Life*, p. 50.

Esto funciona en ambas direcciones. Cuando realizamos un esfuerzo por mantener la armonía conyugal, somos dignos de tener la presencia Divina entre nosotros. Simultáneamente, si Di-s forma parte integral de nuestra vida, es mucho más sencillo alcanzar la paz marital[15].

¿Por qué Di-s hizo las cosas de ese modo? ¿Por qué es tan importante que dos personas opuestas se asocien y establezcan una relación entre sí?

Es más, ¿por qué Di-s nos tuvo que crear de esta manera? Él podría habernos hecho con una inclinación natural hacia lo espiritual y sin ese ego que nos domina.

Sin embargo, Él nos creó con una fuerte tendencia animal. Constantemente buscamos satisfacer nuestros deseos y place-res más básicos, y al mismo tiempo, Él nos otorgó un alma pura y transparente que ansía hacer lo correcto y consagrarse a Sus designios sagrados.

De nosotros depende transformar nuestra dimensión física en un vehículo de santidad, capaz de apreciar la verdad Divina y actuar en concordancia con ella.

Este es uno de los objetivos del judaísmo: que logremos entrenarnos a nosotros mismos y superar las pasiones naturales que nos definen, por ello, tenemos mandamientos que tocan los aspectos más bajos de nuestra identidad – la forma en que nos alimentamos, la ética laboral que implementamos, los va-lores familiares, la manera en que debemos manejar nuestras finanzas y finalmente, el modo en que debemos comportarnos en el matrimonio.

---

15 Rezamos todos los días en la *Amidá*: "*Ose Shalom Bimromav Hu Yaase Shalom Aleinu…*", "Aquél que hace paz en las Alturas, Él hará paz con nosotros…" El Midrash explica (Devarim Raba 5:2) que esto alude a Di-s, Quién se encarga de hacer la paz entre los ángeles Mijael y Gabriel. ¿En qué consiste el conflicto entre ellos y cómo Di-s los apacigua? Mijael es el ángel de la bondad, Gabriel es el de la disciplina. Al ser que representan corrientes opuestas, ellos no se entienden mutuamente. Sin embargo, como ambos son conscientes que deben servir a un Ser Supremo – ellos unifican sus poderes en aras de Di-s y por eso decimos que "*Él hace paz en las Alturas*", es decir, entre los ángeles que están en los Planos Superiores.

Todas estas leyes nos facultan para trascender nuestros deseos triviales y egoístas, haciéndonos receptivos a la verdad Divina y consagrando nuestra existencia en los valores sagrados que proclama. Por ejemplo, la necesidad de conseguir el sustento y adquirir riqueza es parte integral de nuestra vida en este mundo material, pero al dar caridad y encargarnos de lidiar con nuestro negocio en forma honesta, elevamos esa necesidad física y la convertimos en un servicio Divino. Como dice el adagio Jasídico, "Transformar nuestra dimensión animal en un ser humano, es el milagro más grande".

Este es el fin de nuestra existencia: subyugar la inclinación natural y reemplazarla por una tendencia hacia lo santo – de ese modo alcanzamos el objetivo de la creación, hacer de este mundo inferior un hogar para el Ser Divino, a partir de los emprendimientos espirituales del ser humano[16]. Si Di-s nos hubiese creado como seres netamente espirituales, Él no nos habría colocado en este mundo en un principio.

La pregunta que debemos formularnos es, ¿acaso nos vemos a nosotros mismos de esta forma? ¿Estamos luchando por crecer como personas y hacer del mundo un lugar mejor? ¿O estamos enfocados en conseguir nuestra satisfacción personal a través de encontrar el éxito, la riqueza, el estatus y el placer?

Especialmente hoy día, la búsqueda de placer se ha vuelto la meta principal del hombre. Esto no viene de una decisión consciente por parte del individuo, sino de algo netamente instintivo. Sin embargo, el judaísmo asegura que si bien esa es la tendencia natural que tenemos, podemos superar esos impulsos.

En esto radica la diferencia entre el hombre y el animal. A pesar de que un animal también puede ser entrenado para actuar de cierto modo, es incapaz de alterar su comportamiento a través de un proceso cognitivo. No tiene la potestad de tomar

---

16 *Tania*, Capítulo 36.

decisiones racionales y cambiar sus actos. Por otro lado, el ser humano puede transformar su conducta a partir del ejercicio intelectual. Una persona puede optar por volverse vegetariana, pero nunca veremos a un tigre tomar la decisión consciente de alterar su dieta. En otras palabras: los animales están programados por su instinto, nosotros no.

Todo lo mencionado sostiene nuestra premisa inicial: el hombre está programado para perseguir las tres P's – *Prestigio*, *Poder* y *Placer* y las mujeres buscan las tres A's – *Autorrealización*, *Apariencia* y *Amor*, las cuales están ligadas a su sentimiento de valía personal más que a un desenfrenado impulso del ego.

Sin embargo, debemos saber que además de nuestra inclinación natural, poseemos una chispa Divina, esa consciencia pura de la que emana, la voz inocente que nos motiva a vivir abrazando los valores genuinos como se expresa en la Torá. Si escuchamos su mensaje de trascendencia, podemos rechazar de inmediato los designios del ego y permitir a nuestra alma Divina guiarnos en el sendero hacia la plenitud del espíritu y la auténtica felicidad.

Esto es lo que implica dejar a Di-s entrar en tu relación matrimonial. Cuando te enfoques en la misión sagrada – consagrando tu vida para satisfacer la de tu pareja, en lugar de encerrarte en los placeres que te definen por naturaleza – te vas a sorprender de lo especial que será tu relación en todos los aspectos que la componen[17].

> Estar consciente que el comportamiento de tu pareja es reflejo de las tres A's y las tres P's respectivamente, te permite forjar expectativas justas de ella y te faculta para lidiar con los desafíos diarios en forma constructiva. Al dejar a Di-s entrar en tu matrimonio, las posibilidades de mantener una relación exitosa se multiplican potencialmente.

---

17 Resulta interesante percatarse que la palabra Aramea para decir "amor" es "*hav*", que significa "dar". Pues entre más uno da, más recibe.

11 Haz que Funcione, Haz el Esfuerzo

Hemos establecido que alterar la forma que se ve a la pareja y el modo en que percibimos la relación, puede generar un cambio muy positivo en el matrimonio. Es lo que nos condiciona para tener un matrimonio pleno y alcanzar la verdadera felicidad. Sin embargo, rectificar nuestra perspectiva es solo el primer paso.

Quiero que Seamos Amigos – Divorciémonos

En los países occidentales más del cincuenta por ciento de las relaciones terminan en divorcio. Esta estadística resulta en extremo alarmante. Pero lo que para mí es aún más preocupante, es el hecho que muchas de esas parejas divorciadas conservan una gran amistad. Suelen salir de vez en cuando a cenar, pueden tomarse un café juntos y mantener una conversación casual. Si se les pregunta, "¿por qué se separaron?" ellos sencillamente contestan, "no éramos compatibles".

Sin embargo, esto es difícil de entender – si pueden mantener una buena amistad, de seguro son compatibles. Es más probable que uno de ellos, o ambos, no se percataba de los deseos del otro y en lugar de intentar resolver la situación, optaron por la salida fácil, el divorcio.

Muchas personas me han formulado la pregunta, "¿Una pareja debe mantenerse unida, aunque se sientan infelices?"

No hay una respuesta tajante al respecto. En ocasiones el divorcio es necesario y por eso mismo la Torá lo menciona como una posibilidad. Pero esa no es siquiera la puerta trasera, es más bien la salida de emergencia. El divorcio es la única alternativa, cuando la relación se torna intolerable al grado que extender su duración perjudicaría dramáticamente a todos los involucrados (inclusive a los hijos). Sin embargo, si una pareja puede conservar su amistad tras el divorcio, es muy probable que se hubiera podido evitar.

Le preguntaron a un campesino que vivía en la antigua Unión Soviética si estaba dispuesto a donar diez hectáreas de tierra en aras del Partido Comunista. "¡Por supuesto!" exclamó.
"¿Qué me dice de diez mil vacas?" le preguntaron.
"¡Sin duda!" contestó confiadamente.
"¿Quinientas cabras?"
"¡Sin titubear!"
"¿Doscientas ovejas?"
"¡Seguro que sí!"
"¿Doce gallinas?"
"¡De ninguna manera!"
"Pero si estabas preparado para dar mucho más... ¿por qué te niegas por doce gallinas?" Lo cuestionaron sorprendidos.
"Porque... yo tengo doce gallinas"

No es mi intención sugerir que una pareja de divorciados debe estar en guerra para siempre. Todo lo contrario, tiene que haber una relación decente entre ellos por el bien de sus hijos. Pero hay una gran diferencia entre mantener una relación pacífica por el bienestar de los niños, y conservar una amistad que amerite salir a tomar café los martes en la tarde.

¿Qué es lo que hay detrás de esta tendencia de matrimonios breves y amistades duraderas?

En muchos casos se debe a que la pareja solo estaba dispuesta a comprometerse en una relación que los hiciera sentirse a gusto. No tuvieron la voluntad de hacer sacrificios y concesiones para mantener su matrimonio. Por consiguiente, ellos sentían que tenían el derecho de finalizar la relación, cuando notaron que no estaban satisfechos y sus expectativas no se cumplían. En esencia, uno de los integrantes dejó de decir "te amo" y comenzó a decir "me amo más".

En base a esta situación tan común, supongo, que la pregunta no es por qué tanta gente se divorcia sino, por qué no son *más*.

> Una joven soltera estaba discutiendo con el Rebe de Lubavitch acerca de distintos candidatos que le habían sugerido, explicándole por qué ninguno de ellos le parecía el indicado. El Rebe sonrío y le dijo: "Has leído demasiadas novelas románticas", y prosiguió, "el amor no es esa sensación envolvente y cegadora que se describe en las novelas ficticias. El verdadero amor es un sentimiento que se intensifica a lo largo de toda la vida. Son los pequeños actos del diario vivir los que hacen al amor florecer. Se trata de compartir con esa persona, de respetarla y estar pendiente de ella. De construir una vida juntos, formando una familia y un hogar. Cuando dos almas se unen para ser una sola, con el tiempo cada una de ellas se ve a sí misma como la expresión de la otra, sin poder imaginar la vida separado de ella"[1].

El matrimonio puede prosperar con una sola condición: que ambas partes estén dispuestas a trabajar conjuntamente. Se debe ser proactivo, desactivar el piloto automático y tomar responsablemente el control de la relación.

Toma las Riendas de la Relación

Veamos cómo esto se relaciona con las tres A's y las tres P's.

La autoestima del hombre viene principalmente de las tres P's – *prestigio*, *placer* y *poder*. Como ya hemos discutido en el capítulo 3, esto demuestra que su sentido de valor no depende

---

1 Jacobson, *Toward a Meaningful Life*, p. 57.

categóricamente de su pareja. Más bien sugiere que mientras conserve su salud, estatus, éxito y un buen estándar de vida, se sentirá satisfecho y entonces, podrá dedicarse a que su esposa se sienta contenta.

Para ella, en cambio, su autoestima depende de las tres A's – *amor, autorrealización y apariencia.* Sin duda, el *amor* – que proviene de sentirse amada y apreciada, es el factor dominante en esta ecuación. Para que una mujer pueda enfocar sus energías en su marido, ella requiere que él le ayude a fortalecer su autoestima. Una vez que él hace su parte, su esposa estará dispuesta a darle lo que necesita.

De acuerdo con esto, la responsabilidad de conseguir paz en el hogar la tiene el marido. ¿Por qué? Porque, por un lado, su valor personal no depende necesariamente de su esposa y por el otro, el valor de ella se sostiene primariamente en él. Si un hombre trata a su pareja con dignidad, respeto, amor y comprensión, dándole atención, y el afecto que ella desea, ella será feliz. Pero si ignora sus requerimientos y se enfoca exclusivamente en sus propios intereses, ella se sentirá desdichada.

Esta alusión está en la Torá. Está escrito: "una persona que ha construido una casa, plantado un viñedo o consagrado a una mujer en matrimonio, pero aún no ha inaugurado la casa, cosechado el viñedo o consumado el matrimonio, está exenta de ir a la guerra[2]". La Torá concluye diciendo, "*V'simaj et ishto asher lakaj*" – "él debe alegrar a la mujer que ha tomado por esposa". Si se fijan se darán cuenta que es posible asociar los tres elementos con las tres P's. La casa nueva corresponde al *prestigio* del individuo; el viñedo al *poder y la* mujer simboliza el *placer.* La Torá le advierte al hombre que se encargue de generarle alegría a su pareja, le está diciendo, "no te olvides de proveerle sus necesidades, para que esté satisfecha y feliz".

Esto es opuesto a la fórmula comúnmente adoptada para un matrimonio exitoso. Muchas personas piensan que el éxito

---

2 Deuteronomio 24:5.

de la relación depende principalmente de la mujer. Todo se basa en la manera que ella trata a su marido, su conducta, que siempre esté pendiente de sus necesidades y requerimientos. Si ella está siempre de buen ánimo y constantemente lo apoya tolerando su ego desenfrenado y su egoísmo, todo estará bien.

Sin embargo, un matrimonio se basa en que *ambas* partes hagan su trabajo. No es correcto esperar que una mujer se entregue incondicionalmente sin recibir nada a cambio; es fundamental que los dos cumplan con sus requisitos y responsabilidades. Aún así, es más natural para la mujer comportarse en forma comprensiva y entregada. Al hombre le es necesario esmerarse mucho para dar a su pareja el afecto y atención que merece, pues no es parte de su naturaleza. La mujer que está recibiendo la atención que llena sus necesidades de sentirse amada y adorada, generalmente reciprocará llenando las necesidades de su esposo. Ella debe tomar nota del hecho que para su esposo cualquier cosa que haga ella para aumentar sus 3 P's le va a hacer sentir bien a él y debe enfocar su energía precisamente en estas áreas.

> En verdad las parejas más felices se tratan como iguales, ella se comporta como si él fuera un rey y él la hace sentir como una reina. Los hombres son menos espontáneos a la hora de transmitir aprecio y comprensión a sus esposas. Por naturaleza la mujer muestra su amor libremente y deriva un inmenso deleite al consagrar su vida hacia el hombre que ama (Berajot 30b). Ocuparse de los demás, no surge de modo natural en el hombre, pero sí en la mujer. Las niñas pequeñas invierten gran parte de su tiempo recreacional en actividades que involucran vinculación afectiva, cosa que los varones raramente hacen.[3]

---

3 Adahan, *It's All a Gift*, p. 104.

Si el esposo realiza su parte brindándole a ella soporte emocional, probablemente ella también hará lo que le corresponde. En cambio, incluso si la mujer cumple con sus responsabilidades, siendo una esposa entregada, no significa que él hará lo suyo respondiendo con el afecto que ella ansía.

> Según la Cabalá, un concepto fundamental de la creación radica en que el hombre es dador y la mujer receptora. El hombre representa al sol y la mujer a la luna. ...la luz que él hace brillar sobre ella, si ella experimenta oscuridad es porque él no le ha transmitido suficiente luz[4].

Esto lo aprendemos del precepto de la circuncisión. El Midrash[5] relata que el malvado emperador romano Turnus Rufus preguntó a Rabí Akiva, "¿Por qué ustedes circuncidan a sus hijos? Si Di-s hubiera querido que sean circuncidados los habría creado circuncidados."

Rabí Akiva respondió, "el motivo por el cual Di-s desea que circuncidemos a los varones es para que los hombres participen en el mejoramiento del mundo. Por eso él creó al hombre imperfecto y le ordenó completar la Creación. Esto no solo se aplica al precepto de la circuncisión sino a todas las áreas de la vida."

Los hombres fueron creados imperfectos – ellos deben recordar que les queda trabajo por hacer, las mujeres no fueron hechas con la misma imperfección. Por eso el Talmud[6] declara que, "La mujer es considerada como si hubiera nacido circuncidada". Ella no tiene que hacer nada para confirmar el pacto de la circuncisión que Di-s estableció con Abraham. El pacto está "grabado" en su comportamiento, no en su carne. Por esta razón la *Mitzvá* de la circuncisión no se aplica a la mujer, ni tiene que

---

4 Arush, *The Garden of Peace*, p. 49.

5 *Midrash Tanjuma, Tazria* 5.

6 *Avodá Zará* 27a.

ponerse *Kipá*, *Tzitzit* o *Tefilin* – que son recordatorios físicos para el hombre, con el fin de que controle su ego[7].

> Las mujeres poseen una orientación hacia lo espiritual mucho más pronunciada que los hombres, razón por la cual, los sabios aseguran que la recompensa que espera a la mujer en el Mundo Venidero es mayor que la del hombre (Berajot 17a). Este es también el motivo por el que ellas, a diferencia de sus esposos, no tuvieron la tentación de adorar al Becerro de Oro (Tur, Oraj Jaim 417). La Torá fue entregada en primer lugar a las mujeres y posteriormente a los varones, porque ellas son más fervientes con el cumplimiento de las Mitzvot (Shemot Rabá 28:2).[8]

> Una perspectiva similar es la que nos presenta el Rabino Samson Rafael Hirsch, él sugiere que las mujeres han sido bendecidas con un grado superior de entusiasmo e inspiración para servir a Di-s. "La Torá supone que las mujeres poseen un mayor fervor y son más leales al llamado de Di-s para que sirvamos Su voluntad."[9]

Si aplicas el concepto de un pacto [una alianza] a tu matrimonio, encaja perfectamente. Esencialmente el pacto estipula que el varón debe dominar su ego y estar dispuesto a sacrificar una parte de sí en aras de Di-s. Esto sirve para recordarle que él es imperfecto y que debe mejorarse en función a los demás; mejorar el mundo en el que vive, y evidentemente entregarse a Di-s. Las mujeres están por encima de eso. Ellas poseen una inclinación natural de entregarse y dar a los demás, que es jus-

---

7 Esto no significa que la mujer no tenga obligaciones. Ellas sí deben observar los preceptos negativos y algunos de los positivos. Pero tienen menos cosas para rectificar y por consiguiente menos obligaciones.

8 Feldman, *The River, the Kettle, and the Bird*, p. 55.

9 Rabino Rafael Aarón, *Spirituality and Intimacy* (Devora Publishing, 2008), p. 49.

tamente lo que Di-s busca en cada ser humano, sea judío o no.

Quisiera demostrar este punto en otro contexto:

Según la ley judía, el mandamiento de "sean fructíferos y multiplíquense[10]" aplica solo a los varones. La mujer no tiene una orden bíblica de traer hijos al mundo, a primera vista esta regla resulta inconcebible, ¿acaso es posible dar continuidad a la raza humana sin la participación de la mujer?

El Rebe de Lubavitch *Zy"a* explica[11]: si a los hombres no se les hubiese ordenado tener hijos, muchos de ellos – a causa de su egoísmo natural – habrían optado por no tenerlos. ¿Por qué he de preocuparme de tener hijos? ¡Déjenme disfrutar la vida! En cambio, la mujer por su naturaleza desea formar un hogar y tener descendencia, por eso no era necesario darle esa orden.

Además, el hombre tiene la responsabilidad de proveer tres cosas a su pareja: alimento, abrigo (refugio) y relaciones maritales[12]. Por otro lado, la Torá en ninguna parte *ordena* a la mujer hacer algo por su marido. La Torá comprende que los varones pueden olvidar con facilidad el hecho de que se encuentran frente a otro ser humano con sus propias necesidades, no quiere que los hombres ignoren a sus esposas por ninguna razón. La Torá les dice "Recuerda a tu mujer. Asegúrate que sea tu prioridad al cumplir este mandamiento". Sin embargo, a la mujer no es necesario mencionarle nada, ella habitualmente piensa en las necesidades de su pareja.

Es ineludible que los hombres necesitan dominar su ego – que ansían naturalmente poder y *prestigio* – para comprometerse a tener hijos y satisfacer las necesidades de su pareja.

Ahora bien, ¿cómo esta idea de que el hombre debe tomar la responsabilidad para la armonía familiar, concuerda con la enseñanza de que *"jojmat nashim bantá beitá"* – "La sabiduría

---

10 Genesis 1:28.

11 *Sefer Hasijot* 5751, p. 86.

12 Ver Rambam, *Hiljot Ishut* 12:1.

de la mujer edifica su hogar[13]", pareciera que el éxito de la relación dependiera de la mujer?

Esta declaración no contradice lo que dijimos previamente, al contrario, precisamente, porque los hombres están absortos en ellos mismos, la mujer debe saber lidiar con las distintas situaciones que se presentan en el matrimonio que permita creer a su esposo que su poder se encuentra intacto y no ha sido comprometido.

En general la mujer es más complaciente y se enfoca en el bienestar de la familia; casi siempre está preparada para hacer lo necesario con el objetivo de evitar confrontaciones y mantener la paz en el hogar[14]. En ese sentido ciertamente "la sabiduría de la mujer edifica su hogar". Sin embargo, para mantener un matrimonio ideal y pleno, es vital que el hombre realice grandes esfuerzos para bañar a su mujer de atenciones y darle lo que ella requiere. En otras palabras: la relación no puede depender exclusivamente de la mujer.

> La Mishná declara, "Los discípulos de nuestro padre Abraham poseen un ojo generoso, espíritu humilde y alma modesta. Los discípulos del malvado Bilam poseen un ojo malicioso, espíritu arrogante y alma codiciosa". (Abot 5:19) El Rabino Ovadia de Bartenura comenta que las tres características atribuidas a Bilam representan tres ideas: el ojo malicioso hace referencia a la persona envidiosa que no tolera ver a su compañero alcanzar un éxito superior al suyo. El espíritu arrogante se entiende tal cual. En cuanto al alma codiciosa, esta es una alusión a la sed insaciable por los placeres de este mundo.
> Estas tres características son muy parecidas a las tres P's: *prestigio*, *poder* y *placer*. Según la enseñanza de la Mishná, debemos hacer el máximo esfuerzo por

---

13 Proverbios 14:1.

14 Por ejemplo, fue la esposa de On ben Peles la que se aseguró de que su marido no participara de la rebelión de Koraj. De haber tomado parte, habría fallecido junto con la multitud de Koraj. Ver Talmud, *Sanedrín* 110a.

ser como los discípulos de nuestro padre Abraham y no como los de Bilam. A pesar de la necesidad intrínseca del hombre de buscar *prestigio*, *poder* y *placer*, su meta debe ser eliminar esas pasiones negativas y esmerarse en conseguir tener "ojo generoso, espíritu humilde y alma modesta". Similarmente la Mishná declara, "la envidia, la lujuria y el honor, sacan al hombre del mundo". (Abot 4:21). El mensaje es el mismo: La búsqueda de prestigio, honor, envidia, poder, lujuria y placer, deben ser removidos y reemplazados por valores más puros y enaltecidos.

Amor = Esfuerzo

No es fácil hacer algo que va en contra de tu naturaleza. Es complejo para un hombre invertir gran esfuerzo para satisfacer las necesidades de su mujer, que parecen triviales. ¿Acaso no es suficiente con que se encargue de suministrarle los elementos básicos y de entregarle su amor? ¿Por qué tiene que estar todo el tiempo bañándola de atenciones como prueba de que la ama? Precisamente por eso es que el matrimonio es un trabajo tan arduo. Nos obliga a hacer cosas que no nos resultan naturales, que no solo requieren gran disciplina, sino también un alto grado de empatía para comprender las necesidades de la otra persona – que son muy distintas a las propias. A la mujer le es más sencillo lograrlo, para el hombre, en cambio, requiere de un inmenso trabajo personal.

Esto hace que recuerde una expresión muy común: "Soy judío en el corazón. El hecho de que amo a Di-s es suficiente, no tengo que hacer nada para demostrarlo". Imagínate un esposo que cada cierto tiempo le dice a su mujer que la ama, esperando que con eso sea suficiente. ¿Qué clase de amor sería? Si uno no está dispuesto a realizar sacrificios, no es amor[15].

Si verdaderamente amamos a alguien, estamos dispuestos a

---

15 Ver Capítulo 8, "El Amor no es Accidental".

esforzarnos por esa persona. Lo mismo se aplica a nuestra relación con Di-s, nuestro amor hacia Él debe ser expresado en la disposición de hacer cosas que no necesariamente nos agradan. Esta es una de las razones por las cuales en el judaísmo existen leyes de carácter supra-racional – los *Jukim* (Estatutos). No existen razones para estos mandamientos, excepto el hecho de que Di-s así lo ordenó. ¿Acaso no podía Di-s explicarnos todas sus leyes, en lugar de obligarnos a cumplir algunas de ellas sin entenderlas?

Ese es justamente el punto, si entendiéramos la razón de cada precepto que ejecutamos, no podríamos decir que estamos en una relación absoluta – sino que sería una relación totalmente conveniente. ¿Cómo sería un matrimonio si uno de sus integrantes dijera, "yo sólo voy a hacer las cosas que me nacen" – una relación así podría funcionar?

Requiere verdadera confianza

La idea de enfocarse más en las necesidades de la pareja que en las propias puede ser atemorizante. Este comportamiento parece ir en contra de nuestra autoestima, ya que, aparentemente, el concepto de dar prioridad a las necesidades de tu pareja, implica colocar tus deseos y requisitos personales en un segundo plano. Si bien este comportamiento es beneficioso para el matrimonio, ¿acaso no podría menoscabar tu satisfacción personal? ¿Qué hay del hecho que uno debe cuidar sus necesidades?

Un individuo que no posee autoestima, aunque puede existir – no está realmente vivo. De hecho, es imposible ser una persona equilibrada y con una estabilidad correcta, sin tener una autoestima básica.

¿De qué modo podemos reconciliar todo esto? Estos dos enfoques *no son contradictorios*, sino que son complementarios. En verdad solo aquella persona que tiene una sana autoestima puede enfocar su atención en las necesidades y deseos de alguien más. En cambio, aquel que sufre de una baja autoestima, encontrará esta tarea extremadamente difícil. ¿Por qué es eso?

Todos nosotros necesitamos percibir que tenemos valor, esto es vital para nuestra salud emocional y mental. Además, la autoestima es el barómetro con el que medimos nuestra valía personal. Un individuo que duda de su valor – que sufre de una baja autoestima – requiere que los demás se encarguen constantemente de saciar ese vacío. ¿Cómo puede esa persona satisfacer los requisitos de su pareja si sufre de semejante grado de dependencia de ella y necesita que se encargue todo el tiempo de elevarle la autoestima?

El aclamado conferencista y experto en relaciones, rabino Manis Friedman, explica que los matrimonios suelen acontecer cuando ambos integrantes de la relación son adultos (en lugar de adolescentes). Únicamente aquel que posee la madurez para apreciar las necesidades de su pareja puede convertirse en el cónyuge ideal.

> Esto es lo que nos diferencia del niño que alguna vez fuimos. Habiendo crecido más allá de nuestro ego, podemos al fin considerar con seriedad el ego de otra persona. El siguiente paso, el paso lógico, el paso que Di-s espera de nosotros, es apreciar a alguien más, respetarle y hacerle sentir seguro, y para eso estamos ahora capacitados.
>
> Cuando nos convertimos en adultos, ya estamos preparados para dar ese paso, contraer matrimonio y tomar responsabilidades por el alma mortal de la otra persona – finalmente hemos alcanzado el control total de la nuestra. Nos recordamos a nosotros mismos: "las necesidades de mi alma mortal están claras, por lo que puedo comprender lo que la otra persona siente y puedo encargarme de sus necesidades; encargarme de las mías es hedonista. Ahora que he sentido la necesidad de respeto, de apreciación y de seguridad, se cómo respetar,

apreciar y hacer que otra persona se sienta segura[16]".

Yo aplicaría un enfoque un poco diferente. Cuando la persona alcanza una firme autoestima, puede realmente desarrollar la fortaleza y aptitud para dedicarse en pleno a su pareja. Solo aquel que posee una autoestima sana, puede consagrarse a los deseos y necesidades de otra persona. Por lo tanto, un aspecto central de la autoestima debe estar basado en nuestro desempeño como pareja, es decir, qué tanto estoy otorgando de mí – no cuánto estoy recibiendo a cambio.

Construyendo mi autoestima en la base de dar, seré lo suficientemente fuerte para darle a mi pareja sin sentirme amenazado de que mis necesidades no se sustituyan.

Para una mujer posiblemente esto no sea suficiente, pues a diferencia del hombre, ella requiere de afecto y realización personal como parte de su autoestima. Por consiguiente, es factible que deba recurrir a elementos externos para conseguir esa satisfacción personal que ansía, así, como su marido se vale de cuestiones externas para sustentar su autoestima. De esta manera, ella dependerá menos de su pareja para alcanzar su valoración personal. Construyendo su autoestima por otros medios, ella se verá menos afectada cuando sienta que no obtiene la atención que le corresponde.

El matrimonio implica trabajar duro, nos obliga a hacer cosas que contradicen nuestros instintos, en aras de proveer a nuestra pareja de sus necesidades. Para el hombre, significa estar dispuesto a realizar ciertas labores por su mujer a pesar de que absolutamente no las comprenda. Para la mujer, quizá esto se refleje en su capacidad de aceptar que, no siempre se sentirá como la principal prioridad de su esposo, que no siempre podrá acaparar toda su atención y que debe esmerarse en evitar percibir todo lo que él hace como muestra de una falta de amor de su parte.

---

16 Friedman, *Doesn 't Anyone Blush Anymore?* (2012), p. 23.

De cualquier modo, el matrimonio exige un inmenso esfuerzo que sin duda alguna vale la pena porque conduce a una relación satisfactoria, plena y feliz, en la que ambos consiguen llenar los deseos de su corazón.

No alcanza solo con alterar la forma en que percibes a tu pareja; debes tomar acción: enfócate en lo que puedes dar a tu cónyuge, en vez de orientarte en aquello que recibes (o dejas de recibir). Para ser verdaderamente capaz de dar, uno tiene que ceder y desarrollar una sólida autoestima.

12 Seamos Prácticos: Cómo Complacer a tu Pareja

"La mujer debe tratar a su marido como a un rey. El hombre debe amar a su mujer más de lo que se ama a sí mismo[1]". Con estas pocas palabras, el Rambám (Maimónides) presenta la fórmula ideal para un matrimonio exitoso. Aquí vemos otra evidencia de las tres *P´s* y las tres *A´s*. El hombre requiere de un incentivo para su ego (*Prestigio* y *Poder*): "¡Tú eres mi Rey!" En cambio, la mujer necesita sentirse amada (*Amor*).

¿Qué debe hacer un hombre por su pareja para que ella se sienta amada? La respuesta es tan obvia que nos puede tomar por sorpresa. El hombre debe demostrar a su mujer que ella es indiscutiblemente su prioridad principal, ocupando una posición mucho más alta que la que ocupan el trabajo, los clientes, sus amigos y demás actividades. Cuando una mujer tiene dudas de qué tan valiosa es para su marido, se torna ansiosa. En cambio, cuando el esposo mantiene a su pareja en la primera posición de su lista (o muy cerca), ella se siente verdaderamente privilegiada y su autoestima se fortalece de forma significativa.

Se cuenta una anécdota sobre el Rebe de Lubavitcher *ZY"A* y su esposa, cuando aún vivían en París, varios años antes de que él asumiera el liderazgo del movimiento jasídico. Era la tarde de un Shabat en que ambos caminaban tranquilamente por las calles de la ciudad.

---

1 Rambam, *Hiljot Ishut*, ch.15.

Un señor se acercó al Rebe y le dijo: "con todo respeto, no considero apropiado que una persona de su estatura espiritual salga a caminar durante la tarde de Shabat". Esta persona estaba insinuando que lo correcto era que el Rebe se dedicara a estudiar Torá en vez de estar caminando. La respuesta del Rebe fue firme y sagaz: "Cuando la hija del rey desea salir a caminar, se la debe acompañar".

Hay ocasiones en las que preferiría sentarme a estudiar, pero si mi mujer quiere salir de la casa y me pide acompañarla, esa se convierte en la prioridad del momento.

Hace más de 1500 años el sabio talmúdico Rabí Yosi declaró: "en mi vida nunca he

Se dice que las mujeres quieren que sus maridos cambien, pero nunca sucede. Los hombres, contrariamente, desean que sus mujeres permanezcan igual y eso... tampoco sucede.

llamado a mi mujer 'mi esposa' sino 'mi hogar'[2]". Él deseaba que sepamos que nuestra esposa es más que una simple sirvienta o gerente. Ella es la encargada de la faena completa del hogar. Seguramente Rabí Yosi no pensaba en función a las tres A's, él definitivamente reconocía la importancia de apreciar los logros de la pareja. La mujer tiene la gran labor de formar a la familia, por lo tanto, le corresponde un alto grado de respeto y muestras de aprecio sobre los logros que continuamente alcanza y el inmenso esfuerzo que requieren.

La felicidad matrimonial y el éxito dependen de un eje central: que la mujer sepa con claridad que ella es la prioridad número uno en la vida de su esposo. Por lo tanto, él debe esmerarse por hacerla sentir de ese modo.

Un marido debe aprovechar al máximo cada oportunidad para reiterar que ella ocupa la posición más alta en su vida. Cada momento tiene que demostrárselo, no solo con las palabras que utiliza, sino a través de actos que transmiten ese

2 Talmud, *Shabat* 118b.

mensaje. Si ella necesita algo, él debe levantarse sin vacilar y hacerlo. Cuando abre la boca, él tiene que prestar atención a cada una de sus palabras como si se tratara de la cuestión más importante que existe en el mundo.

> Cuando una mujer percibe que su marido hace todo lo que está a su alcance por complacerla, en verdad se siente como la número uno en su vida. Esta sensación le produce una alegría indescriptible, junto con una fortaleza y vitalidad incomparables. En realidad, al final del camino, es él quien se beneficia de todos los sacrificios que hace por ella. Lo que ella le retribuye, es diez veces más que aquello que él invirtió inicialmente[3].

Haz tiempo para tu pareja

En un viaje a Israel conocí al *rosh* del kolel (institución de estudio de Torá para hombres ya casados) Tzemaj Tzedek. Cuando íbamos manejando hacia Jerusalén, me contó la siguiente historia.

Poco después de contraer matrimonio, se encontraba en Nueva York y tuvo una audiencia privada con el Rebe de Lubavitch *Zy"a*[4].

Antes de la cita él escribió en un papel su horario completo de cada día, comenzaba bien temprano por la mañana y terminaba tarde en la noche. Cada espacio de su día estaba colmado de sesiones de estudio o de las clases que dictaba. Estaba seguro que su programación era extraordinaria y que

---

3 Arush, *The Garden of Peace*, p. 63.

4 Rabbi Menachem Mendel Schneerson (1902-1994), el séptimo líder del movimiento jasídico de Jabad Lubavitch. Fundó centros alrededor del mundo entero con el objetivo de preservar el judaísmo y alcanzar a los judíos en los lugares más remotos.

el Rebe estaría muy satisfecho de él. La reacción del Rebe fue totalmente inesperada:

"¿A qué hora vas a casa?" Le preguntó el Rebe.

"Llego a casa tarde en la noche", respondió el *rosh kolel*.

"¿Y no tienes siquiera un pequeño tiempo en todo el día para ir a casa? ¿Ni siquiera por unos diez minutos? ¡Eso es inconcebible! ¡Tú estás casado!, no es justo que tu mujer deba estar sola desde tan temprano en la mañana, hasta tan tarde en la noche."

Esta historia sirve para abrirle los ojos a aquellos jóvenes recién casados que dedican su día al estudio de Torá. Sin duda alguna, estudiar Torá es uno de los preceptos primordiales del judaísmo y tiene una grandeza indescriptible, pero ellos deben saber que aunque estén entregados a algo tan valioso, tienen que mantenerse alineados con las necesidades de su pareja.

En cierta ocasión, una pareja se presentó ante el terapista y cada uno le volcó sus preocupaciones y desafíos. El terapista los escuchó calmadamente y al finalizar les dijo: "se trata de un problema de estrés. Si pueden disminuir sus niveles de estrés todo se arreglará. Yo sugiero que salgan una vez a la semana, de seguro eso les servirá."

Algunas semanas más tarde regresaron. "¿Cómo les está yendo?" preguntó el terapista.

"Excelente" fue la respuesta del marido. "Hemos puesto en práctica su consejo y está haciendo maravillas por nosotros."

"Me satisface que les esté funcionando", procedió el terapista. "¿Podrían describirme en más detalle su experiencia?"

"Seguro que sí" dijo el marido. "Yo salgo los martes y ella los miércoles".

Otro ámbito en el que el marido puede entrar en sintonía con su mujer es en las compras. La mayoría de las mujeres disfrutan salir de compras más que sus esposos. Para ellas el centro comercial es como un parque de atracciones y se entretienen con tan solo observar las vidrieras. En cambio, generalmente, los hombres, no encuentran ningún atractivo viendo mercancía que no van a comprar. Para ellos no tiene ningún sentido ir al centro comercial para pasear entre los almacenes – pero seguro que sí les agradaría que sus esposas perdieran más tiempo mirando cosas… ¡y gasten menos dinero en compras!

Si tu mujer disfruta yendo al centro comercial, acompáñala. Al darse cuenta que en verdad te interesas en ella y que estás dispuesto incluso a ir al centro comercial con el único objetivo de hacerla feliz, probablemente, también esté dispuesta a acompañarte a lugares a los que realmente no le fascina ir.

> Un hombre se encontraba delante del juez y con gran angustia exclamó: "Su señoría, no puedo pagar mis deudas."
> "¿Por qué razón?" preguntó el juez.
> "Porque todo el dinero que mi mujer ahorra con los descuentos, me está conduciendo a la ruina."

El hombre, por otro lado, quiere que su mujer lo reciba con calidez cuando llega al hogar. Si se encuentra hablando por teléfono, ella debe decirle a su amiga (o a su madre o hermana) en forma cortés, que no puede seguir conversando en ese momento.

Cuando tu esposo llega a casa, no es momento de actualizar tu cuenta de Twitter o de ponerte al día con los e-mails, apaga la computadora y dedícale toda tu atención. Además, a él agradaría que la cena esté lista cuando llega y que su mujer lo acompañe mientras come, aunque ella haya cenado antes con los niños.

Bien sea ir al centro comercial juntos o sentarse a la mesa, entre más actividades compartan, más fácil será fortalecer su relación. Pasar tiempo juntos es nuestra mejor herramienta para demostrarle a la pareja que él/ella es realmente la prioridad en nuestra vida.

Dale su espacio

Las mujeres requieren de afecto y atención para incrementar su autoestima, valoran que sus maridos pasen tiempo con ellas. Pero está también el otro lado de la moneda: Las personas (por ejemplo, los esposos) necesitan su espacio. El verdadero desafío está en cómo balancear lo que uno quiere, con aquello que la pareja necesita.

En cierta ocasión me visitó una mujer enfadada: su esposo solía hacer viajes de negocios con mucha frecuencia y ahora estaba planificando viajar solo a un evento familiar en el extranjero. La mujer le exigía que únicamente se fuera por dos días y que luego regresara para acompañarla, o si no, que cancelara el viaje.

Yo intenté calmarla y hacerle ver que no estaba siendo del todo razonable. Su marido sí debía tener oportunidad de participar del evento de su familia y de hecho lo deseaba, no tenía nada de malo que permaneciera un par de días más de lo estipulado por ella.

"Sé que esto no te resulta fácil", le dije. "Ciertamente su familia no es lo más importante para ti y además ya sufres bastante porque él debe viajar constantemente por asuntos de negocios. Eso es lo que te está frenando reconocer que lo correcto sería que le permitas viajar."

Más adelante, cuando logró calmarse, ella reconoció que se sentía celosa porque deseaba pasar más tiempo junto a él, ella está en su derecho de pedirle que pasen más tiempo juntos, especialmente porque ya de por sí, él pasa mucho tiempo lejos del hogar. Sin embargo, en este caso particular, lo correcto era que le dejara hacer ese viaje.

No tiene que ser un sacrificio

A pesar de que ahora ya está claro que debemos estar dispuestos a sacrificar algunos de nuestros propios deseos en aras de complacer a la pareja, es más práctico que aprendamos cómo podemos utilizar las P's y las A's para unirnos más.

En ocasiones me he preguntado por qué Di-s nos creó con la necesidad de comer. Él podría habernos hecho diferentes. Si un oso puede hibernar durante todo el invierno, entonces ¿por qué Di-s no nos hizo también a nosotros con esa habilidad? Estoy convencido que muchas personas estarían felices si no tuvieran que preocuparse de conseguir comida durante algunos meses del año.

Realmente, un inmenso porcentaje de la economía mundial depende de la industria alimenticia. En relación al espíritu, comer nos puede generar grandes méritos – varias de nuestras Mitzvot están relacionadas con los alimentos que ingerimos, la necesidad de alimentarnos nos trae otros beneficios.

El comer es una acción central para mantener a la familia unida. Cada miembro del hogar tiene su rutina diaria de actividades, si no hubiera la necesidad de comer, posiblemente ni nos viéramos la cara el uno al otro durante semanas. Pero Di-s creó una necesidad que además es muy placentera para nosotros, se llama comida. La comida nos lleva a la mesa cuando es hora de cenar, dándonos la oportunidad de dialogar y conectarnos con nuestros seres queridos.

Lo mismo se aplica al matrimonio. Las parejas deben poder pasar tiempo juntas para fortalecer el nexo que las une. Esto posee una importancia mayor para la mujer, que interpreta el tiempo que pasa con su marido como una conexión emocional con él – pues le demuestra que es amada, lo que le resulta esencial. Para el hombre, pasar tiempo con su mujer es una forma de estar al tanto de las necesidades que ella posee.

Esto no significa que debas hacer algo que no te genera agrado por hacer feliz a tu pareja. Lo ideal es conseguir actividades que ambos disfruten y realizarlas juntos – puede ser salir a caminar, practicar algún deporte que les guste, sentarse a estudiar, salir a cenar, visitar un museo o algún otro lugar interesante, incluso cocinar juntos.

¿O qué tal un juego de mesa? A medida que la familia va creciendo, se puede incluir a los niños. Están los clásicos de todos los tiempos, Risk, Monopolio, Damas Chinas, Clue, además existen muchos más – juegos de palabras, de estrategia, de aventura – que se pueden disfrutar con toda la familia.

¿Por qué no idear un proyecto que puedan realizar como equipo? Hornear galletas para una ocasión especial, pintar una habitación o limpiar el ático. Aún mejor, busquen una causa social en la que ambos puedan tomar parte. Para aquellas parejas que tienden hacia lo intelectual, leer y discutir acerca de eventos actuales puede resultar muy productivo y valioso. Algunas parejas disfrutan discutiendo temas de Torá, historias inspiradoras con personajes excepcionales o algún pensamiento innovador acerca de la sección semanal de la Torá. Obviamente el desempeño de los hijos, sus logros, tanto en el hogar como en la escuela y sus éxitos en el área del deporte y demás actividades extracurriculares, todos son temas de interés para la pareja.

En el año 1978 el Rebe de Lubavitch *Zy"a* sufrió un infarto y luego de varias semanas se recuperó de forma milagrosa. Los doctores se dieron cuenta que el Rebe tendría que alterar su rutina diaria. Había consagrado su tiempo al estudio constante de la Torá y a responder cientos de cartas diariamente, solicitudes y peticiones de miles de personas alrededor del mundo entero. El equipo médico sentía que su organismo no podría resistir ese ritmo tan acelerado de vida, pero sugerir a una personalidad de la talla espiritual del Rebe que cambie su rutina no era algo sencillo. Los médicos, sabiamente adoptaron una posición de inmensa reverencia y respeto hacia el Rebe.

"Rebe," preguntaron "¿qué parte de su rutina está fuera de toda negociación?" Para gran sorpresa de todos, el Rebe contestó, "El tiempo que dedico a tomar el té con mi esposa."

Para tener esa actitud, uno debe aprender a ver a la otra persona no solo como pareja, sino como amigo/a, los amigos disfrutan pasando tiempo juntos. Ese sentimiento es precisamente lo que se requiere para alcanzar una unión duradera. Por naturaleza, una conexión física o emocional puede mantener a la pareja unida durante los primeros años de matrimonio, pero si uno desea que su relación perdure a largo plazo, debe aprender a desarrollar una amistad con su pareja.

Una vez, una mujer me contó que cuando estaba de novia, solía acompañar a su prometido cada domingo a los partidos de fútbol, a pesar de que no le interesaba el deporte. Es obvio que esa actividad no los va a mantener unidos a largo plazo, tendrían que encontrar algo que los dos disfruten y que puedan hacer juntos.

Algunas parejas trabajan juntas en la misma empresa o manejan un negocio en equipo. Para los que logran formar una sociedad exitosa en el trabajo, favorece la relación, en cambio, si discuten demasiado y no alcanzan enmendar las labores en armonía, sería dañino para su matrimonio.

Entre más actividades compartan, más fácil les resultará fortalecer su vínculo. Pasar tiempo con tu pareja sirve para demostrarle que es una prioridad verdadera en tu vida.

Mantener el equilibrio

Hace muchos años tomé un curso para aprender a organizar el tiempo correctamente. El presentador nos pidió que hiciéramos una lista completa de las "cosas que tenemos que hacer en un día", luego, indicó que las enumeráramos según su prioridad. El número uno señalaba que se trataba de algo de suma importancia, el dos revelaba algo un poco importante y el tres lo debíamos utilizar para referirnos a las tareas menos importantes de nuestro día. Descubrimos que las tareas que mencionábamos en el número tres, eran las que predominaban en nuestra vida, a pesar de ser las menos valiosas.

Ciertamente pasar tiempo con la familia corresponde a la categoría número uno, y revisar los correos electrónicos debería ser parte del número tres; pero en realidad nos dejamos atrapar por el "número tres" sin encontrar espacio para el "número uno". Si no apartamos el tiempo con antelación para la tarea número uno, no llegaremos a cumplirla. La prioridad de toda persona es su matrimonio, pero por nuestras obligaciones y responsabilidades diarias pasa a un segundo plano y la olvidamos por completo.

> Un gerente le dijo a su empleado, "Jack, necesito que hagas esta tarea."
> Jack contestó, "lo siento mucho jefe, estoy sobrecargado de trabajo."
> "Entonces hazla durante la hora de almuerzo", le sugirió el gerente.
> "Es que ya estoy trabajando a esa hora", contestó Jack.
> El gerente no se sintió satisfecho con esa respuesta, "en ese caso... tómate un tiempo extra en el almuerzo, pero ¡asegúrate de terminar esto!"

Si tu pareja es una de tus mayores prioridades, entonces asegúrate de colocarla en tu horario. Todo lo que se requiere es una llamada telefónica o un mensaje de texto para demostrar que estás pensando en ella.

Algunos hogares tienen un acuerdo implícito: Yo trabajo y tú te encargas de los quehaceres del hogar. Yo no te hablo acerca de mí trabajo y tú no me mencionas nada con respecto al tuyo en casa. Semejante planteamiento no es adecuado en un matrimonio. Es como si uno dijera, "yo vivo mí vida como me parece correcto y tú la tuya." Esto no une a las personas, sino que las distancia.

La Mishná cita una opinión talmúdica, que ésta era la actitud de las personas de Sodoma, la ciudad más perversa mencionada en la Torá. "Aquel que dice 'lo mío es mío y lo tuyo es tuyo', [ha escogido para sí] el camino intermedio. Otros sugieren que ese es el camino de las personas de Sodoma.[5]" En vez de ello, debemos seleccionar el siguiente camino que la Mishná describe: "Aquel que dice, lo mío es tuyo y lo tuyo es tuyo – ese es un *jasid* (un judío piadoso)."

Hubo una época en que las mujeres se encontraban tan ocupadas con las tareas del hogar que no tenían tiempo de evaluar si se sentían satisfechas. En la actualidad, la mayoría de las personas llevan una vida más fácil y sin embargo, no encuentran el tiempo para compartir con su pareja. Es fundamental que consigamos el tiempo para analizar nuestras relaciones interpersonales, en especial nuestro matrimonio, y que nos aseguremos de que ambos estemos felices y satisfechos.

Baña de cumplidos a tu pareja

Un esposo debe estar siempre alerta a cualquier oportunidad que se le presente de verter sobre su pareja cumplidos y palabras amables. Su agradable apariencia, su cocina, sus ideas, su trabajo arduo, lo bien que se desenvuelve con los hijos y su manera de velar por el hogar, todo lo que realiza merece que se alabe diariamente. Decirle lo bien que se ve con el atuendo que tiene puesto siempre le causará alegría. Entre más cosas el marido encuentre para engrandecer y alabar a su mujer, más feliz será ella[6].

Para algunas personas, el concepto de dar cumplidos resulta extraño. Uno espera que las personas realicen ciertas tareas,

---

5 Avot 1:10

6 Arush, The Garden of Peace, p. 111.

pero no les ofrecemos un cumplido por "hacer su trabajo". Si el conductor del bus escolar llevó a mi hijo al colegio, ¿merece un cumplido? Las reglas de cortesía establecen que basta con darle las gracias, pero que no es necesario llenarlo de cumplidos por ello. ¿Qué hay del cajero en el banco que se encarga de hacerte las transacciones que pides o de la persona que te atiende en la gasolinera? Todas esas personas están simplemente haciendo su trabajo. Si en alguna oportunidad realizan su función de un modo excepcional – por ejemplo, el conductor del bus espera a tu hijo a pesar de que se le ha hecho tarde, el cajero trabaja con rapidez o el encargado de la gasolinera se ofrece a lavarte las ventanas del carro – entonces merecen que le concedas un cumplido. De otro modo, es suficiente con decir "gracias".

También en el matrimonio existe cierto grado de expectativas. Hay tareas específicas que le corresponden a cada uno de los miembros. Cuando la pareja cumple una de esas funciones, por lo general, no se le da un reconocimiento especial, sino que basta con decirle "gracias". La mayoría de las veces, los esfuerzos de nuestra pareja pasan desapercibidos o aunque los notemos, no expresamos que lo valoramos, muchas veces, especialmente, después de un día difícil, uno puede necesitar una palabra de ánimo o fortalecimiento. La mujer principalmente requiere de ello a raíz de su necesidad de afecto. Desafortunadamente, muy pocas veces recibimos este refuerzo positivo que tanto ansiamos. Nos acostumbramos a producir y apenas recibimos una gratificación.

¿Pero qué ocurre si no logramos completar las tareas del día, ya sea porque estamos saturados de trabajo, estresados o simplemente porque hemos pasado por alto una parte de nuestra rutina? Lo más probable es que nos lo hagan saber, a veces en forma decente y otras con decepción y hasta en forma de reclamo.

¿Qué termina pasando? ¡El esposo y su mujer pasan el ochenta por ciento de su tiempo quejándose! Puedes estar seguro, que esto es perjudicial para una relación.

Una familia se estaba preparando para salir de excursión. En eso la mujer le dice a su marido, "¿qué te parece si para variar tú te encargas de preparar a los niños y yo me quedo sentada tocando la bocina?"

Cuando este comportamiento desbalanceado se nos hace saber, directa o indirectamente, nuestra respuesta suele ser algo así como, "claro que aprecio y valoro los esfuerzos que realizas y todos los sacrificios que haces". Pero, ¿cómo esperas que tu pareja sepa la forma que realmente la aprecias, si no se lo comunicas?

Para que un matrimonio resulte exitoso, la mayor parte de los intercambios no deben tratarse de quejas ni acusaciones, sino *cumplidos* y *alabanzas*. Mantén el disgusto y la crítica lo más lejos posible de tu relación.

En cierta ocasión fui a un evento y se me presentó la oportunidad de charlar con un miembro de mi comunidad. Me dijo que se sentía un hombre muy afortunado porque su esposa era muy ahorradora. En ese momento llegó su mujer y yo aproveché para relatarle las alabanzas de su marido.

"Pues él debería elogiarme en persona" exclamó ella, "en vez de subestimarme y criticarme siempre que algo sale mal".

"Esto es lo que he aprendido a esperar de ti", contestó él. El no apreciaba, que aunque es un comportamiento regular por parte de ella, conlleva su mérito y debe ser elogiado.

Para mí estaba claro que ella estaba siendo sincera, y cuando ella se fue exclamé, "perdona que te lo diga, pero es importante que le hagas saber a tu mujer lo especial que es para ti. Esa es la manera sabia de vivir. El hecho de que nosotros los hombres, no tengamos la misma necesidad que tienen las mujeres de que nos alaben, no justifica abstenernos de ofrecerles la apreciación verbal que requieren".

Cuando no nos esmeramos en percibir los logros y esfuerzos de nuestra pareja, dejamos de verla como un ser independiente, y resulta perjudicial para un matrimonio.

Previamente hemos mencionado cómo las normas de cortesía establecen que uno debe expresar gratitud por los favores que recibe de la pareja. Sin embargo, no basta con mostrarle gratitud; es necesario bañarla de alabanzas, porque una mujer tiene que sentirse amada y su esposo no debe dejar espacio para dudas. Los cumplidos y alabanzas son la mejor manera para hacérselo saber[7].

Desde que tengo uso de razón, después de la cena de Shabat, mi padre siempre elogia a mi madre, y le agradece su dedicación y esmero. Siempre lo hace con gran entusiasmo, como si se tratara de la primera cena maravillosa que ella haya preparado. Mi madre, cada vez, valora esos cumplidos a pesar de haberlo escuchado en numerosas ocasiones.

Los hombres, ciertamente buscan reconocimiento, ellos prefieren que su mujer destaque sus logros y los alaben por su ingenio; ellos desean sentirse respetados y competentes.

"Sé que siempre puedo contar contigo".

"Me haces sentir segura y a salvo".

"Eres un excelente modelo a seguir para nuestros hijos".

"Tú idea me parece muy ingeniosa y práctica".

"Valoro lo trabajador y dedicado que eres".

Uno de mis recuerdos del Rebe de Lubavitch *Zy"a* es acerca del modo en que siempre solía dar reconocimiento a quienes lo asistían en lo que realizaba. A pesar de ser una persona santa y totalmente aislada del materialismo, el Rebe siempre recordaba dar las gracias a quienes hacían algo por él. Solía inclinar la cabeza como gesto de agradecimiento a la persona encargada de servirle la copa para el Kidush. El secretario administrativo, que también se ocupaba de conducirlo a donde tuviera que ir, era reconocido por sus servicios.

Además de eso, el Rebe se aseguraba de entablar contacto

---

7 Feldman, The River, the Kettle and the Bird, p.49.

visual con todo aquel que iba a verlo, bien sea, para recoger un dólar [que posteriormente daría a caridad] o para recibir un poco del vino con el que había recitado el Birkat HaMazon (la plegaria después de las comidas). Inclusive cuando entró en una edad avanzada, el Rebe siguió comportándose del mismo modo. Siempre me preguntaba por qué el Rebe se detenía para ver a cada persona a los ojos, cuando podía ahorrarse tiempo si solo se orientara en su mano o en la copa. Finalmente encontré un artículo que respondía mi pregunta.

El artículo hablaba sobre un niño que en cierta oportunidad visitó a una estrella del deporte para pedirle su autógrafo. Luego de esperar largo tiempo en la fila, consiguió lo que buscaba, pero se sentía desolado – el jugador ni siquiera levantó la mirada para verlo por un momento. Mirar a una persona a los ojos es como decirle, "tú eres importante para mí, no eres una molestia".

Siempre que des un cumplido, asegúrate de mantener contacto visual. Eso demostrará a tu pareja que estás siendo honesto y que realmente la aprecias por quien es y no solo por lo que hace por ti. Estoy convencido que una mujer que siente realmente que es la prioridad de su marido y que él verdaderamente la ama, naturalmente responderá haciéndolo sentir como un rey.

Haz tiempo para tu pareja y asegúrate de elogiarla. Especialmente a las mujeres, les gusta recibir cumplidos; mientras que el hombre, lo que desea es haberse ganado el respeto de su esposa.

13 Manteniendo La Magia

¿Recuerdas cómo era tu relación cuando apenas estabas comprometido? Nada que hiciera tu pareja estaba mal, todo era perfecto. No existía forma de que alguien fuera más atractivo, agradable o tuviera una personalidad más interesante que la persona con quien decidiste casarte, seguro nunca discutían y si acaso surgía alguna discusión, rápidamente hacían las paces y era como si nada hubiera ocurrido.

¿Todavía te sientes de ese modo con respecto a tu pareja? ¿Es tu pareja el ser ideal que creías que era cuando empezaron a salir?

Lo más probable es que ya no veas a tu pareja con lentes color de rosa como antes. Tanto las cosas grandes como las pequeñas te sacan de quicio y muchas veces se pelean. ¿Qué es lo que cambió?

El panorama completo

Estoy seguro que conoces personas que, aunque se ven bien, te han dicho que se sienten mal con su apariencia. Si te tienen confianza, posiblemente los escuches haciendo chistes sobre su inmensa nariz o sus orejas de elefante. De hecho, quizá ni piensen que tienen una apariencia agradable. ¿Por qué será que tú los ves diferente?

Al ver a una persona, te enfocas en observar su imagen completa, por eso tu conclusión suele ser (usualmente) positiva. En cambio, cuando esa persona se ve a sí misma, se enfoca en aquello que le disgusta de su apariencia. Centra su atención en aquello que le genera rechazo y descarta el resto. Si te fijas en cada facción por separado, puede que no te resulte atractiva, pero cuando ves todo el conjunto se produce una imagen agradable.

Esto se aplica también al matrimonio. Con el tiempo perdemos de vista el panorama completo y empezamos a enfocarnos en los problemas, imperfecciones y faltas. Lo más seguro es que frente a la imagen completa resulten imperceptibles, pero, cuando nos enfocamos en ellos, les atribuimos mucha más importancia que la que en verdad tienen. Un día puede que te levantes de la cama pensando que tu matrimonio se encuentra en peligro.

El General George Washington pidió a un grupo de soldados que definieran la diferencia entre los términos "conquista" y "batalla". Ellos exclamaron, "uno realiza la conquista antes de casarse, pero la batalla inicia después del matrimonio".

"Dan es un desastre, siempre se olvida de las cosas", el CEO de una empresa le comentaba a su esposa, "me sorprende que pueda vender algo".
Al día siguiente, el CEO le pidió a Dan que al regresar de una reunión que tenía con un cliente, le trajera una ensalada. Cuando Dan volvió se le veía muy contento.
"¡Adivina!" exclamó Dan, "logré una venta espectacular. El cliente ordenó una compra de un millón de dólares".
"Entonces... ¡¿Olvidaste mi ensalada?!"

La familiaridad genera desprecio

Ya mencionamos esta ironía: Cuando conocemos a nuestra pareja, lo único que vemos son sus virtudes; pero después del casamiento, comenzamos a enfocarnos en lo negativo. ¿Qué nos pasa? ¿Cómo puede ser que antes de la boda solo ofrecíamos alabanzas, y después, no nos faltan razones para criticar y quejarnos?

Es normal que cuando uno pasa demasiado tiempo con una persona, empieza a percibir sus defectos. Así como solemos enfocarnos en nuestras imperfecciones porque las damos por sentado, es natural que empecemos a notar las imperfecciones de nuestra pareja debido a que nos vamos familiarizando con ella.

Existe una razón psicológica muy simple para esto. Antes del casamiento la pareja está consciente que su relación, sin importar lo firme que parezca, es muy frágil, basta con tener una pequeña discusión para que el compromiso se anule. Naturalmente ambas partes se esmeran a más no poder para que todo fluya con facilidad y si llega a haber algún mal entendido se resuelve rápidamente.

Después del matrimonio, ambos sienten que pueden relajarse. Ahora se precisaría más bríos para anular el vínculo, por eso se sienten más tranquilos y dejan pasar las cosas, permitiendo que la otra persona perciba sus debilidades.

Matrimonio Vs Divorcio

Ella lo desposó porque era muy seguro de sí mismo.	Ella se divorció de él porque era engreído.
Él se casó con ella porque era llevadera.	Él se divorció de ella por ser muy sumisa.
Ella se casó con él porque sabía cómo ganarse la vida.	Ella se separó porque él solo pensaba en el negocio.
Él se casó con ella porque le recordaba a su madre.	Él se divorció de ella por ser mandona como su madre.
Él se casó con ella porque era calmada y poseía una actitud estable.	Él se divorció de ella por su actitud aburrida y monótona.
Ella se casó con él por su entusiasmo.	Ella se divorció de él porque siempre quería estar de fiesta.

También está la tendencia de decirse a uno mismo: "*en el pasado realicé muchas concesiones y cedí más de lo que debía, ahora es su turno*". La misma persona a quien le encantaba dar cuando estaban comprometidos, repentinamente, deja de hacerlo cuando se casan, esperando recibir su "recompensa" por toda la bondad ofrecida. El problema radica, en que obviamente, cuando ambos dejan de invertir la energía que solían dedicar para que la relación florezca, todo comienza a decaer. Cada uno empieza a enfocarse en los defectos del otro, por lo que las quejas y reclamos brotan sin control.

Los culpables: las P's y las A's

Es aquí donde las P's y las A's juegan un rol importante. Para muchos, son las P's y las A's las que mantienen a la pareja unida al principio. El hombre busca *prestigio, poder y placer* para conseguir la felicidad. La mujer, busca *amor,* [mejorar su] *apariencia y autorrealización.* Estos son elementos que cada uno busca en su pareja, sea en forma consciente o inconsciente: alguien que satisfaga estas necesidades.

Si eres hombre, una de las razones por las que te casaste con tu mujer, es porque la contemplaste atractiva y disfrutabas la manera en que te adoraba y respetaba. Esto alimentó de cierta forma tu necesidad de *prestigio, poder y placer.* Mientras que ella satisfaga esas necesidades tuyas, tú le darás atención, satisfaciendo de ese modo su necesidad de *amor.*

Después de contraer matrimonio, cuando el entusiasmo inicial comienza a desparecer, las parejas empiezan a percibir las faltas de la otra persona y su relación comienza a deteriorarse. Es imposible permanecer perfecto todo el tiempo, ella no siempre se verá atractiva, a veces él estará malhumorado; en algunas ocasiones la cena puede tardarse; uno de ellos no siempre estará dispuesto a respetar el espacio del otro. En consecuencia, él se torna menos expresivo y le muestra menos afecto, ambos se muestran insatisfechos y los conflictos emergen.

Pronto comienzan a surgir más quejas y críticas que aprecio y cariño. ¡Es como si hubieran olvidado lo que los condujo a casarse en un principio!

Manteniendo la magia

La solución más obvia consiste en no disminuir el esfuerzo, sino mantener esa entrega y compromiso que invertías en tu relación antes del matrimonio. Por supuesto que es mucho más sencillo, realizar ese esfuerzo, cuando uno ve a su prometida una vez por semana a la hora de cenar. ¿Cómo puedes "mantener la magia" que existía durante el compromiso cuando vives con la persona, recogiendo su desorden y en ocasiones viéndola en circunstancias poco ideales?

Es aquí donde el principio de "amor verdadero" es crucial[1]. Tu objetivo es hacer que tu pareja se sienta satisfecha, busca métodos para hacerla sentir bien (las sugerencias del capítulo anterior son un buen comienzo) y haz que tu pareja se sienta especial y única. Enfócate en las cualidades positivas que posee, báñala de cumplidos, tarjetas y regalos – haz algo que sin duda sirva para transmitirle lo especial que es para ti.

Es de gran ayuda recordar que ustedes no son dos entidades separadas. Según la mística judía, ustedes son dos mitades de un mismo alma. Cuando logras entender que tu pareja y tú son uno, se torna mucho más fácil cumplir sus deseos, a pesar de que contradicen tus preferencias personales.

> "Felices para siempre" significa que dos personas se complementan mutuamente. La lealtad que se tienen proviene del hecho que, en esencia, existen una para la otra.
>
> Cada uno de nosotros debe experimentar el dolor de sentirse "la mitad" para poder casarse. Si no sentimos que somos mitad, se nos imposibilita permitir a alguien formar parte de nuestra vida. Debemos sentir que ciertamente somos mitad y no un entero; y que estando solos jamás estaremos completos[2].

Un niño que al crecer se convirtió en el sexto Rebbe de Lubavitch[3] preguntó a su padre, "¿por qué Di-s nos creó con una nariz y una boca, pero con dos ojos?"

---

1 Ver Capítulo 8, "El Amor no es Accidental".

2 Friedman, *Doesn't Anyone Blush Anymore?* p. 30.

3 Rabino Yosef Itzjak Schneersohn 6º Rebe de Lubavitch (1880 - 1950). Se enfrentó con tenacidad al gobierno comunista, con el fin de mantener encendida la llama del judaísmo en la Rusia Comunista.

"Con nuestro ojo derecho", respondió su padre, "debemos observar el bien que hay en los demás; con el izquierdo, tenemos que vernos a nosotros mismos". El ojo derecho representa aquellas cosas que hacemos con entusiasmo: siempre observa lo positivo de los demás – en especial de tu pareja; con el ojo izquierdo, observa tus propias faltas y piensa cómo debes cambiar y convertirte en una mejor persona.

Desafortunadamente, muchos hacen justo lo contrario. Utilizan el ojo derecho para percatarse de todo lo negativo que tienen las personas alrededor suyo – en especial su pareja – y el ojo izquierdo para justificar todo lo negativo de su propio comportamiento.

En cierta ocasión una mujer vino a verme, al entrar en mí oficina, exclamó enfáticamente: "quiero divorciarme, esto no es negociable. He tomado mi decisión y no he venido por un consejo. ¿Qué necesito hacer?"

"Deme un par de días y hablaremos", fue mi respuesta.

Llamé a su marido para saber su versión de los hechos. "Mi esposa siente que soy irresponsable", exclamó. "Acabamos de mudarnos de Bogotá y nuestros papeles y estado legal todavía no están definidos. Ella no está dispuesta a reconocer que esta situación está totalmente fuera de mi control".

Una semana después, su mujer comenzó a sufrir de severos dolores de espalda. Sus médicos recomendaron una cirugía que se realizó al poco tiempo. El marido hizo todo lo posible para asistirla y acompañarla. Como podrás imaginar, nunca se divorciaron.

¿Qué ocurrió? Las personas pierden la perspectiva y dejan de apreciar las cosas buenas que su pareja hace por ellas. Dan por sentado todo y se enfocan solo en las faltas del otro, inclusive en puntos que no están a su alcance resolver. Cuando esa mujer notó que su marido estaba ahí para ella, se percató de la realidad. Él tenía ciertas imperfecciones y a ella no le agradaban algunos rasgos de su carácter, pero él tenía muchas cualidades que ella había pasado por alto. Qué ironía, Di-s le envió un dolor de espalda para ayudarla a salvar su matrimonio.

No esperes hasta que las cosas se te escapen de las manos. Acostúmbrate a ver los rasgos positivos en tu pareja, enfócate en las cosas buenas y evita ver lo negativo. Indiscutiblemente que esto no incluye los casos en los que la situación pueda acarrear algún peligro, o que la pareja sea abusiva o esté mentalmente enferma.

> La Biblia nos cuenta, que cierto día, uno de los hijos de Noé entró a la tienda en la que él dormía y se encontró con que su padre estaba desnudo, al salir de la tienda se lo informó a los otros hermanos, sus hermanos entraron y cubrieron a su padre, "y no vieron la desnudez de su padre" (Génesis 9:22 - 23). Ellos sintieron que era necesario cubrirlo.
>
> Si alguien está desnudo, simplemente ve y cúbrelo; debes enfocarte en lo que toca hacer, pero sin ponerte a buscar sus faltas. Quizá veas la condición en que se encuentra, pero no lo juzgues por ello. Los hijos de Noé no observaron la desnudez de su padre.
>
> Si hay algo que tu pareja no desea que observes, no mires. No pienses, "yo he visto las faltas de mi pareja, pero me morderé la lengua y no diré nada". Eso no durará mucho y al final te sangrará la lengua.
>
> El pensamiento más feliz es, "yo sé que mi pareja no es perfecta pero no veo nada negativo. Ni soy un mártir ni estoy aguantándome nada. No llevo largo tiempo sufriendo. A mí me agrada lo que él o ella es".
>
> El motivo por el que no lo percibes no es porque eres muy bondadoso, sabio y magnánimo. No estás ignorando nada; solo estás respetando la privacidad de tu pareja[4].

---

4 Ibíd. p. 7.

Cierta vez un hombre regresó a su casa después de un día de trabajo y encontró todo hecho un desastre. La sala y el comedor estaban llenos de libros, había papitas fritas esparcidas por el suelo, goma de mascar pegada a la alfombra., las piezas de Lego desparramadas por el piso; al entrar en la cocina encontró comida tirada por doquier, el lavaplatos saturado de platos sucios y la basura estaba a punto de desbordarse; cuando se acercó al baño vio una montaña de ropa y toallas sucias. Finalmente entró a su habitación y vio a su mujer recostada leyendo un libro.

"¿Qué pasa?" preguntó.

"Nada", replicó ella despreocupadamente. "En el pasado me preguntaste qué hago yo todo el día. Pues bien, hoy decidí no hacerlo".

La Clave es la Humildad

¿Cómo podemos entrenarnos para ver siempre lo positivo en la pareja? Un modo de hacerlo es preguntándonos lo siguiente, *¿de dónde proviene toda la riqueza, glamour, popularidad, talento y éxito – tanto a nivel personal como profesional – que he conseguido?* Todos estos elementos son obsequios que hemos adquirido de los demás – de nuestros padres y abuelos, de nuestros mentores y principalmente de Di-s.

Independientemente de cuánto tengas a tu favor, ¡no hay razón para que seas arrogante! Nuevamente debemos recordar que el ejercicio de la humildad es la clave para reconocer el bien que los demás poseen.

Existe otra forma de mantener nuestro orgullo bajo control, y radica en contemplar al primer líder del pueblo judío. La Torá testifica que "el hombre, Moshé, era más humilde que todos los hombres sobre la faz de la tierra"[5]. Los Maestros Jasí-

---

5 Números 12:3.

dicos explican[6] cómo Moshé, que era el mayor líder del pueblo judío, que los había sacado de Egipto y también el profeta más grande que ha existido, podía ser simultáneamente el hombre más humilde. Moshé pensaba que, si a otro individuo le hubieran conferido sus capacidades, éste habría logrado un éxito incluso mayor que el suyo. Darse cuenta que si otra persona tuviera nuestras cualidades, él o ella superarían nuestros logros, definitivamente nos permite mantener nuestro ego bajo control.

La arrogancia representa uno de los mayores impedimentos en una relación, la persona arrogante, espera ver en los demás sus mismas cualidades, no puede tolerar que otras personas sean arrogantes o tengan alguna limitación. Si el individuo es organizado, aseado y disciplinado, exige las mismas cualidades a su pareja. En algunas ocasiones la persona arrogante puede llegar a reconocer sus faltas, pero, nunca estará dispuesta a tolerar esas faltas en los demás. "Si yo soy desconsiderado, olvidadizo y perezoso, es aceptable, pero no si mi pareja lo es. ¿Cómo puedo *yo* casarme con una persona imperfecta?"

Cuando uno de los miembros de mi congregación se separó de su esposo, le pregunté por qué lo había hecho.

"Él no es el hombre con el que soñé que me casaría" replicó ella.

"¿Es él una buena persona?" le pregunté.

"Sí", fue su respuesta.

"¿Es trabajador?"

"Sí", contestó ella, "pero no es el esposo que deseo".

Varios meses después, me enteré que habían vuelto a unirse. Le pregunté qué había cambiado.

"Me di cuenta de que si bien él no posee todas las cualidades que yo busco, en verdad aprecio las que sí tiene".

Esta mujer, logró obtener la humildad necesaria para desistir sobre lo que ella consideraba el "marido perfecto" (que no

---

6 Rabino Yosef Itzjak Schneersohn (1880 - 1950), *Sefer HaMa'amarim* (5710), p. 236.

existe) y poder valorar al esposo que tenía.

> Dos chinos estaban caminando cuando se tcparon con un sapo. "Si te comes el sapo" dijo uno a su compañero, "te daré cien dólares".
>
> "No hay problema", dijo su amigo e inmediatamente se lo engulló. Al rato, el que había perdido la apuesta exclamó, "es mi turno ahora, ofréceme cien dólares si me como ese sapo que está ahí".
>
> "Trato hecho" contestó el amigo.
>
> El hombre se comió el sapo y recuperó su dinero.
>
> Más tarde le preguntó a su compañero, "no entiendo… al empezar el día yo tenía cien dólares y ahora sigo con esa misma cantidad de dinero, ¿para qué entonces nos comimos los dos sapos?"

¿Por qué las parejas y sus hijos deben pasar por el trauma de la separación, y después de un tiempo se vuelven a juntar? ¿Acaso no es preferible que rectifiquen sus discrepancias desde un principio y así se ahorrarían todo el estrés y trastorno emocional que conlleva una separación?

La respuesta es que las personas se estancan, empiezan a enfocarse en lo negativo y terminan atrapadas. En ocasiones, únicamente, tras la separación logran ver las cosas desde otra perspectiva, percatándose, que no era necesario separarse.

No cometan el mismo error. Busquen las cualidades que hay en cada uno de ustedes, ofrézcanse cumplidos y alabanzas de forma mutua y de esa manera evitarán el dolor que viene de la crítica y lo negativo.

> La Mishná declara[7] que, "no hubo días más alegres en Israel que el quince de Av… en esos días las hijas de Jerusalén solían salir vestidas de blanco… y danzaban

---

7 Talmud, *Taanit* 26b.

en los viñedos. Ellas exclamaban, 'Joven, alza tus ojos
y observa [a la novia] que escoges para ti. No te enfoques en la belleza física, más bien fíjate en la familia,
pues "la gracia es engañosa y la belleza es banal, mas
una mujer temerosa de Di-s será exaltada"'[8]. El joven
contestaba [citando el versículo siguiente], 'Otórgale
el fruto de sus manos y que sus actos sean alabados
en los portales'"[9].

La Guemará se extiende sobre este concepto:
Las que poseían belleza exclamaban, "busca la belleza, pues la singularidad de la mujer es su apariencia
agradable".
Aquellas jóvenes que procedían de familias respeta-
bles decían, "mira la familia, porque el valor de una
mujer radica en su descendencia".
Las que no eran particularmente hermosas y que ve-
nían de familias comunes, declaraban, "cásate con
nosotras en aras del Cielo, mas no olvides obsequiarnos joyas de oro".
Estos pasajes de la Mishná y la Guemará poseen algunos mensajes muy enigmáticos. En primer lugar,
el judaísmo no enfatiza mucho la belleza y la Mishná
misma, establece que "la belleza es banal". Entonces,
¿por qué menciona la belleza?
En segundo lugar, la Mishná dice, "mira la familia" y
agrega que esto se debe a que "el valor de una mujer
radica en su descendencia". ¿Qué representa esta declaración?
Además, la Mishná incluye un versículo que parece
ser innecesario y hasta ambiguo: "que sus actos sean
alabados en los portales". ¿Qué significa eso?
Finalmente, ¿por qué razón las más simples agregan,
"no olvides obsequiarnos joyas de oro"?

8 Proverbios 31:30.
9 Ibíd. 31:31.

En respuesta a todas estas interrogantes, podemos decir que la Mishná y la Guemará están tratando temas diferentes. La Mishná se refiere al compromiso del matrimonio, en tanto que la Guemará está lidiando con el primer sentimiento de atracción que el novio tiene hacia su futura esposa. En general, un hombre considera casarse con cierta mujer porque ella despierta algún tipo de interés en él. Por consiguiente, la Guemará hace mención de aquellos elementos que usualmente atraen al hombre inicialmente: apariencia y familia.

Sin embargo, para que la relación perdure, debe existir un compromiso mayor. A esto se refiere la Mishná, cuando exhorta a la persona a no dejarse cautivar por cuestiones superficiales como la belleza. Por eso agrega, el versículo que declara, "... y que sus actos sean alabados en los portales", aconsejándole de ese modo que se cuide siempre de alabar a su pareja por "sus actos" y constantemente bañarla de cumplidos. Esta actitud permitirá que su matrimonio perdure. El motivo por el cual las mujeres que no poseían atributos especiales, pedían a sus novios joyas de oro, era, para demostrar que incluso si una mujer no es hermosa, su apariencia puede ser mejorada con joyería, haciéndola atractiva para su compañero.

Las personas egoístas y arrogantes suelen fijarse en las debilidades de los demás. Esa es la antítesis de lo que se requiere para tener un matrimonio exitoso.

En vez de actuar de ese modo, entrénate para ver las cualidades positivas de tu pareja; desarrolla tu humildad y sé una persona altruista para poder apreciar sus cualidades positivas y pasar por alto sus defectos.

14 ¿Puedes Realmente Cambiar a tu Pareja?

El día en que te casaste, inició la campaña. Al fin tienes la posibilidad de que deje de morderse las uñas o de usar chaquetas una talla más grande. Ahora sí puedes decirle cuánto te molestaba cuando salían a cenar y él devolvía su comida al mesero en el restaurante, y definitivamente él no será el marido que deja sus medias sucias tiradas por ahí.

Algunas personas empiezan su matrimonio con la idea de que a pesar de que existen ciertas cosas que no les agradan de su pareja, están seguras que podrán hacerla cambiar. Hay quienes antes de casarse están felices con cada aspecto de su pareja, pero después del matrimonio, descubren que esa persona no es tan perfecta como creían, comienzan a ver sus defectos y de ese modo inician la campaña para tratar de hacerla cambiar.

¿Es este un objetivo realista? ¿Puede uno alterar la personalidad o el carácter natural de su pareja?

Pinceladas Distintas

Cada persona es creada de forma diferente. El Talmud lo expresa del siguiente modo: "Así como sus rostros son diferentes [no hay dos personas con la misma apariencia], asimismo sus opiniones son distintas"[1]. Esto se aplica también a nuestras

---

1 Talmud, *Sanhedrin* 38a.

personalidades e inclinaciones[2].

Reconocer este hecho es la base de un matrimonio exitoso. A nivel intelectual estamos conscientes de esto y generalmente lo aceptamos naturalmente – hasta que nos toca lidiar con ello de frente. Se trate de nuestra pareja, hijo o incluso de un compañero de trabajo, se nos dificulta diariamente tratar con personas que no están en la misma sintonía que la nuestra.

¿Qué ocurre cuando un hombre que se enorgullece de ser ordenado se casa con una mujer que – en el mejor de los casos – no es muy estricta con la limpieza? Cuando él llega a casa, espera encontrar todo en óptimo estado, los juguetes y zapatos en sus respectivos lugares, la cena lista, la mesa acomodada y la comida caliente. Sin embargo, lo que ve es una gran cantidad de papeles tirados por ahí, bolsas del mercado encima del sofá, la cena todavía no está lista y un montón de ropa sin doblar apilada sobre la cama.

La primera vez que esto ocurre, él le habla con suavidad explicándole que no le agrada el desorden; la segunda vez se lo dice en un tono delicado y cuando ocurre por tercera vez, él se siente frustrado y molesto. No logra entender por qué ella ignora su petición. ¿Te imaginas cómo le va a revelar su

---

2 De acuerdo con nuestros Sabios (Ver. *Likutei Torá, Behaalotjá*), la Menorá representa a todo el pueblo judío. Sus siete brazos aluden a siete categorías de judíos. Algunos son introvertidos, otros extrovertidos. Hay quienes son proactivos mientras que otros tienen una actitud más pasiva. Los siete tipos de judíos representan siete atributos: amor y bondad (*jesed*); severidad y disciplina (*guevurá*); belleza, armonía y compasión (*tiferet*); triunfo, tenacidad y determinación (*netzaj*); humildad y devoción (*hod*); fundación, vínculo y conexión (*yesod*); nobleza y dignidad (*maljut*). Es posible que cada persona posea un rastro de cada uno de ellos, pero por lo general uno de estos atributos es dominante.
En el judaísmo hablamos con frecuencia de las dos escuelas de Beit Hilel y Beit Shamai. (Las academias Talmúdicas fundadas por Hilel y Shamai alrededor del Siglo Primero, eran conocidas como las "casas" de Hilel y Shamai. La Mishna registra 316 desacuerdos entre la casa de Hilel y la casa de Shamai. En general la Casa de Hilel adopta una posición más flexible y la de Shamai una versión más severa. En todos los casos – menos dieciocho de ellos – la *halajá* se establece según la opinión de la Casa de Hilel). En el misticismo judío explica que sus distintas opiniones eran reflejo de la composición de sus almas. Hilel estaba principalmente asociado al atributo de *jesed*, bondad. En cambio, en Shamai prevalecía el atributo de *guevurá*, disciplina.
Estos rasgos de carácter son parte integral de la persona y es casi imposible cambiarlos. En vez de ello, la persona debe hacer lo posible por canalizarlos en forma constructiva y alcanzar de ese modo su máximo potencial de un modo único.

sentimiento? Si estamos enfadados, aún los mensajes más importantes y sinceros los expresamos con desprecio.

¿Qué es realmente lo que está ocurriendo? Para una persona organizada, vivir en un ambiente ordenado representa más que una forma de vida, es una religión. Él espera encontrar valores similares en su pareja. No se acostumbra a la idea de que se casó con una desordenada, y se siente frustrado. En realidad la esposa desordenada no actúa de ese modo intencionalmente, lo más probable, es que, por más que desee cambiar su comportamiento, no sabe cómo lograrlo. Su marido, en lugar de explicarle cómo puede volverse más organizada, sólo le transmite con enfado su inconformidad, y el problema se intensifica.

Conocí a una pareja que estaba pasando una situación difícil, ellos encajan en la descripción anterior. El marido era una persona organizada y siempre hacía hincapié en que la casa estuviera en orden, su esposa, no

> Un miembro de la sinagoga le reveló cierta vez a su rabino, "desde el día que me casé, mi mujer está intentando cambiarme. Me convenció para que haga ejercicio diariamente, que mejore mi dieta y que deje de fumar. Me enseñó a vestir bien y a disfrutar del arte; me enseñó la comida gourmet; me hizo apreciar la música clásica y aprendí a invertir en la bolsa. Pero aquí entre usted y yo rabino, estoy considerando el divorcio porque siento que ella ya no está a mi altura".

era organizada. Con el tiempo, él comenzó a incomodarla pidiéndole que fuera más meticulosa. La mujer no solo se sentía incapaz de lograrlo, sino que, además, percibía constantemente que su esposo la rechazaba y comenzó a sentirse estresada con su relación, y la casa seguía desordenada.

La esposa que era desordenada, en realidad no escogió serlo. De hecho, también ella prefería un hogar ordenado. Simplemente que no supo cómo lograrlo. Las cosas se le escaparon de las manos – la casa estaba cada vez más desordenada y su marido se sintió cada vez más insatisfecho – y ella se sentía atrapada en un círculo vicioso. Lo que ella requería de su esposo era motivación y orientación, no críticas.

En lugar de estresarse con la situación, lo indicado habría sido que él ayudara a su mujer, el hecho de solo pedirle que fuera organizada no ayudaba, porque ella no tenía idea de cómo hacerlo.

Uno de los desafíos más grandes que he tenido, ha sido, tratar de ayudar a una persona que estaba segura de tener la razón absoluta, un verdadero reto. Una vez que el individuo tomaba alguna decisión, ¡estaba convencido que su punto de vista era correcto!

Una mujer me confesó que estaba frustrada porque su marido no participaba activamente en la vida de sus hijos. Después de hacer mis averiguaciones, descubrí que ese hombre compartía más tiempo con sus hijos que la mayoría de los padres en su comunidad. Sin embargo, ella estaba convencida que no estaban participando equilibradamente en las responsabilidades. Al investigar la situación más a fondo, me percaté que la imagen que ella tenía del esposo ideal era muy distinta a la de su marido.

Una vez que nos damos cuenta que nuestro conyugue no es el tipo de persona con la que planeábamos casarnos – e insistimos en que debe cambiar – la relación suele arruinarse.

Hay una expresión muy conocida, "mi mente está decidida. No me confundas con los hechos". Esto ocurre, en diversas proporciones a muchas parejas.

Al comienzo del matrimonio, inevitablemente en el proceso de adaptación alguien puede salir lastimado, uno hiere a su pareja sin intención. Esto representa un aprendizaje en la relación. Algunas personas consiguen superar esos obstáculos mientras que otros no logran ver más allá de la neblina y terminan rindiéndose.

Hombres vs. Mujeres

Las diferencias que tenemos no es solo debido a nuestro carácter, hay que reconocer que los *hombres y las mujeres son diferentes*, esta es la contraseña detrás de las tres A's *y* las tres P's.

La felicidad del hombre no depende de las mismas cosas que de la mujer. Los hombres buscan las tres P's, en tanto que las mujeres persiguen sus tres A's — esto significa que ellos responden de manera distinta frente a la misma situación, pues sus necesidades y perspectivas son diferentes.

Una vez que aceptamos que los hombres y las mujeres buscan cosas diferentes en la vida, resulta mucho más sencillo aceptar el comportamiento de la pareja. Un hombre que llega a su hogar, después de una larga jornada laboral y se encierra en el estudio por una hora, está tratando de relajarse por haber tenido un día difícil. ¡Eso no significa que le disguste la compañía de su mujer! Una mujer que se queja de que su esposo no pasa suficiente tiempo con ella, no está negando de que él provee con fidelidad las necesidades del hogar; simplemente desea que parte del tiempo que dedica a sus cosas, la pase con ella.

Obviamente cada miembro de la pareja intenta colocar de lado sus propias necesidades en aras de las de su cónyuge, pero, negar que estas diferencias existen, solo genera problemas.

Las diferencias que hay entre hombres y mujeres no deberían ser una excusa para rendirse en el matrimonio, esa es la forma en que Di-s nos creó y forma parte integral de nuestra relación matrimonial, si nos esforzamos en cerrar esas fronteras y fortalecemos el nexo, nuestro matrimonio se enriquece y se vuelve más fuerte y satisfactorio.

El Paquete Completo

Tenemos que observar de lejos y ver a nuestra pareja como un envoltorio completo, ambos deben aceptarse lo bueno, lo malo y lo feo. Ni tú ni a tu pareja los obligaron a casarse, y después de haber dado el paso, no puedes aceptar únicamente lo que te agrada y rechazar lo que te desagrada, debes aceptar a la persona tal cual es.

Si aceptas esto, con paciencia e inteligencia puedes trabajar en conjunto con tu pareja para mejorar (no cambiar) *algunos* hábitos. El proceso puede durar meses o incluso años. Quizá nunca logres un éxito total, pero las cosas sí mejorarán y lo más importante, podrás mantener una relación exitosa y un matrimonio feliz.

> El hecho de que tu pareja no sea perfecta no debería ser tu problema. Si fuera perfecta, no necesitarías sabiduría o talento. El [objetivo] es [reconocer] que no es perfecta y que eso no te molesta, porque tú aceptas a tu pareja de forma incondicional. No me refiero a un comportamiento peligroso o de violencia física, solamente de imperfecciones humanas normales… no basta solo con tolerar las fallas de tu cónyuge[3].

Se cuenta la historia de un ladrón, que fue a donde el rabino, pidiéndole que le aconsejara cómo podía arrepentirse.

"¿Cuál fue tu pecado?" Preguntó el rabino.

"Robé una cuerda." Respondió el ladrón.

"Ese ciertamente es un pecado, pero si devuelves la cuerda será suficiente".

"Sí rabino. Pero la cuerda estaba atada a una soga".

"En ese caso, devuelve la soga".

"…. Pero estaba amarrada a unas correas".

"Entonces debes devolver las correas".

"Lo que pasa es que estaban ceñidas a unos caballos".

"…. ¿qué jalaban los caballos?" Preguntó el rabino.

"Un vagón cargado de mercancía".

---

3 Friedman, *Doesn´t Anyone Blush Anymore?* pp. 6 – 7.

Al casarte estás unido al paquete completo. No puedes tomar la cuerda sin el vagón al que está amarrada.

En términos prácticos, no necesitas pelear tú mismo cada batalla. Por ejemplo, si tu mujer es desordenada y a ti te importa el orden en el hogar, contrata a alguien que limpie por un par de horas al día, o mantenla interna si puedes pagarlo. Incluso podría ser que a tu esposa le interese tomar clases sobre cómo mantener el hogar en orden, o, trabajar con una organizadora profesional. El punto es ser proactivo y no reactivo.

> Un experto en el manejo del tiempo estaba dictando una conferencia. Empezó diciendo, "Lo que aprendan aquí, por favor no lo intenten en casa".
> Dio un discurso brillante y los presentes se pusieron de pie para aplaudirle. En la sección dedicada a preguntas y respuestas, una persona del público preguntó, "¿Por qué no debemos aplicar estas técnicas en el hogar?"
>
> "Después de casarme", replicó el conferencista, "mi esposa solía preparar el desayuno, cosa que le tomaba unos diecisiete minutos. Yo le expliqué cómo podía hacerlo en ocho minutos..."
> "Eso es excelente", respondió el señor que había realizado la pregunta, "entonces... ¿cuál es el problema?"
> "Antes, *ella* preparaba el desayuno", respondió el experto. "¡Ahora me toca a mí!".

Aceptación, No Agresión

Yo tengo una débil memoria a corto plazo, se me dificulta recordar todas las cosas que debo hacer; esto, a veces puede resultar muy frustrante. Por ejemplo, al ir de compras es muy posible que olvide algo y deba regresar nuevamente al mismo lugar en el que estaba, pero he aprendido a vivir con ello.

Sin embargo, ¿cuántas veces puedo esperar que mi esposa aprenda a lidiar con esto, cuando ella es la afectada? Puede ocurrir que ella me llame a la oficina diciendo, "hola Ari, ¿podrías traer a casa el libro de matrimonio que está en tu oficina?" "Claro que sí", contesto yo.

Al colgar el teléfono continuó con lo que estaba haciendo y al terminar el día se me olvidó el encargo.

Después de la cena ella me pregunta, "Ari, ¿trajiste el libro?" "Oh, se me olvidó. Lo traeré mañana".

Obviamente lo mismo ocurre al día siguiente y también al tercer día. ¿Cuál debería ser la reacción natural de mi esposa? ¿Frustración? ¿Rabia? ¿Enfado? ¿Irritación? ¿Sería justo que ella me demuestre resentimiento al decirme que se siente totalmente ignorada e irrespetada? ¿Pero, qué logrará ventilando sus emociones hacia mí?

Mi mecanismo de defensa se activaría de inmediato y yo argumentaría para mis adentros: *Es obvio que no tenía intención de olvidarlo y no he logrado desarrollar un sistema efectivo para acordarme de las cosas, ¿por qué ella se enfada conmigo?* (Hoy en día ya hay tecnología que se programa para recordarte todo, pero antes no era así). Si ese fue un día particularmente estresante, es posible que responda, "Quizá deberías buscarlo tú misma", o "Tú siempre me recuerdas las cosas en un mal momento", o "También tú olvidas cosas". Dudo mucho que mi respuesta sería, "Tienes razón. No podría ser más descuidado contigo, soy una persona irresponsable que no sirve para nada".

Para su crédito y mi buena suerte, mi esposa suele ser muy calmada y comprensiva, ella no me regañó, solo me pidió que lo recordara al día siguiente. Yo me sentí mal por dentro, no era justo que yo fuera tan olvidadizo, debía inventar una buena técnica, y eso hice. La siguiente vez que ella necesitaba algo de la sinagoga, de inmediato lo busqué y lo coloqué sobre mi escritorio. Ustedes pensarán, *¡Ahora sí estamos llegando a algo! Ya encontramos un método para resolver el dilema.* Casi aciertan.

Como es típico, ¡olvidé el libro encima de mi escritorio! empecé a castigarme a mí mismo por olvidar las cosas – regresaba a la oficina cada vez que olvidaba algo. Actualmente, para evitar perder tiempo, lo que hago es colocar las llaves del carro encima del libro o sencillamente lo llevo de una vez al carro.

En conclusión, a pesar de que tengo un problema, la paciencia y comprensión de mi pareja me han conducido a mejorar, estoy convencido de que si ella se hubiera enfadado y puesto agresiva, el resultado hubiera sido adverso.

> ¿Cuál es la mejor fórmula para acordarte del cumpleaños de tu mujer?
> Que se te olvide una vez.

Hasta cierto grado, todos somos culpables de no aceptar a nuestra pareja como es. Estamos tan preocupados por hacerlas cambiar, que ellas perciben como si una parte de su ser no estuviera siendo amada. Es difícil sentirse amado y rechazado simultáneamente. Imagina que un amigo te dijera, "Eres una gran persona con un buen corazón, pero ¡me cuesta creer lo torpe que eres a veces!". ¿Podríamos tú o yo mantener una buena amistad con alguien así? ¿Acaso no es similar el mensaje que le estamos transmitiendo a nuestra pareja?

Si verdaderamente te interesa el bienestar de tu pareja, ¿por qué la hieres emocionalmente mientras intentas que mejore su salud física? Seamos sinceros. Tú deseas una mujer más gentil, una esposa organizada, un marido con mayor sentido común, alguien que se enfoque en el hogar, una pareja con más valores familiares… porque *eso haría mejor tu vida.*

Estos son nuestros deseos personales para beneficiarnos. No quiero decir que estas cosas no son importantes, pero si solamente estás mostrando ira y frustración por los hábitos de tu cónyuge, tus actos y tu actitud no muestran una genuina preocupación por tu pareja. No podrás convencer a tu pareja de que cambie, lo único que lograrás es convencerla de que solo te interesas en ti mismo.

En lugar de enfocarte en lo negativo, debes orientar tu atención en las cosas buenas. Cuando una persona siente un amor incondicional, realizará un esfuerzo para cambiar sus hábitos, es inconcebible que funcione de otro modo.

Todos los libros que tratan el tema de la educación de nuestros hijos sugieren, que debemos mostrarles que los amamos tal como son, de esa manera podemos ayudarlos a crecer, madurar y cambiar. Un niño jamás debe sentir que lo amas condicionalmente – que únicamente si es inteligente, bueno y responsable, lo amarás; lo mismo debe aplicarse en la relación con nuestro cónyuge.

No confundas el carácter de una persona con sus logros. Lo que alguien hace no establece quién es. Un individuo podría tener ciertas limitaciones en algún área de su vida o no actuar siempre como se espera de él, pero eso no implica que no merezca tu amor y compromiso.

En cierta ocasión un Rebe le preguntó a su nieto, "¿Dónde está tu abuelo?"

El niño señaló la mano de su abuelo.

El Rebe sacudió la cabeza diciendo, "Esa es la mano de tu abuelo, pero ¿dónde está tu abuelo?"

El niño apuntó hacia el cuerpo del Rebe. "Ese es el cuerpo de tu abuelo, pero ¿dónde está tu abuelo?"

Al rato el abuelo se levantó y empezó a caminar. El niño exclamó, "¡Abuelo!"

Sonriendo con gran orgullo, el abuelo contestó, "¡Sí! Este es tu abuelo".

Todos tenemos buenas cualidades y también imperfecciones. Uno no puede aferrarse a las cosas buenas e ignorar las faltas – la persona es un estuche completo. No rechaces a una persona debido a sus fallas; esas fallas no determinan quién es. Una vez que logras aceptar esto – aceptar a la persona con la que te has casado, con faltas y demás – entonces tu pareja estará más dispuesta a cambiar. Estará consciente que en verdad estás interesado en ella – en todo lo que ella es – y que solo tienes en mente su bienestar.

No intentes cambiar a tu cónyuge – eso podría destruir la relación.
Si no puedes aceptar a tu pareja por quien él o ella es,
no puedes esperar que quiera cambiar.
La aceptación y gratitud te llevarán mucho más lejos
que el resentimiento y la ira.

15 Limando Asperezas

En el capítulo anterior hemos hablado acerca de aceptar a nuestra pareja por cómo es, con sus defectos y virtudes, si lo conseguimos comenzarán a cambiar debido a que nos quieren y quieren hacernos felices.

Pero ¿qué pasa si esas diferencias van más allá de rasgos de carácter, si el vacío que los separa es mucho más significativo? ¿Cómo puedes aprender a relacionarte con una persona que pareciera venir de otro planeta?

Cuando Di-s se le apareció por vez primera a nuestro patriarca Abraham, Él le ordenó abandonar su hogar; ese fue uno de los diez desafíos que Abraham tuvo que enfrentar durante su vida. Las palabras utilizadas por el versículo son intrigantes, *"Lej lejá me 'artzejá umimoladetejá umibeit avija* – Sal de tu tierra, de tu lugar de nacimiento y de la casa de tu padre... "[1]

¿Qué necesidad había de enumerar todos esos detalles? ¿Acaso el mandamiento de salir de "tu tierra" no incluye también "tu lugar de nacimiento" y "la casa de tu padre"?

> Cierto día, una mujer señalando a una pareja, le dijo a su marido: "Míralos, parecen estar felízmente casados". "No estés tan segura", respondió él. "Probablemente ellos digan lo mismo de nosotros".

---

1 Génesis 12:1.

De acuerdo con una explicación[2], lo que la Torá desea, es impulsarnos a abandonar los distintos hábitos y comportamientos negativos que poseemos, y cada condición es más difícil de dejar. El lugar en donde nacemos ejerce cierta influencia en nosotros, pero nuestro hogar predomina. Para poder iniciar una relación con Di-s, Abraham debió asegurarse de que la convivencia con gente malvada en su pasado, no tendría interferencia alguna en su futuro compromiso con Él.

Esta percepción también incumbe a nuestra relación conyugal. Para que el matrimonio resulte exitoso, debemos asegurarnos de que el ambiente en que vivimos y nuestro estilo de vida anterior, no originen conflictos en la vida matrimonial.

Un Choque Cultural

Sin duda alguna, el país en donde uno se ha criado influye sobre nosotros. Vemos que la primera orden que Di-s le transmitió a Abraham fue "sal de tu tierra" – pues nuestras perspectivas filosóficas, aquellas cosas que nos agradan y desagradan, y otras elecciones que tomamos, se ven afectadas por la cultura en la que nos criamos. Si naciste en Latinoamérica, probablemente prefieras el fútbol en vez del béisbol; si eres oriundo de Japón, el arroz forma parte integral de tu alimentación; y si eres mexicano elijas los tacos y los frijoles .

Tu tierra natal también tiene un impacto en tus gestos y en tus valores. Incluso si te criaste con los mismos principios religiosos que tu pareja, el entorno genera efectos que influirán en tu vida matrimonial debido a la cultura en la que te criaste.

Por ejemplo, los hombres que descienden de culturas occidentales tienden a ser menos controladores que los de países del Medio Oriente y las mujeres occidentales suelen ser más independientes que las del Medio Oriente.

Un hombre cuya mentalidad y estilo de vida está influen-

---

2 Ver *Kli Yakar* sobre Génesis 12:1.

ciado por la idiosincrasia occidental, será capaz de establecer una relación aceptable con una mujer que proviene del Medio Oriente; en cambio, si un hombre proviene del Mediterráneo y se casa con alguien que viene de Occidente, lo más probable, es que su matrimonio tendrá más desafíos.

> El rabino le dijo a uno de sus miembros, "eres muy afortunado porque tu mujer tiene antecedentes sefardíes".
> El rabino se estaba refiriendo a que, por sus orígenes, la esposa estaría más dispuesta a aceptar la posición de su marido como cabeza del hogar, puesto que a la típica mujer ashkenazí, le gusta tener más control.
> "Está equivocado" respondió el hombre. "Después de que nos casamos ella se volvió ashkenazí".

En el estilo de vida sefardí, la familia y la vida social, son muy importantes, no te casas con el individuo sino con toda su familia. Se espera que sepas adaptarte a tu familia extendida y que los trates como si formaran parte de tu familia biológica; esto resulta natural para quien es criado de ese modo, pero para aquel que no fue educado bajo este sistema, puede ser abrumador. En algunas culturas, el hombre alza la voz a su mujer y se desata un alboroto entre ambos hasta que se aclara la situación, luego retoman sus ocupaciones sin mayores consecuencias. En otras, semejante episodio podría destruir el matrimonio.

> Benjamín estaba de visita en Israel y fue invitado a pasar *Shabat* con una familia de inmigrantes que habían llegado de Marruecos. Se recitó el *Kidush*, luego se hizo la bendición de la *Jalá* y finalmente comenzaron a comer. El marido probó el pescado y con una mirada le dijo a su mujer, "el pescado no está suficientemente picante", agarró el plato y lo lanzó por la ventana.

Luego probó el humus y con un gesto similar lo arrojó hacia afuera.

Benjamín cogió sus cubiertos y los echó por la ventana. El anfitrión sorprendido preguntó, "¿por qué hiciste eso?". El joven respondió, "creí que íbamos a comer afuera".

Conocí a una pareja que solía pelear abruptamente a raíz de sus diferencias culturales, él era del Medio Oriente y ella de Europa, el estilo del país del que él provenía es informal, y el estilo europeo es muy formal. Esta situación afectaba distintas áreas de sus vidas, incluyendo sus hábitos alimenticios, su manera de conversar, la crianza de los hijos y actividades recreacionales. La mujer estaba convencida que el comportamiento tan casual de su marido no sería un buen ejemplo para sus hijos, ellos debían ser educados del mismo modo que la habían educado a ella y él solía estar en desacuerdo con varias de sus decisiones. Esto generó una serie de malentendidos y enfrentamientos que desencadenaron en ellos resentimiento y rechazo, cada uno sostenía que la culpa era del otro.

Uno de los motivos por los que se enfrentaban era el protocolo a la hora de comer, él pensaba que era aceptable comer sin una servilleta sobre su regazo; ella, estaba convencida de que sus hijos debían aprender buenos modales. Él consideraba que sus hijos dedicaran menos tiempo a las tareas escolares y pasaran más tiempo al aire libre, a pesar de que, sus calificaciones se verían afectadas, para su esposa esta no era una decisión correcta. Según él, colocar las pantuflas al lado de la cama era normal. Para ella, eso no era apropiado y debían permanecer dentro del clóset. Estas eran algunas de las diferencias de opinión que tenían.

Semejante matrimonio se torna muy difícil de manejar, en especial cuando ambos miembros sienten que son ellos las víctimas de la agresión e intolerancia.

"¿Por qué ella no tolera mi manera de ser?", dice él.

"¿Por qué él no reconoce que yo sé los valores indicados que debemos transmitir a nuestros hijos?", dice ella.

¿Cómo puede funcionar una relación de esa manera? Las diferencias entre ellos están muy marcadas.

Si has estado realizando un esfuerzo por mostrarle a tu pareja un amor verdadero[3] ya sabes la respuesta, la premisa debe ser: "Nada tiene que ser exclusivamente como yo quiero, casi todo se puede negociar. No es: A mi manera o te vas".

Ese es el primer paso – reconoce el efecto que la cultura tiene en tu personalidad y en la de tu pareja, para llegar a un acuerdo.

Tu comunidad

La segunda orden que Di-s le dio a Abraham fue la de abandonar su "lugar de nacimiento" – lo que nosotros lo llamaríamos la "comunidad". En forma general, nuestra cultura influye en las comidas que nos agradan, nuestro horario de cenar, los lugares que elegimos para vacacionar y nuestra actitud frente al rol del hombre y de la mujer.

Los valores comunitarios afectan la manera en que nos dividimos las responsabilidades, el tipo de trabajo que tenemos y nuestro rol en el hogar. Las normas comunitarias poseen un impacto aún más fuerte en nuestro matrimonio que la cultura del lugar en que vivimos. ¿Quién decide cómo llamar al bebé? ¿Quién escoge la escuela a la que los niños asistirán? ¿Cómo establecer las prioridades en cuanto a los gastos y los ahorros? ¿Ambos miembros deben salir a buscar el sustento, o la mujer debe mantenerse en el hogar, o, quizás al contrario? ¿Cómo manejar tus finanzas?

Una pareja que conozco se divorció por pertenecer a culturas muy distintas. El factor central de la ruptura de su matrimonio, fue que el marido provenía de una comunidad en

---

3 Ver capítulo 8, El amor no es accidental

Israel, en la que lo normal es que la mujer también trabaje y colabore en la manutención de la familia. Él asumió que su esposa generaría ingresos para el hogar de la misma manera que él, ella se había criado en una comunidad en la cual las mujeres generalmente no trabajan. Tristemente no supieron resolver la situación y terminaron divorciándose.

Lazos familiares

Aparte del impacto de la cultura y la comunidad, está la influencia más directa en la vida del individuo: la de su familia. La persona aspira tener un matrimonio similar al de sus padres – a menos que hayan tenido una mala relación y lo que desea es precisamente evitar ese modelo. La familia en la que uno creció ejerce una fuerte influencia en la familia que uno formará junto a su pareja.

¿Cuál de tus padres pagaba las cuentas en tu casa – tu papá o tu mamá? ¿Quién se encargaba de las compras? ¿Se esperaba que todos colaboraran en el hogar, o dependía solo de tu madre? ¿Tus padres solían leerte algo a la hora de dormir? ¿Qué tan seguido se bañaba a los niños – una vez al día o una vez por semana? ¿Tus padres discutían en público? ¿Solo uno de tus padres hablaba? ¿Todo el mundo demostraba su afecto, o los abrazos y besos eran algo poco frecuente?

Tu búsqueda de las P's o de las A's puede verse afectada por la crianza que tuviste. Si creciste en un ambiente más materialista, posiblemente sientas la necesidad de tener dinero y las cosas que se compran con él – o quizá hayas optado por rechazar esto y decidido que no requieres la riqueza. Si tu madre era reservada, quizá se te dificulte entender la importancia del afecto en una relación.

Estos son algunos de los desafíos que la gente enfrenta en el matrimonio: el comportamiento y los hábitos que cada miembro trae consigo al nuevo hogar. Nuestra primera experiencia en el matrimonio consiste en lo que observamos en la casa en que crecimos. Comenzamos nuestra relación con ideas y opiniones que pueden resultar totalmente extrañas para nuestra pareja, porque él o ella no fueron criados del mismo modo y puede resultar muy difícil aceptar nuestras costumbres.

¿Quién se encarga de las compras, de lavar la vajilla, de llenar el tanque del automóvil, de cambiar los bombillos, de cerrar con candado la puerta del frente, de buscar la ropa en la tintorería y de llevar las finanzas del hogar? Todas estas tareas, y muchas otras, son parte integral del hogar, pero las dinámicas varían de familia en familia.

En Londres, mi suegro solía encargarse de cerrar con llave la puerta del frente por la noche. Para mi esposa resulta natural que el hombre se ocupe de la seguridad de la familia, por lo tanto, él es quien asegura la puerta al anochecer. En mi casa en Brooklyn no había una persona designada para ello, sencillamente, el último en entrar debía hacerlo.

Al mudarnos a Panamá, mi esposa sintió que esa labor me correspondía a mí, yo insistí que esa regla no estaba escrita en piedra. Cierto día llegué bastante tarde a casa y al ser el último en llegar me aseguré de cerrar con llave la puerta, mi esposa notó lo que hice y exclamó, "estoy contenta de que lo hayas hecho. Me alegra que lo hayas hecho por tí mismo".

Asumiendo que ella me estaba agradeciendo por cerrar con llave, le contesté, "pero lo hice por ti". Ella sacudió la cabeza: "¿Por mí? ¡Lo hiciste por ti mismo!".

"Te estoy diciendo que lo hice por ti". "Debes estar bromeando. No puedo creer que digas eso".

A esas alturas me estaba empezando a enfadar. *¿Por qué insiste ella en decir algo que es totalmente falso?*

Esta discusión continuó por un tiempo, yo resalté que bajo ninguna circunstancia lo había hecho por mí mismo, ella insistió en que tenía razón. Te podrás imaginar que cada uno se sentía ofendido. Yo estaba furioso por esta aseveración de mi mujer que era totalmente ilógica, incoherente y falsa.

Cuando ambos nos calmamos un poco y comenzamos a

dialogar, yo le expresé, "me es difícil comprender que el hecho de haber trancado la puerta haya sido para mi propio beneficio y no para el tuyo". "Yo no dije eso". "¿Cómo que no lo dijiste?"

Antes de que comenzara otra arremetida, ella dijo, "me refería al hecho de que fuiste al sauna" (un médico había sugerido que fuera por razones de salud y finalmente organicé mi tiempo para ir). ¡Qué vergonzoso!, tanta energía desperdiciada en un sencillo malentendido que se pudo haber evitado, si le hubiera pedido una explicación a mi esposa en vez de apresurarme y sacar mis propias conclusiones.

> Un hombre le pidió a su esposa que fuera a casa del vecino y se fijara cómo cuidaba *Pesaj*. Ella se asomó por la ventana y vio al marido gritándole a su mujer.
> "¿Qué es lo que viste?" le preguntó su marido. La mujer no contestó.
> "¿Te pregunté qué viste?" Ella se mantuvo en silencio. Frustrado, el hombre alzó su voz y exclamó, "¿QUÉ... FUE... LO... QUE... VISTE?"
> Pensando en la escena que acababa de observar en la casa de su vecino, respondió, "me doy cuenta que ya lo sabes, entonces ¿por qué me preguntas?".

Cuando los suegros se inmiscuyen

Hay una gran diferencia entre la influencia de nuestra familia y la de nuestra cultura y comunidad. La influencia de la familia no es algo del pasado, al casarte, también te casas con su familia, un individuo podría abandonar su cultura o la comunidad en la que creció, pero no puede dejar a su familia.

La mayoría de las personas casadas te dirán que lidiar con los suegros es un desafío. Los suegros pueden generar conflicto en la pareja, porque cada uno piensa que sus suegros están manipulando a la otra persona.

En las comunidades en que las personas se casan muy jóvenes, es una situación bastante común. Los padres consideran a la pareja de recién casados demasiado jóvenes e inexpertos como para tomar decisiones correctas, ambos lados sienten la necesidad de guiar a sus hijos.

Así se inicia la batalla, cada una de las partes cree tener la razón y desean asegurarse de que su hijo pueda plantear su opinión y tomar decisiones. Mientras tanto, la pareja está luchando por culpa de sus padres.

Está de más decir que esto no es saludable para el matrimonio. Muchas veces le recuerdo a los padres que "por favor se mantengan al margen del matrimonio de sus hijos, muchos matrimonios han sido afectados por esas buenas intenciones".

Más de una vez se me ha acercado alguna pareja comprometida, para comentarme que se sentían frustrados, debido a que los padres de uno de ellos, estaba involucrándose en su relación y ejerciendo presión. Esto genera resentimiento en la joven pareja, cada uno siente que debe defender a sus padres y lo que se logra es un enfrentamiento infructuoso.

Yo le digo a esas parejas, "no se preocupen por ese altercado, el error de ustedes es aceptar que sus padres se involucren. Díganles que el rabino les ha prohibido aceptar consejos innecesarios de ellos, especialmente, cuando puede causar conflictos. Ellos no deberían inmiscuirse en qué muebles deben comprar, dónde han de vivir, en casa de quién cenarán o cómo tienen que vivir sus vidas". Esto les quita un gran peso de encima. Aunque los padres estén convencidos de tener la razón, no deberían interferir. Si sus hijos cometen errores − y ciertamente los cometerán − la pareja debe tener la posibilidad de arreglar las cosas por sí misma, sin que sus padres causen discrepancia entre ellos.

Encontrando un punto medio

Una vez que te das cuenta de las diferencias, puedes conversarlas y establecer una estrategia para lidiar con ellas. Uno de ustedes, o ambos, tendrá que ceder en algunas cosas; si tu matrimonio es sólido y cada uno se siente valorado y querido, podrán arreglar las diferencias.

Si se encuentran discutiendo, es muy importante analizar la raíz del asunto. Las personas suelen discutir y estresarse por cuestiones que, con una pizca de entendimiento, se podrían evitar. (¿Recuerdas mi historia de cerrar la puerta con llave?) Y en un matrimonio en donde ambos provienen de entornos totalmente distintos, pueden surgir grandes malentendidos. Así que cuando surja una situación que te enfurece o te genera frustración, dile a tu pareja que deseas conversar sobre el tema. Encuentra el tiempo en que ambos puedan dialogar con calma y aclarar el punto. La conversación les ayudará a comprender qué está ocurriendo y a buscar maneras de combatir en conjunto la situación generada.

Resulta vital recordar que cada persona tiene algunos principios que le son de suma importancia. Esas son áreas muy difíciles de negociar – podrá ser irracional. Por eso en ocasiones, lo mejor es aceptar las locuras de tu pareja. A quién le importa si ella prefiere lavar sábanas dos veces por semana o si solo utiliza cierta marca de pasta dental. Como dice el dicho, "escoge tus batallas".

De seguro las cosas se tornan bastante difíciles cuando discuten sobre un tema acerca del cual ninguno está dispuesto a ceder. Cuando se llega a semejante situación en que no existe un punto medio, posiblemente lo mejor será buscar una tercera persona – un rabino, un consejero, un amigo o un mentor – que pueda guiarlos para encontrar el enfoque correcto y resolver el asunto.

Muchas parejas vienen de entornos distintos. Si tú y tu pareja poseen diferencias culturales, es importante encontrar un punto medio. No permitas que los conflictos generados a partir de esas diferencias se salgan de control; descubre la raíz del conflicto y de ser necesario, busca ayuda.

16 La Ira y la Crítica Pueden Destruir un Matrimonio

Aún no he hablado acerca de uno de los rasgos negativos que pueden destruir cualquier matrimonio: la ira y su más cercano pariente, la crítica.

Todos peleamos de vez en cuando, bien sea por un asunto delicado que debemos resolver o simplemente porque estamos estresados, una cosa es segura: la ira solo empeora las cosas, inclusive, indignarnos sin transmitir a nuestra pareja nuestro disgusto genera temor y produce distanciamiento; cuando se expresa la ira verbalmente es mucho más destructiva, ¡ni hablar si lo hace corporalmente!

El amor constituye el fundamento de un matrimonio[1] y solo lo puedes conseguir cuando te interesas por la otra persona, compartes con ella, promueves la cercanía entre los dos y muestras empatía a tu pareja. La ira genera exactamente lo contrario, lo único que lograrás al enojarte es ahuyentar a tu pareja, y el resultado final será que la relación no florecerá.

En un matrimonio sano, ambas personas intentan fortalecer la autoestima de su pareja — estar ahí para el otro y apoyarse; con la ira, sucede lo contrario.

Indiscutiblemente me refiero a la

> Definitivamente yo tengo la última palabra en todas nuestras discusiones. Todo lo que viene después es una nueva discusión.

---

1 Ver Capítulo 9, "La Pirámide del matrimonio".

ira que se expresa verbalmente. Estar enojado es de por sí negativo y poco aconsejable en términos espirituales. Pero si uno es capaz de contener su ira y calmarse, no destruirá su matrimonio[2].

Exteriorizar tu rabia y actuar con furia: gritos, insultos, ignorando a la otra persona, rompiendo cosas y con un procedimiento desmedido el resultado sería destructivo.

La pérdida de control no debe ocurrir en un matrimonio, excepto en casos muy específicos y demasiado graves (como cuando la seguridad de una persona está en peligro por negligencia de la otra persona). El daño que puede causar en un matrimonio es evidente y si sucede en público el resultado sería más devastador.

> Sin importar cuan justificado nos parezca, la ira nunca respalda un mal comportamiento. Si no logramos identificar la ira como algo innecesario y perjudicial para el bienestar de la relación, jamás aprenderemos a desistir de ella y dejarla por completo. Esa ira seguirá arruinando nuestra vida y la habilidad de mantener una relación íntima[3].

La razón por la cual la ira produce tanto daño, es porque su presencia interfiere con nuestra habilidad para actuar de un modo racional. Un individuo que no piensa de manera clara puede comportarse de forma hiriente e incluso violenta, pues no tiene control de sí mismo. Un buen ejemplo de esto es "la furia al volante".

La "furia al volante" aparece cuando un conductor le corta el paso a otro y el segundo se ve tan afectado que termina ata-

---

2 Sin embargo, si te percatas que constantemente estás enojado, sería bueno que hablaras con un profesional para descubrir la causa de ello. Incluso si consigues controlarte y no lanzar tu ira a tu familia, se manifestará de otras maneras. Por ejemplo, podría afectar negativamente tu salud o interferir en tu capacidad de lograr tus objetivos de vida.

3 Friedman, *Doesn´t Anyone Blush Anymore?* p. 42.

cando al primero físicamente. ¿Podemos comprender algo tan ilógico? Ciertamente el otro conductor actuó de un modo desconsiderado, pero ¿acaso la víctima debe reaccionar de manera tan dramática y peligrosa?

Es sabido que si la persona a la que le cortaron el paso sintió que su vida estuvo en peligro, su reacción ha sido desproporcionada. Aunque lo haya percibido como una ofensa personal, como si fuera una declaración de guerra, es algo obvio que en realidad no fue así, sino que su ego se interpuso. La persona que le cortó el paso ni siquiera lo conoce. En una relación personal al sentirte atacado por tu pareja, la sensación de sentirte herido es mayor, aunque tu cónyuge nunca haya tenido la intención de herirte, y el efecto podría ser devastador.

Está claro que la ira daña la paz matrimonial. Las peleas, conflictos, críticas y gritos que resultan de nuestra ira debilitan la relación gradualmente. Cuando el matrimonio se convierte en un campo de batalla, empieza a autodestruirse.

> Apenas entra por la puerta, Jack le dice a su mujer, "Sara, apresúrate, alcánzame el periódico antes de que empiece".
> Sara cumple su pedido sin titubear.
> "Sara, apúrate, pásame mis sandalias antes de que comience".
> Ella inmediatamente las busca.
> "Sara, rápido, tráeme un café, antes que empiece".
> Finalmente, Sara no puede aguantar más y grita frustrada, "¡¿Antes de que comience QUÉ?!"
> "Oy vey" dice Jack, "Acaba de empezar".

Vayamos a la raíz del problema

¿Por qué nos peleamos? ¿Es por nuestras diferencias de opinión? ¿Egoísmo? ¿Intolerancia? ¿Problemas económicos? ¿Por no compartir los mismos intereses? ¿Conflicto de valores y ética? ¿Antecedentes distintos? ¿Diferencias culturales? ¿Presión familiar? ¿Trastornos de nuestra infancia que no hemos conseguido superar?

Aunque cada una de estas razones tiene alguna justificación, la verdadera razón de fondo es que tenemos una baja autoestima. Ya sea que se muestre como un complejo de inferioridad, una debilidad emocional o un ego inflado, el resultado se mantiene igual: algo que la pareja dijo o hizo, ofendió a la otra persona y produjo esa reacción de su parte.

Todos hemos nacido con un vacío. Durante la infancia, aspiramos a que los adultos que se encuentran a nuestro alrededor, se ocupen de proveernos de lo que requerimos para construir una autoestima sana y positiva, en realidad no siempre se consigue. Cuando alguien, intencionalmente o no, nos hace sentir mal o inferiores, reaccionamos de manera agresiva.

Incluso puede ocurrir en situaciones triviales del día a día, algo insignificante evoluciona hasta tornarse en verdaderas dificultades que deben resolverse igual, que puntos más serios.

Un amigo se me acercó con una crisis. "¿Puedes creerlo?" Exclamó. "Yo le dije a mi familia que quería pasar el fin de semana en nuestra casa en la playa, mi hija mayor dijo que prefería pasarlo en la ciudad; al día siguiente, logré convencerla de que viniera con nosotros. Antes de llegar a casa para decírselo a mi esposa, mi hija se adelantó y le dijo a mi esposa, "iremos a la playa el fin de semana".

"Mi esposa estaba furiosa, ¿cómo me atrevo a planear el fin de semana con mi hija sin antes hablar con ella?"

"No lo entiendo" concluyó, mientras sacudía la cabeza. "Mi mujer sabía que ese era el plan original y ya había accedido a ir. ¿Por qué se enfureció tanto?"

"Tú pensaste que luego de persuadir a tu hija, no era necesario que consultaras el tema de nuevo con tu esposa", le expliqué. "Tu esposa sintió que esa nueva información debía recibirla de ti. Al llegarle de tu hija, se sintió ofendida, ignorada y herida".

Quizá si su mujer lo hubiera pensado bien, se habría dado cuenta que su reacción era exagerada. ¿Qué diferencia hacía quién le dijera los planes, si de todos modos había aceptado ir? Sin embargo, su ego estaba dominando la función, haciéndole sentir, que su esposo la había irrespetado al no darle la información personalmente. Eso condujo a quejas, acusaciones y dificultades en el matrimonio.

> Un hombre que caminaba por la playa observó a un niño que recogía estrellas de mar y las lanzaba de nuevo al agua. Había miles de ellas esparcidas por toda la orilla; el niño nunca acabaría. El hombre se aproximó al niño, "¿no te das cuenta que tus esfuerzos no harán gran diferencia?"
> El niño arrojó otra estrella de mar y exclamó, "Para ti puede que no haga diferencia, pero te aseguro que para esa estrella, ¡hará toda la diferencia!"

Basta de criticar

Uno de los principales causantes de peleas, discusiones y enojos es la crítica. La gente tiende a criticar fácilmente, bien sea, de forma directa o indirecta, generalmente con buenas intenciones, a las personas les gusta criticar, pero nadie disfruta recibiendo críticas.

> Nada puede crear un mejor ambiente para el hogar, que un marido que se abstiene de hacer comentarios y criticar[4].

Todos sabemos que nos molesta mucho cuando nos señalan nuestras faltas. En la mayoría de los casos, aunque lo digan sutilmente, nos molesta, porque nuestro nivel de tolerancia en

---

4 Arush, *The Garden of Peace*, p.62.

ese sentido es muy bajo.

¿Por qué se nos dificulta que señalen nuestras imperfecciones? ¿No hacemos lo mismo nosotros con los demás? Si nosotros nos la pasamos diciendo a nuestros hijos, amigos y colegas lo que deben hacer para mejorar, entonces ¿por qué nos molesta cuando ellos se comportan de la misma manera?

Cuando criticamos a alguien pensamos que es lo correcto. De hecho, sentimos que le estamos haciendo un favor. Después de todo, la Torá ordena, *"Hojeaj tojiaj et amiteja* – De seguro amonestarás a tu compañero[5]". Siendo así, ¡es una Mitzvá señalar las faltas a los demás![6]

> Cuatro amigos se reunían con frecuencia para tomar un café y se dedicaban a conversar de todo y de nada.
> En cierta ocasión, uno de ellos sugirió que cada uno comunicara sus fallas en voz alta.
> Todos estuvieron de acuerdo en hacerlo. El primero exclamó, "Yo tengo un problema de bebida. Cada noche me embriago hasta caer dormido".
> El segundo declaró, "A mí me encanta apostar. No puedo controlarlo".
> Luego llegó el turno del tercero, "Yo le pego a mis hijos cuando no se portan bien".
> El último de ellos se levantó de su asiento y dijo, "Yo soy un chismoso... ¡ni hablar de todo lo que tengo para decir!".

Sin embargo, cuando estamos del otro lado, nos sentimos atacados y respondemos emotivamente. Intelectualmente comprendemos que puede ser beneficiosos cuando se identifican nuestras debilidades; eso nos puede ayudar a mejorar. No

---

5 Levítico 19:17.

6 En realidad, existen lineamientos precisos en cuanto al modo de amonestar a los demás (incluyendo a nuestros propios hijos), algunas autoridades sostienen que actualmente somos incapaces de amonestar en la forma correcta, por consiguiente, debemos abstenernos de ello.

obstante, a raíz de nuestro instinto, si percibimos que alguien nos quiere ofender, lo atacamos sin pensar.

Todo se reduce a lo siguiente, "Los demás cometen errores, yo solo faltas inevitables".

> ¿Cuál es la diferencia entre una crítica constructiva y una destructiva? La crítica que yo doy es constructiva; la que recibo, destructiva.

Tanto desde un ángulo práctico como desde una perspectiva halájica, toda crítica fuerte debe ser evitada. La única forma en que nuestro mensaje se reciba abiertamente, es que lo transmitamos de manera cálida y amigable[7].

Todos reconocemos que poseemos imperfecciones, muchas veces incluso las admitimos, entonces, ¿por qué tomamos la defensiva cuando alguien nos las señala? ¿Por qué un sutil comentario, sin importar cuán bien intencionado sea, nos parece tan significativo?

El rabino Manis Friedman explica que cuando una persona reconoce que tiene una falta, lo que está diciendo realmente es lo siguiente: "yo soy una buena persona, con una buena personalidad, solo que tengo una o dos cosas negativas. ¿Qué puedo decir? Después de todo soy humano".

Pero, cuando otra persona señala esa misma falla, el proceso mental es el siguiente: *Me están diciendo que no tengo ningún valor. Es como si esta persona solo desea rebajarme y hacerme daño.* La persona se siente atacada. ¿Qué hace uno cuando se siente atacado? Activa su mecanismo de defensa – pelear o huir.

Independientemente de lo trivial que sea el ataque, se trata de mí, mi ego y mi existencia. Cuando yo acepto que poseo una falta, estoy diciendo que soy un ocho de diez, reconozco

---

7   Feldman, *The River, the Kettle, and the Bird*, p. 53.

que no soy perfecto, pero básicamente estoy bien. Sin embargo, cuando lo menciona otra persona, me siento como un cero y eso es demasiado para mí.

En cierta ocasión se juntaron dos amigos para tomar un café.

"Oye Roger, te ves desanimado, ¿qué pasa?"

"Bueno... para serte sincero, acabo de perder diez millones de dólares en la Bolsa de Valores".

"Ah lo siento... debes sentirte terrible".

"Así es... ¡especialmente porque cinco mil eran míos!".

¿Acaso nuestra percepción concuerda con la realidad?

En ocasiones nos enfadamos cuando percibimos críticas, aunque no estén dirigidas a nosotros. ¿A qué me refiero? Tomamos las cosas a pecho aún cuando no hay mala intención de la otra persona.

Un hombre le dijo a su mujer, "la empleada no está colgando mis pantalones como me gusta". Una semana después volvió a decirle lo mismo.

"Veré que puedo hacer", contestó la mujer.

La tercera vez que ocurrió lo mismo, ella se molestó. "¡Ya basta! ¡Te dije que voy a encargarme de ello!".

El marido se echó para atrás de inmediato. "Mi queja es con la empleada. ¿Por qué actúas a la defensiva?"

Es obvio que él no entendió de que su mujer se sentía a cargo del hogar, si algo no estaba funcionando, aunque no fuera directamente su culpa, de todas maneras, la responsabilidad caía sobre ella.

Esta es otra forma de verlo: Cuando uno de tus clientes se queja sobre algún vendedor, no piensas, "*está bien. El no está molesto conmigo*". Lógicamente, el vendedor es un reflejo tuyo y de tu empresa.

Ilustremos esto mismo con otro ejemplo. ¿Cómo te sentirías si estuvieras conduciendo tranquilamente y de repente un joven se cruza en tu camino? No tuviste que frenar en seco, pero aún teniendo la vía te viste obligado a disminuir la velocidad.

¿Te sientes molesto, enfadado?

¿Qué me dices si se tratara de una niña de ocho años? ¿Tendrías la misma reacción emocional?

Si tu respuesta es negativa, entonces, ¿por qué no? ¿Qué diferencia hay?

Cuando el joven cruzó la calle, tu sensación fue que estaba actuando en forma deliberada contigo. Tenías la vía y él tuvo la osadía de cruzarse en tu camino. Pero cuando una niña inocente hace lo mismo, no te sientes amenazado por ella, asumes que cometió un error.

Vemos que cuando sentimos que la acción de esa persona fue deliberada, nos enfadamos. Sin embargo, si utilizamos la razón, nos damos cuenta que la intención del joven no era enfadarnos, tan solo se encontraba absorto en su mundo, o quizá se hallaba impaciente y creyó que podía cruzar antes de llegar ahí. En la mayoría de los casos, no se trata de algo personal – los involucrados ni siquiera se conocen – pero, el conductor estaba convencido de que lo habían provocado.

Esto es muy común en el matrimonio, uno suele exagerar las pequeñeces. Al sentirnos provocados, nos ponemos a la defensiva y acabamos peleando, pero en el matrimonio, el ganador también pierde. No puedes ganar una discusión atacando a tu pareja y esperar que tu relación florezca.

Abe entró a su casa a las ocho de la noche. Su esposa Lea lo esperaba desde las siete y media.

Abe: "hola Lea, ya llegué".

Lea: "hola Abe. ¿Qué pasó, por qué tan tarde?"

Abe: "me agarró el tráfico".

Lea: "pero dijiste que llegarías a las siete y media".

Abe: "te estoy diciendo que me agarró el tráfico".

Lea: "¡esa es una excusa muy débil! Deberías haber salido de la oficina más temprano, sabías que preparé la cena y que toda la familia te estaba esperando".

Abe: "discúlpame, pero no me agrada que me acuses. A veces suceden percances que están fuera de mi control. Me estás tratando como si fuera un niño pequeño que se portó mal, no voy a tolerar semejante actitud".

Lea: "baja *tu* voz; no me gusta que me hables así. Si fueras considerado con tu familia llegarías a tiempo".

Abe: "mi voz *estaba* calmada y yo *no* la alcé, pero ahora *sí* lo haré. Esta actitud de víctima de tu parte, diciéndome que no soy considerado con la familia, es ridícula. ¿ACASO ENLOQUECISTE?"

Lea: "¡deja de gritarme! ¿Cómo osas insultarme de esa forma? ¡Llegas tarde, inventas una excusa barata, desatas un caos en la casa y luego vienes a hacerte el ofendido!"

Abe: "¡tu siempre tienes la razón, nunca te equivocas! Siempre que tenemos una pelea, es mi culpa".

Lea: "¡en este caso eso es seguro! ¡Pudiste haber llamado y avisado que estabas atrasado!"

Abe: "¿acaso quieres que hable por teléfono mientras conduzco? ¡Siempre me regañas por eso! y ¿ahora me dices que debí haberlo hecho? Además, sí pensé en llamarte, pero cuando iba a hacerlo noté que mi batería se había terminado".

Es obvio que si esta escena se repitiera con frecuencia, el análisis sería diferente. Pero en circunstancias normales, el problema real no fue la media hora de atraso de Abe, sino el hecho de que Lea se sintiera ofendida.

En su mente, Lea percibió que ella no era importante para Abe. Sintió que no era una prioridad suya, por eso lo acusó de ser un desconsiderado, un falso y alguien en quien no se puede confiar. Su mayor prueba era que él no la había llamado. De haberlo hecho, todo el episodio podía haberse evitado, su falta de comunicación finalizó en una pelea de treinta minutos que dejó una huella en su relación.

¿Por qué ella se lo tomó tan personal?

Su sentimiento de inferioridad la llevó a pensar que su esposo no la respetaba. Si nosotros nos dejamos dominar por sentimientos de baja autoestima y de ego, somos más susceptibles a enfadarnos con nuestra pareja. Cuando estamos demasiado sensibles a nivel emocional nos sentimos ofendidos con facilidad, eso nos conduce a tomar la ofensiva.

La reacción de Abe frente al ataque de su mujer también vino de su ego. Cuando ella lo enfrentó, se sintió criticado y su reacción natural fue enojarse. Él no consideró que su mujer solo estaba mostrando su ansiedad y preocupación; su primer instinto fue percibirlo como una crítica y eso condujo a una gran batalla entre ellos.

Cierta vez me encontraba conversando con un conocido en un tren. En medio de nuestra charla sonó su teléfono. Escuché cómo le preguntaba a su mujer, "¿a qué película quieres ir?"

La escuché diciendo, "yo conozco la película perfecta" y posteriormente ella dio el nombre.

"Quizá deberías buscar otra", sugirió él.

"Pero me han informado que esa es muy buena", insistió la mujer.

La conversación terminó.

Unos días más tarde me lo encontré de nuevo y le pregunté cómo había sido la película.

"Nos quedamos en casa", dijo él desanimado.

"¿Por qué?" le pregunté.

"Me enfadé con mi mujer porque insistió en ver una película específica, así que terminamos sin salir".

Para mí su actitud no era correcta, yo había escuchado la conversación. Ella no había dicho nada ofensivo, entonces, ¿por qué él se ofendió?

Él sintió que ella estaba siendo muy firme e inflexible, eso lo hizo sentirse inferior.

En ocasiones, se puede evitar un conflicto si uno se abstiene de responder con la misma frustración que la de su pareja. Cuando uno de los dos se enfada, el otro suele responder sin pensar, provocando que una pequeña chispa se torne en un fuego abrasador[8].

Cuando nuestro ego se interpone, muchas de las conversaciones se transforman en una competencia. Ninguno de los dos está enfocado en el tema, sino en su ego. Esto nos ocurre a todos.

En casos como este, nadie resulta ganador.

Cuando una persona tiene la autoestima baja, la más mínima crítica puede ser tomada como una ofensa grave. Incluso si la intención no era criticarnos, puede percibirse como una crítica. Eso conduce a la ira y a la agresión, lo cual destruye el matrimonio.

---

8 Jacobson, *Toward a Meaningful Life*, p. 53.

III PARTE

El Arte de Comunicarse

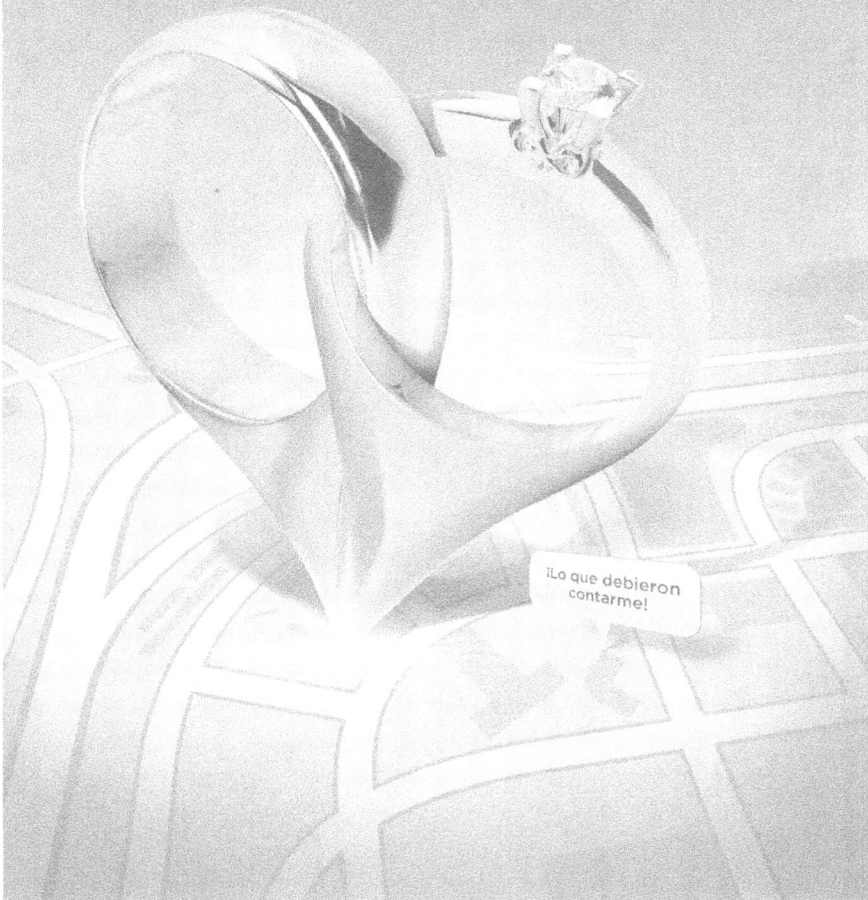

¡Lo que debieron contarme!

17 Paso 1: Manejo de Conflicto

La principal razón de un conflicto es que tendemos a tomarlo todo personal y por ende, de forma automática, adoptamos una postura defensiva. La suma de una baja autoestima y de un ego demasiado inflado, nos produce ira y agresión.

Esto significa que, para esquivar el conflicto, lo primero que debes hacer es cambiar tu modo de pensar. Cuando alguien te critica o tú sientes que te están criticando, debes reemplazar algunos pensamientos, tales como "mi esposa no me respeta" o "mi pareja me está diciendo que no valgo nada", por otros.

¿Cómo debes guiar tus pensamientos cuando sientes que tu pareja te está atacando?

Uno + Uno = Uno

En primera instancia, el concepto de competencia debe ser removido. No se trata de mi contra ti. ¿Puedes descifrar el siguiente acertijo? ¿Cuándo uno más uno equivale a uno? ¿Lo adivinaste? La respuesta es: en el matrimonio.

Tú y tu pareja no son dos entidades separadas, sino una sola. A pesar de que en ocasiones sientas lo contrario, debes reconocer el hecho que ustedes dos son un único ser.

El Talmud[1] explica la Mitzvá de "Ama a tu prójimo como a ti mismo[2]" con el siguiente ejemplo: así como una mano no le

---

1 *Yerushalmi, Nedarim* 9:5.

2 Levítico 19:18.

El marido le dice al terapista: "Estoy pasando momentos demasiado difíciles con mi esposa. No paramos de pelear. Todos los días discutimos por los temas más triviales".

El terapista responde: "Por lo que usted me cuenta puedo ver que anda demasiado estresado. Para soltar esa tensión le recomiendo salir a trotar diez millas cada día. Hágalo y llámeme de nuevo en una semana".

Una semana después el marido llama al terapista: "Terapista, le llamo para agradecerle, al fin mi mujer y yo nos hemos mantenido sin pelear toda la semana".

El doctor le contesta: "¡Eso es maravilloso! ¿Cómo lo logró?".

El hombre responde: "... simple, ¡estoy a setenta millas de mi casa!".

haría daño a la otra, debemos sentirnos del mismo modo con nuestro correligionario judío. Somos una sola entidad y si un judío daña al otro, es igual que si una mano hiere a la otra.

Esto es aún más cierto al tratarse de nuestra pareja. El *Zohar*[3], lo menciona de manera muy enfática. Cuando Di-s expresó Su intención de hacer a la mujer, ella era parte de Adán, Di-s separó a este ser hermafrodita en hombre y mujer. Lo mismo se aplica a todo matrimonio, todos comenzamos con un alma que ha sido dividida en este mundo, el objetivo es que volvamos a unirnos a través del matrimonio.

¿Cómo podemos lograrlo? ¿De qué manera se alcanza tan difícil tarea?

Tu alma gemela es tu ayuda gemela

En lugar de permitir que nuestras diferencias y perspectivas generen una mala comunicación, tratemos de ver cómo

---

3 *Zohar* 1 91b.

nos complementamos mutuamente. Sería ridículo para el piloto de una aeronave considerar al copiloto como un enemigo, porque su trabajo es distinto. Asimismo, en cada compañía, fábrica y empresa, existen gran cantidad de labores, a veces pareciera que se contradijeran, pero la realidad es que todas son esenciales; el departamento de investigación y desarrollo pareciera estar en conflicto con el departamento de presupuesto, sin embargo, ambos son vitales para el éxito de la empresa.

Di-s bendijo cada matrimonio con un integrante masculino y uno femenino. No debemos verlos como dos fuerzas tirando en direcciones contrarias, sino más bien, como dos fuentes de energía que requieren fusionar su poder.

Hace tiempo escuché una explicación brillante de un versículo difícil de entender en la Torá. Di-s declara, "no es bueno para el hombre estar solo, Le haré un *ezer kenegdó* – literalmente, 'una ayuda en su contra[4]'".

La frase "una ayuda en su contra" suena contradictoria. Escuché del rabí Moshé Nidam la siguiente explicación: "Si sientes que tu esposa posee una perspectiva opuesta a la tuya, eso no es malo, es positivo". Aunque a primera vista pareciera que ella actuara en tu contra, la realidad es, que está siendo "una ayuda". Aquella persona que está de acuerdo con cada cosa que dices no necesariamente te está ayudando. El tener a alguien que perciba las cosas desde un ángulo distinto al tuyo, te permite analizar tu perspectiva y perfeccionarla[5].

El punto es que a partir de otorgarnos una ayuda que está "en nuestra contra", Di-s nos concedió la oportunidad de colocar de lado nuestro ego por un momento. Así podremos evaluar la perspectiva de nuestra pareja y decidir cuál es el camino correcto.

---

4 Génesis 2:18.

5 El Talmud declara (*Taanit* 7a) que estudiar la Torá solo es contraproducente. Solamente al tener un compañero puede la persona asegurarse de no estarse engañando. Ese individuo te ayuda a otra perspectiva, motivando de esa manera a que ambos demuestren su punto de vista o reconozcan el argumento del compañero. *"Umitalmidai yoter mikulam* – De mis estudiantes he aprendido más que de mis maestros y colegas", declara el Talmud (ibíd.). Según Rabí Janiná, los desafíos que le planteaban sus alumnos le obligaron a lograr una captación más profunda del tema.

Ganar es perder

Llegó el momento de revelar algo, cuando yo me casé no tenía idea de lo que implicaba realmente el matrimonio. Solía mencionar mi opinión, sin reservas acerca de cualquier tema que surgiera. Venía del mundo de la Yeshivá, uno en el que nos pasábamos prácticamente el día completo analizando partes del Talmud. Cada día tratábamos de demostrar que nuestra comprensión sobre cualquier tema era el correcto; como te podrás imaginar, nuestras mentes eran muy agudas. Cuando se trataba de una discusión con mi esposa, no era una pelea justa.

Al principio de nuestro matrimonio, casi siempre lograba convencer a mi esposa que estaba en lo correcto, esto continuó hasta que cierto día tuve una revelación.

Mi esposa declaró: "tu siempre logras convencerme que tienes la razón, pero eso no me está haciendo sentir en absoluto mejor ".

Desde ese momento comencé a escuchar más su punto de vista. Inmediatamente encontré el valor de ver las cosas desde otro punto de vista. Inclusive, por un tiempo, me dediqué solo a escuchar su opinión ¡sin siquiera considerar la mía!

Uno de los consejos más sabios que he recibido vino de un amigo cercano. Él me expuso lo siguiente: "mi papá me dijo que debo recordar siempre que una esposa no es una *javrutá*".

Una *javrutá* es una pareja de estudio. Cuando dos personas estudian juntas un texto en particular, suelen tener diferentes puntos de vista. El objetivo de la *javrutá* radica en asegurar que ambos discutan y debatan el tema hasta alcanzar una conclusión común.

La persona que está acostumbrada a este vaivén de ideas puede llegar a enfrentar problemas en su matrimonio. La reacción usual cuando uno se enfrenta con otra persona es intentar demostrar que su análisis de la materia es superior. En un matrimonio, esta actitud es negativa y destructiva. Cuando tu mujer percibe que todo se torna en una feroz discusión, ella siente que está en una tertulia de debate y no en una relación matrimonial.

En un matrimonio – casi siempre – aún si ganas la batalla, pierdes la guerra. Ocurre, aunque el perdedor reconozca su error. ¿Entonces, qué podemos decir de aquellas situaciones en las que el perdedor percibe que no es un contrincante hábil con las palabras, pero que en realidad es quien tiene razón? Declarar la victoria en semejantes condiciones no tiene ningún sentido.

En su lugar, es mas conveniente aceptar que no lo sabemos todo y que existen ciertas áreas en las que nos toca aprender, de hecho, nuestra pareja es el instrumento para alcanzar esa meta.

Cuando Di-s nos colocó en este mundo, nos concedió las herramientas para perfeccionarnos a nosotros mismos. Todos los recursos que poseemos y las circunstancias en las que vivimos están ahí para que alcancemos este objetivo, nosotros tenemos que elegir transformarnos en personas de bien. Esto se aplica a todos los aspectos de nuestras vidas.

No se supone que sigamos indiscriminadamente nuestros impulsos, ni que vivamos en función de nuestra naturaleza. Debemos trascender nuestra naturaleza en aras de ser personas que contribuyen a la sociedad y a nuestras relaciones interpersonales – tanto las que tenemos con otros seres humanos, como nuestra conexión con Di-s, todo esto forma parte integral del plan Divino.

Para lograr esto, debemos activar nuestro proceso racional, en lugar de permitir que nuestras emociones e instintos nos dominen. El matrimonio nos ayuda con esto.

Sé racional

Nuestros sabios nos dicen que el *yetzer hará* (inclinación al mal) entra a nuestro cuerpo al nacer, mientras que nuestro *yetzer tov* (inclinación al bien) termina de entrar al alcanzar la edad de bar/bat Mitzvá, sin embargo, parecería lo contrario. La mayoría de nosotros asociamos a los niños pequeños con atributos como la inocencia y la bondad, mientras que la adolescencia parece ser un período en que los jóvenes luchan contra sus hormonas y contra el deseo de involucrarse en influencias negativas.

La explicación de esto reside en que nuestro *yetzer tov* está vinculado con nuestra capacidad racional, gracias a esa facultad, podemos alterar nuestra naturaleza y actuar de un modo distinto. Al escuchar nuestra parte cognitiva y racional, podemos volvernos mejores personas.

Hasta la edad de bar/bat Mitzvá funcionamos básicamente instintivamente. Posteriormente aprendemos a utilizar el intelecto para cambiar. Esto no sucede repentina ni automáticamente, pero a esas alturas ya hemos adquirido la capacidad para lograrlo. Y no existe un mejor escenario para ejercitar esa aptitud, que en el hogar junto a nuestra familia[6].

Una noche, alrededor de las diez, un amigo me llamó diciendo, "debo hablar contigo".

"Por favor, ven a mi casa de inmediato", le respondí.

A los pocos minutos llegó y era evidente que se encontraba enojado, muy enojado.

Acababa de tener una fuerte discusión con su esposa. Así como un gran incendio se genera desde una pequeña chispa, similarmente su pequeña discusión había desencadenado una tremenda guerra entre ellos. "Quiero el divorcio" – exclamó él.

Luego de mantener una extensa conversación, noté que se hallaba más calmado, lo cual fortaleció mi esperanza. Sin embargo, justo en ese momento reiteró su intención de solicitar

---

6 El *kohén gadol* (sumo sacerdote) debía estar casado para ser un candidato para realizar el servicio del Templo en Yom Kipur, el día más santo del año. ¿Por qué? Obviamente esta es una ley bíblica que estamos obligados a obedecer, la entendamos o no, pero Rashi sugiere que se necesita una familia para poder verdaderamente sentir compasión por otro. Existe otra posible respuesta, el *kohén* debía obtener el atributo de la humildad para poder despertar las bendiciones de Di-s. Quien es soltero no posee suficientes oportunidades para lograr este nivel. Solo alguien casado, que tiene que considerar a otra persona en su vida, puede alcanzar la humildad requerida para servir como representante de la nación judía.

el divorcio, así que decidí utilizar el As que guardaba bajo la manga.

Ese hombre era religioso, le pregunté lo siguiente, "¿esa decisión de divorciarte proviene de tu *yetzer tov* (inclinación a lo bueno) o de tu *yetzer hará* (inclinación a lo malo)?" En otras palabras, ¿estaba él pensando con cordura o permitiendo que sus emociones lo manipulen?

"Muy probablemente venga de mi *yetzer hará*", admitió él.

"*Nu*," respondí. "¿y qué opinas de eso?"

"¡Creo que en esta ocasión concuerdo con mi *yetzer hará*!", replicó con una leve sonrisa.

Gracias a Di-s la crisis había pasado, y él estaba listo para regresar con su esposa y tratar de enmendar las cosas.

Di-s desea que alcancemos la paz del hogar. Cuando enfrentamos conflictos y dificultades que generan un deterioro en el matrimonio, es solo a causa de las fuerzas destructivas que desean que el mundo sea gobernado por el caos. El *yetzer tov* – nuestra parte racional – es el que debemos activar en nuestra relación matrimonial. Es natural querer velar por las necesidades propias. No obstante, debemos emplear nuestra capacidad cognitiva para considerar las necesidades y perspectivas de la otra persona.

Un joven religioso se casó en la semana previa a Pesaj (la Pascua). Ese año, la pareja pasó *yom tov* (el día festivo) con la familia de la esposa, todo iba de maravilla. El *Seder* era placentero, el ambiente muy alegre, la energía electrizante, hasta que su suegra sirvió la sopa.

Mientras que el joven recién casado consumía la sopa, percibió algo que flotaba en la superficie, se aproximó al plato y vio, para su desagradable sorpresa, que se trataba de un grano de trigo. ¡Un grano de trigo dentro de una sopa caliente implica que esa sopa no es apta para ser ingerida en Pesaj!

El joven enloqueció. ¿Cómo podían sus suegros ser tan descuidados? Se levantó de la mesa y salió como una bala, toda la familia se asombró, ¿cómo puede habernos pasado esto? Ellos siempre realizaban el máximo esfuerzo para que todo estuviera impecable antes de la fiesta. Todos estaban doblemente tristes; por haber transgredido la santidad de la fiesta y por no saber cómo este percance afectaría la relación de los recién casados.

Al día siguiente, el joven y su suegro fueron a la sinagoga. El rabino se percató de inmediato que algo no estaba bien, se acercó al padre de la joven y el padre le contó lo que había ocurrido.

Cuando terminaron el rezo, el rabino invitó al recién casado a su despacho para conversar, él inmediatamente aceptó. Ciertamente, ya estaba considerando pedir el divorcio. Después de narrar todo lo que había ocurrido, el rabino le pidió al joven que le prestara su *shtreimel* (sombrero de piel), lo volteó y muy suavemente lo golpeó contra la mesa varias veces, después alzó el sombrero, ambos vieron algunos granos de trigo sobre el escritorio.

En aquel tiempo, las personas solían arrojar granos de trigo al novio antes del casamiento, era un modo de bendecir a la pareja para que tengan una extensa familia. Al parecer, algunos de esos granos, habían quedado en su sombrero y cuando se inclinó para tomar la sopa, un grano cayó en su interior[7].

En el matrimonio, casi siempre culpamos a la otra persona de nuestros errores. Pero en realidad, ¡vienen de nosotros! Se requiere de humildad para aceptar que no somos perfectos y reconocer el hecho de que nuestra pareja está ahí para ayudarnos a perfeccionar nuestro carácter.

Di-s nos creó con el objetivo de que perfeccionemos nuestras almas. Cada paso que damos en esta vida – el lugar en que vivimos, el trabajo al que nos dedicamos, la persona con quien nos casamos – juega un papel en ese plan.

---

7   Rabino Paysach Krohn, *Around the Maggid's Table* (Mesorah Publications, 1989).

Nuestra pareja es nuestro ayudante. Si aceptamos que Di-s nos otorgue una pareja para ayudarnos a perfeccionarnos a nosotros mismos, dejamos de sentirnos atacados cuando nos critican. La escucharemos con mente abierta y valoraremos seriamente su opinión.

18 Paso 2: No es lo que Dices, sino Cómo lo Dices

Si alguien te preguntara quién inicia la mayoría de las peleas en tu matrimonio, muy probablemente responderías, "mi pareja". ¿Cómo es posible que en la mayoría de nuestras discusiones seamos las víctimas? Es imposible argumentar que en todo matrimonio la otra persona es siempre culpable. Tendría mucho más sentido suponer que el 50% de las veces uno tiene la culpa y el otro 50% es culpable la pareja, o quizá 70/30, pero ¿cómo es posible que ambos integrantes de la pareja aseguren que entre el 85% y el 95% de las veces, la culpa es del otro?

> Papá: "No puedo creer que hayas golpeado a tu hermano en el estómago".
> Hijo: "Esa no fue mi intención, él se volteó"

La realidad es que en una discusión hay *dos* partes: el que inicia y el que reacciona. Un miembro de la pareja hizo o dijo algo y el otro respondió de forma errada, generando en el otro, una reacción similar y la pareja continúa en esa sintonía. Así va y viene y cuando menos lo esperan, se desata una guerra inmensa.

¿Quién comenzó?

Uno de ellos sostiene que fue la otra persona quién inició todo, por reaccionar de un modo demasiado agresivo a lo que él dijo o hizo. El otro argumenta que es culpa del que lanzó el ataque inicial.

¿Qué pueden hacer para detener este patrón negativo?

Respuesta Equivocada

¿Cómo te sientes cuando le dices algo a una persona y ella te responde con gran énfasis, "¡claro, eso es tan obvio!"?

Probablemente te hace sentir como un tonto. Esa persona te está diciendo que lo que recién mencionaste es de conocimiento público y que ni siquiera hacía falta decirlo. Lo que quiere decir, es que, *si fueras inteligente, lo sabrías.*

No es nada agradable que se dirijan a ti de ese modo, y te dan ganas de responder con el mismo tono, quizá mostrando algo de sarcasmo y tomando una actitud defensiva. Generalmente las personas logran ignorarlo, y aunque resulte molesto, es preferible evitar la discusión antes de tratar de demostrar a la otra persona su insensibilidad.

Pero, ¿qué ocurre cuando la otra persona continuamente hace esta clase de comentarios, tratándose de un buen amigo o de nuestra pareja? Puede causar una pelea, porque es hiriente que una persona cercana se comporte insensiblemente o no nos demuestre respeto.

Sería preferible que no dijeran nada, o que, en lugar de decir, "¡eso es tan obvio!" optar por decir, "creo que he escuchado eso antes" o "parece una idea interesante, tiene sentido". La respuesta original, "¡claro, eso es tan obvio!" es condescendiente. Las alternativas que hemos citado, si bien implican lo mismo, presentan un tono más respetuoso.

La mayoría de las veces, las discusiones no ocurren a causa de *lo que* dices sino de *cómo* lo dices.

Seguramente estás pensando, *"¡claro, eso es tan obvio!"*

Por obvio que suene, en realidad pocas personas consiguen dominar esta fórmula. Estamos tan acostumbrados a expresarnos de cierto modo, que no nos percatamos realmente de qué estamos diciendo o de qué manera. Ese es el catalizador de la mayoría de nuestras discusiones.

Me encontraba aconsejando a una pareja que enfrentaba dificultades matrimoniales. Cada vez que los veía, hablábamos del mismo tema y en cada ocasión terminaban discutiendo. Ella lanzaba una acusación y él respondía agresivamente. Aunque él reconocía que su reacción no era la indicada, le costaba mucho controlarse pues sentía que su mujer lo estaba provocando. Ella por su parte no estaba dispuesta a aceptar que la reacción de su marido se debía a cómo le decía las cosas.

La manera en que nos expresamos puede iniciar una pelea, como evitarla. Cuando los demás perciben que estamos molestos responden en el mismo tono, si uno manifiesta su solicitud con calma, es probable que reciba una reacción similar.

Por lo tanto, es buena idea que consideres cómo le dirías las cosas a tu pareja si no estuvieras en conflicto, para lograr expresarte correctamente. Descubrirás que al saber elegir tus palabras con sabiduría sin dejarte dominar por la frustración del momento, es la clave para conseguir la respuesta que deseas.

Cuando planteas una petición o expresas alguna crítica, es posible que te sea de utilidad aplicar lo que yo llamo, "el Método Sandwich". La idea es básicamente colocar tu solicitud en medio de dos cumplidos.

Por ejemplo, comienza la conversación diciendo algo como, "es agradable que siempre la cena está lista cuando llego".

Seguidamente hazle saber tu deseo, "me gustaría que trataras de recoger la ropa en la tintorería los jueves, para evitar correr el viernes a la tarde".

Finalmente expresa otro cumplido, "me doy cuenta que siempre intentas complacerme", o, "de verdad aprecio como haces todo con rapidez".

Así no, sino de otra forma

Al comunicarte con tu pareja (o con cualquier otro individuo) debes estar pendiente de tres cosas:

✧ Tu tono de voz
✧ Tu lenguaje corporal, y
✧ La estructura de la oración

Las palabras que escoges, usualmente afectan tu tono de voz y lenguaje corporal. ¿Te imaginas decir en tono irritante y con un lenguaje corporal agresivo?, "apreciaría que recogieras tus medias". Aunque estés diciendo algo totalmente sencillo, si lo pronuncias en un tono agresivo, el receptor se sentirá amenazado.

Veamos algunos ejemplos y tratemos de pensar cómo nos sentimos cuando alguien nos critica y cuánto desearíamos que lo dijera de un modo distinto.

"¿Por qué te estacionaste torcido?"

"¿Por qué llegaste tan tarde?"

"¿Por qué dejaste las luces encendidas?"

"¿Por qué dejaste la toalla en el suelo?"

"¿Por qué la basura sigue aquí?"

"¿Por qué los niños están fracasando en el colegio?"

"¿No puedes ser más organizado?"

"¿No puedes ser pulcro?"

"¿No puedes escuchar?"

"¿No puedes dejar de quejarte?"

¿Cómo te sentiste al leer estas preguntas? La mayoría de las personas se sienten amenazadas, en especial, si se lo dicen con un tono fuerte y un lenguaje corporal tenso.

La mayoría de esos puntos no son exagerados. Es totalmente normal pedir a una persona que sea organizada, que no se queje, que recoja su toalla del piso, que saque la basura y que ayude a sus hijos con las tareas escolares. El problema es que estas peticiones se están planteando como si fueran ataques. Semejante forma de hablar no va a generar la respuesta deseada, sino todo lo contrario, provocará que la persona esté a la defensiva, enfadada y llena de resentimiento.

Veamos algunas alternativas para plantear estos puntos:

"Preferiría, si es posible, que te estaciones cerca de la acera, pues de otro modo me preocupa que un carro pase muy cerca y raye el carro".

"Me agrada que cenemos en familia, ¿podrías tratar de venir a tiempo a casa?"

"¿Me harías el favor de apagar las luces?"

"¿Puedes por favor recoger la toalla del suelo?"

"Sería grato si sacaras la basura".

"Me parece que los niños podrían necesitar más apoyo con sus labores escolares, ¿podemos hablar del tema?"

"Me causa frustración no poder encontrar algo, ¿qué podemos hacer para organizar mejor la casa?"

"Me agrada cuando haces un esfuerzo por ser pulcro".

"Siento como si no me escucharas".

"No me gusta el modo en que te diriges a mí. Sé bien lo que debo hacer y ciertamente lo haré cuando me sea posible".

Aunque estas frases transmiten el mismo contenido que las anteriores, estoy seguro que tu reacción a ellas fue muy diferente.

Fíjate que en el primer caso todos los puntos estaban enfocados hacia el otro, en tanto que en la segunda lista el enfoque es en uno mismo. Es decir, en lugar de decirle, "¿no puedes *tú* sacar la basura?", le dices, "*yo* apreciaría que sacaras la basura". En vez de "¿no puedes *tú* escucharme?", dices, "*yo* siento que no *me* escuchas".

Entonces en lugar de decirle, "*Tú* eres un conductor irresponsable", dile, "*yo* apreciaría mucho que trates de conducir más lento y con más cautela".

En vez de decir, "¿por qué *eres* tan descuidado con el dinero?", dile, "es importante para *mí* que nuestro dinero se controle como corresponde".

En lugar de decir, "es obvio que no *te* importan mis sentimientos", di, "*yo* necesito saber que mis sentimientos son importantes para ti".

La diferencia entre ambos casos es que en el primero das

la impresión de atacar o culpar a tu pareja, mientras que en el segundo suena como solicitud o necesidad. En vez de insinuar que la persona está haciendo algo mal, estás diciendo que tú tienes una necesidad que debe ser respetada.

Cuestión de causa y efecto

Uno de mis ejemplos favoritos para ilustrar esta idea está relacionado con el manejo.

Los hombres en Panamá (incluyendo al autor de este libro) tienden a conducir muy rápido. Nos apresuramos para entrar a un carril o salir de otro y solo frenamos cuando estamos prácticamente encima del otro automóvil. Siempre que eso ocurre, la mujer se muerde los labios hasta no poder tolerarlo más.

"¡Cuidado!" exclama ella con todas sus fuerzas, "¡mira al frente!".

¿Cuál es la reacción del conductor? Usualmente le contesta agitado, "¡cálmate!".

Si lo mismo ocurre una segunda vez, la mujer de nuevo expresa su preocupación con firmeza, "¿PODRÍAS, POR EL AMOR DE DI-S, BAJAR LA VELOCIDAD?"

La respuesta de uno es casi automática, "LA PRÓXIMA VEZ MANEJAS TÚ".

Ahora cambiemos los personajes: imaginemos que un niño pequeño ocupa el asiento trasero. Su padre conduce el automóvil como si se tratara de un auto deportivo, el niño exclama, "¡papi, por favor ten cuidado!".

¿Crees que el padre utilizará las mismas expresiones y el mismo tono de voz que usó con su esposa? Por supuesto que no. ¿Qué hará? Seguro reducirá la velocidad, entonces ¿por qué se enfada tanto cuando es su mujer quien le dice lo mismo?

Cuando mi hijo alza la voz y me grita, "¡cuidado!", me resulta obvio que está asustado, no se trata de mí sino de él. En ningún momento está insinuando algo negativo acerca de mi manera de conducir, el niño solo está preocupado y siente temor y como buen padre, voy a disminuir la velocidad para calmarlo y hacerle sentir seguro.

Las palabras de mi esposa pueden sonar del mismo modo, pero yo asumo que su intención es muy distinta, cuando mi esposa exclama, "¡cuidado!", yo lo tomo como, "eres un desconsiderado y un irresponsable. ¿Acaso no ves que nos estás colocando en peligro?".

¿Es eso lo que ella dijo? Explícitamente no, pero sí indirectamente. Así como el niño, el pasajero adulto también se siente asustado. Sin embargo, al venir de él, inevitablemente implica un concepto de crítica en cuanto al modo en que el conductor está actuando y poniendo a otro en peligro con su proceder. El conductor no necesariamente asume que esa declaración está motivada por el temor del pasajero, más bien, lo percibe como un ataque y crítica hacia él.

En otras palabras, mi pareja está transmitiéndome dos mensajes al decirme que tenga cuidado (aún sin ser esa su intención) y yo solamente escucho uno de ellos. ¿Cuáles son?

1. Estoy asustada.
2. Eres un descuidado.

¿Qué es lo que yo percibo? Que me están criticando. No tomo en cuenta que quizás ella pueda estar atemorizada; mi mecanismo de defensa se activa de inmediato y le respondo de forma agresiva.

En cambio, si mi esposa se expresara utilizando palabras como "yo" o "me", no lo vería como un ataque, "por favor baja la velocidad, me estoy poniendo nerviosa".

Indiscutiblemente las palabras que elegimos conducen la reacción. Si logramos transmitir nuestra petición sin atribuir que nuestra pareja es descuidada o imperfecta, conseguiremos un éxito mucho mayor — y seguro habrá menos enfrentamientos entre nosotros.

Cuando alguien hace o deja de hacer algo que nosotros deseamos, solemos criticarle, eso genera un estado emocional que puede llevar a la persona a decir algo que posteriormente pueda arrepentirse. Al responder de forma emocional en lugar de racional, reducimos el efecto de la crítica que estamos presentando. Cuando sientas que debes criticar a alguien, asegúrate de hacerlo desde un enfoque racional, no emocional[1].

No hay duda de que muchas peleas pueden evitarse aplicando la regla de oro: habla con tu pareja, no hables a tu pareja. Hablarle a tu pareja implica un ataque, en vez de eso, habla con ella y explícale el modo en que *tú* te sientes.

Pregunta a tu conyugue si se siente identificado/a con este concepto. Intenta analizar las últimas discusiones que han tenido y fíjate si puedes reconocer este patrón, luego piensa qué cambio puedes realizar para evitar malentendidos.

> Las palabras que uno elige afectan la reacción del otro. Un ataque con tono de voz y palabras desafiantes, hace a la otra persona sentirse amenazada y responder de un modo similar. En su lugar, habla en un tono suave y usa frases que inicien con "yo" y "me". No olvides decir "por favor" y "gracias".

---

1 Twerski, *The First Year of Marriage*, p. 59.

19 Paso 3: Detente Antes de Empezar

En el capítulo anterior hemos hablado de la importancia de escoger las palabras adecuadas para evitar dar inicio a una discusión. Pero, ¿qué ocurre cuando tu pareja se rinde y dice las palabras equivocadas? Se olvidó de elegir cautelosamente sus palabras y modular su tono de voz. ¿Es el fin? ¿será imposible evadir la batalla?

Para nada. Tu reacción sigue siendo tu decisión: tú escoges evitar la pelea o decir algo que inevitablemente la iniciará.

Esto es Guerra

Palabras de Sabiduría: el mejor consejo para alguien que se encuentra bajo el agua es que mantenga la boca cerrada. Similarmente, una conversación que está mal encaminada debe ser cortada de raíz.

Lo que ocurre usualmente, es que optamos por pelear los quince asaltos completos o hasta que uno derribe al otro. Eso es porque una vez que contraatacas, la discusión se convierte en una cuestión de ego y orgullo, y se transforma en un enfrentamiento que precisa de un ganador y un perdedor.

> Cuando mi mujer y yo discutimos, yo siempre tengo la última palabra: ¡sí, mi amor!

Aquel que admite que se equivocó… es un "perdedor".

Ambos integrantes de la relación sienten que deben convencer al otro de tener la razón. Aunque aún no hayan logrado convencer a su pareja, están seguros que, en esta ocasión, será distinto y sí podrán hacerlo. *De una vez por todas, mi pareja tendrá que rendirse y aceptar que estoy en lo correcto.* Entonces se torna en una cuestión de: "yo tengo razón y estoy dispuesto a pelear para demostrarlo. Si no me planto firme, entonces seguramente vas a sacarme ventaja".

Cuando no frenamos un poco, estamos propensos a estrellarnos fuertemente. Algunas parejas que conozco se ponen agresivas al iniciar la batalla y van directo a la yugular. Cada uno siente que debe ganar a como de lugar. Cuando la discusión finaliza, están al borde de matarse el uno al otro.

Una vez que la discusión se convierte en una guerra a mano armada, ya ni siquiera importa de qué se trata la pelea, tenemos la tendencia de ignorar lo que la otra persona plantea. Sólo nos enfocamos en cómo ganar el enfrentamiento. Todo pensamiento acerca de la armonía conyugal, de "estamos juntos en esto" y de encontrar soluciones, lo arrojamos por la ventana.

El que es más perspicaz logra mantenerse al margen y no permite desde un principio que lo induzcan a la pelea. Quizá tu pareja lanzó el ataque inicial, pero si le contestas recaerá sobre ti igualmente la culpa de haber incitado la batalla; saber cuando frenar la conversación, es lo que te facultará evitar que la guerra se intensifique. Para decirlo de otro modo, la mejor manera de tener la palabra final en una discusión, es diciendo, "tienes razón", pero decirlo sinceramente y no con sarcasmo. De inmediato uno suspende todo el resentimiento y la furia, abriendo la puerta para obtener una discusión pacífica entre ambos.

En teoría esto parece sencillo, ponerlo en práctica suele ser difícil.

Demasiadas Oportunidades... para Discrepar

Cuando me casé era inocente e ingenuo. No tenía idea de que el matrimonio presentaba ciertos desafíos. ¿Qué podía ser tan difícil? Tenía muchos amigos, era muy sociable, por eso creía que el matrimonio sería fácil de manejar.

Ese no fue el caso. Descubrí rápidamente lo desinformado que estaba acerca de las implicaciones de una vida en pareja; mi ego se veía desafiado con frecuencia. En ocasiones discutíamos sobre temas de cultura; lo que para mí era aceptable, mi esposa lo veía como algo inaudito – y viceversa. Según mi apreciación, mi pareja era la responsable de exagerar, inclusive, pasó por mi mente que ella estaba tratando de manipularme (lo cual, obviamente, no era cierto).

Estaba consternado. Yo era el único hijo varón entre siete mujeres, me sentía experto en todo lo relacionado a la mujer, pensaba, que no habría ninguna sorpresa. Luego aprendí que una esposa no es lo mismo que una hermana.

Si bien hay ciertas similitudes, también hay muchas diferencias. Había menos asuntos territoriales con mis hermanas, no compartíamos una habitación, era fácil evitar discusiones asociadas a la limpieza y los espacios. Reforzar los puntos positivos, que es algo fundamental en la relación de pareja, no forma parte del día a día entre hermanos. Además, no tienes que compartir con tus hermanas las decisiones importantes referente a los hijos, el hogar, las cuentas, las vacaciones, los vecinos, el presupuesto y miles de otros factores que no se presentan en la relación entre hermanos.

Lo que más me perturbaba era que la mayor parte de los desacuerdos con mi esposa se presentaban, no por las cosas más importantes y trascendentes, sino por cuestiones insignificantes. ¿Por qué peleábamos por cuestiones triviales? Me incomodaba asumir esas discusiones de manera personal. ¿Qué importancia tenía que mi mujer me preguntara por qué llegué tarde, o me reprochara por olvidar algo? ¿acaso era tan inmaduro que tenía que reaccionar cada vez que había una mínima indicación de que mi esposa estaba descontenta con mi comportamiento?

Ocasionalmente esto aún me incomoda, pero he llegado a aceptar el hecho de que somos seres humanos vulnerables. Puede que demos la impresión de tener una fuerte armadura, pero la realidad es que puede ser penetrada con facilidad. La mayoría de las personas poseen una autoestima muy frágil y cuando se sienten atacadas, automáticamente adoptan la ofensiva.

Si aplicamos el tercer paso – dejar de hablar – podremos ahorrarnos una gran cuota de dolor.

Detenlo Antes que Comience

Usualmente, un malentendido comienza con un leve ataque al ego. La respuesta no tarda en llegar y así la pareja entra en modo de "yo también puedo responder". De ahí llegan a "yo puedo ser igual de rudo que tú, si es lo que quieres". Sin duda, esto es lo que ocurrirá a menos que uno de los dos detenga la conversación en el momento adecuado.

Cambiar un neumático es mucho más simple que reparar un automóvil que está considerado como pérdida total. Si la conversación se detiene cuando el daño todavía es mínimo, no habrá necesidad de rescatar el carro de un desastre.

Esto me recuerda a una visita que le hice a un miembro de la comunidad que tenía un matrimonio difícil, ambos tenían personalidades fuertes y eran muy tercos. Hasta donde se me había informado, solían estar a la par en su actitud desafiante. Luego que el marido me explicara en detalle la situación, le sugerí lo siguiente: "Ben, ¿por qué no tratas de aplicar esta sencilla regla? Cuando sientas que tu pareja se expresa de un modo ofensivo, simplemente mantente en silencio".

"Rabino", respondió él, "eso es justo lo que hago. Cuando mi mujer se dirige a mí de modo agresivo, dejo de hablarle".

Antes de que pudiera felicitarlo por su actitud o siquiera tratara de entender la raíz de su mala relación, él continuó, "… por un mes".

Ahí mismo terminó nuestra conversación, era demasiado y no pude evitar la risa, aunque en realidad no se trataba absolutamente de algo gracioso. Esta pareja, al igual que muchas otras, estaba sufriendo del síndrome de "no puedo observar la realidad desde otro punto de vista". Cada uno de ellos no alcanzaba a comprender cómo el otro no se percataba de lo acertada que era su opinión.

Imagina por un momento que eres el CEO de una corporación y que tu vicepresidente es un empresario excepcionalmente capaz. El éxito de la compañía se debe principalmente a sus ideas y aportes, sin embargo, él sufre de un mal temperamento y cada jueves se sale de sus casillas. ¿Qué harías, te desharías de él o sencillamente lo ignorarías los jueves?

El secreto para interactuar con una pareja que está de mal humor o estresada, consiste en salir de su camino. Si tu pareja suele tener una explosión emocional cada cierto tiempo, aprende a ver un panorama más amplio y no te enfoques en esos pequeños deslices. Nunca cometas el error de tomarlo como algo personal.

Esto no implica que debas ignorar a tu pareja o desentenderte de sus sentimientos, no permitas que esa explosión te coloque a la defensiva. Más bien, cuando tu pareja comience a atacarte y a enumerar todas tus fallas, desde el día en que naciste, evade la ofensiva; bajo ninguna circunstancia, te le enfrentes. En vez de contraatacar, dile, "lo que dices parece importante, pero no me parece que este sea un buen momento para analizarlo. No te estoy ignorando, sencillamente no deseo discutir. Vamos a conversar cuando estemos más calmados los dos".

En cierta ocasión, a un hombre lo retaron para competir en un duelo. En el momento acordado, llegó un sirviente, transmitiendo el siguiente mensaje al contrincante, "será un honor aceptar el desafío y enfrentarme contigo en un duelo. Si no llego a tiempo... empieza sin mí".

Si tu esposa te reprocha, sigues teniendo la posibilidad de prevenir una pelea: en lugar de contestarle, solo tómate un momento y dile que estás dispuesto a hablar cuando los dos estén más tranquilos.

20 Paso 4: Reparando la Cerca

ientras me encontraba en medio de la redacción de
esta obra, conocí una pareja que parecía tener una
buena relación matrimonial. Sin embargo, al ob-
servarlos detenidamente noté que en realidad su situación era
problemática.

El problema radicaba en que uno de ellos, había decidido
emplear extremadamente la regla de no responder; es decir,
que cuando había algún malentendido, el esposo se mantenía
en silencio y ahí terminaba todo. Si bien esa técnica resultaba
exitosa para detener el conflicto, el esposo no estaba contento.
Él sentía que no tenía ni voz ni voto en el hogar y que su mujer siempre se salía con la suya. Cuando ella exteriorizaba una
rabieta él desistía de inmediato y lentamente su resentimiento
se fue incrementando y afectó negativamente su relación.

Precisamente por este motivo resulta primordial aplicar la
tercera regla: aprende a corregir lo que has dicho.

Descartar los resentimientos

Lo indeseado también ocurre a los más competentes, porque, cuando nos encontramos bajo estrés, los sentimientos positivos se evaporan y actuamos deplorablemente; nos expresamos de forma desafiante y provocativa, forjando una respuesta
ofensiva y ninguno de los dos tiene la fortaleza o el valor para
finalizar la discusión.

Ahora bien, ¿qué podemos hacer? ¿Acaso es posible reconstruir el puente después de haberlo derrumbado?

Toda pareja ha experimentado alguna situación en la que se han preguntado, "¿y ahora qué?" Se les dificulta creer que después de todo lo que se han dicho, sea posible reconstruir el vínculo entre ellos. Ciertamente un puente que ha sido derrumbado es muy difícil de reconstruir. Si los amigos discutieran como lo hacen algunas parejas, muy pocas amistades perdurarían.

¿Cuál es la verdadera diferencia entre ambos tipos de relación? ¿Por qué motivo un malentendido puede terminar la relación entre dos amigos, y sin embargo, tratándose del matrimonio. estamos dispuestos a seguir adelante? Aunque me gustaría decir que la respuesta es "compromiso", en realidad se trata de "interés personal". Los riesgos son demasiado elevados, hemos invertido demasiado en esta relación como para renunciar a ella y es por eso que optamos por no renunciar.

> "Sabes David", dijo Jack a su amigo, "me casé con Sara por su mirada... pero no la que me está mostrando últimamente".

¿Pero qué ocurre con la pelea? ¿Qué hacemos con la herida que le ocasionamos a nuestra pareja? ¿No debería uno tratar de enmendarlo, o sencillamente hay que esconderlo bajo la alfombra?

La mayoría de las veces, eso es justamente lo que la pareja decide, ambos temen que la discusión se prolongue y ocasione daños irreparables, por eso escogen tragarse sus sentimientos y comportarse como si nada hubiese sucedido; a algunas personas le toma una hora, otras, tardan un par de días, mientras tanto siguen adelante con su vida.

En una relación a corto plazo, esta técnica puede llegar a funcionar. Sin embargo, si proyectas conservar tu matrimonio, es una actitud enfermiza e insostenible, se convertirá en una bomba de tiempo. En el caso que mencioné antes, la pareja no

discutía, porque el marido había elegido no entrar al cuadri-
látero, no obstante, lentamente se estaba llenando de resentimiento hacia su esposa y estaba desgastando la fibra interior
que los mantenía unidos.

Una computadora saturada de información colapsa. Entre
más resentidos estemos, más nos aguantamos y más grave será
la explosión posterior y más difícil el arreglo de la situación,
por eso debemos tener la capacidad de descartar los resentimientos. ¿Cómo funciona para un matrimonio? Debe haber
un modo de descartar y eliminar todo resentimiento.

El gran dilema consiste en que, si ambos miembros de la
pareja se encuentran enfadados y cada uno cree tener la razón, ¿cómo pueden resolver las cosas? ¿Acaso deben mentirse?
¿Cada uno debe decirle al otro, "perdón, me equivoqué", con
el fin de mantener la paz en casa? ¿Es práctico?

Semejante actitud no será beneficiosa, terminará generando los mismos resentimientos que tenía el esposo que solía
mantenerse en silencio, y ambos se sentirán como víctimas.

Tu manera no siempre es la mejor

La mejor manera, o quizá la única, de eliminar lo que ocurrió antes es, enfocar las cosas desde el ángulo de la pareja.
Una vez que comprendas por qué ella se sintió víctima, puedes
perdonar y olvidar. Lo apropiado sería, "por favor explícame
qué te hizo actuar así, permíteme entender tu punto de vista".

Tener el valor y la fortaleza para reconocer que quizá tu
pareja sea la víctima de lo acontecido y no tú, puede ser un
verdadero desafío, porque implica que eres tú quien cometió
el error. Aceptar la culpa y tomar la responsabilidad puede ser
algo humillante, pues se trata de un golpe directo a la frágil
imagen de uno mismo.

Evadir la culpa es habitualmente un reflejo natural del individuo. Si estás negando con la cabeza, esa es una prueba más
de lo que estoy diciendo. Muchos de nosotros haremos hasta
lo imposible para evadir la culpa.

Supongamos que la cuenta de la electricidad no se pagó y tu pareja te pregunta ¿por qué? Quizás inventes una excusa como "no vino en el correo", o "yo envié el cheque, pero ellos se confundieron", "¿por qué no me recordaste antes?", "estoy abrumado", "el bebé se sentía mal", o cualquier otra excusa; podrías decir, "lo olvidé", ´pero sería una confirmación de tus defectos que afectaría la autoestima.

¿Puede uno reconocer el punto de vista de la otra persona, sin que eso dañe su autoestima?

La clave es recordar que, en la mayoría de los casos, no existen verdades absolutas. Hay al menos dos aspectos. Ser el culpable no representa un error absoluto, solo relativo, muchas veces los dos integrantes de la relación son culpables, cada uno se siente víctima en su propio mundo. Eso no significa que solamente uno de ellos tenga la razón; más bien se trata de cómo decide, cada quien, enfocar los hechos. Aceptar el punto de vista de la otra persona implica reconocer que, desde su perspectiva, él o ella está en lo correcto.

En otras palabras, no tengo problema con decir "lo siento" con respecto a cierta discusión, aunque sigo pensando que no soy yo el que originó la pelea; todo lo contrario: estaba respondiendo a su ataque inicial. Quizá si no hubiera alzado la voz, el conflicto no se habría intensificado; eso demuestra que, aunque no tengo toda la culpa, tengo parte de ella.

Este modo de pensar nos permite mantener intacto nuestro sentido de valor personal, y así logramos transmitir a la pareja un sincero arrepentimiento.

> Cuando se está lidiando con un malentendido, es importante ceder, no permitir al orgullo interferir. Muchos creemos que tomar la iniciativa y buscar reconciliarse es un signo de debilidad; la realidad es que hacerlo demuestra auténtica fortaleza[1].

---

1 Jacobson, *Toward a Meaningful Life*, p. 53.

Ver las cosas desde el otro lado

Permítanme dar un ejemplo. Un hombre llama a su esposa y le pide que recoja la ropa en la tintorería. "Tengo una reunión importante con el CEO de una conocida empresa y quiero vestir mi mejor traje", expresa.

"No hay problema, será un placer hacerlo", es su respuesta.

El marido llega a casa y no ve su traje. "Querida, ¿recogiste mi traje?".

"Di-s mío, lo olvidé", exclama ella. "¡No puedo creerlo!"

"¿Tú no puedes creerlo? ¡Yo no puedo creerlo! Te llamé temprano para pedírtelo, ¿cómo lo olvidaste?

"Que mal me siento", declara ella.

"¿Podrías explicarme cómo se te olvidó algo tan importante para mí?"

"Es que me ocupé y se me escapó de la mente".

"Semejante excusa es inaceptable, si hubiera sido importante para tí no lo habrías olvidado".

"Tu acusación está fuera de lugar", responde ella, "sí era importante para mí, pero lo olvidé".

El hombre no está dispuesto a ceder: "tú haces lo que es importante para tí, pero lo mío lo dejas en segundo plano".

"¡Basta!" explota ella, "no tienes que amonestarme así, te estoy diciendo que se me olvidó".

"¿Ah, entonces tú eres la víctima? Primero ignoras mi pedido y ahora quieres actuar como si yo fuera el malo de la historia".

"¿Qué me dices de la vez que te pedí recoger mis aretes nuevos y se te olvidó hacerlo?"

"¿Cómo te atreves a formular semejante comparación? Yo trabajo arduamente en la oficina el día entero para poder proveer todas tus necesidades, mientras que tú sencillamente te pasas el día en casa, seguro que tienes el tiempo para ir a la tintorería".

"¿En verdad piensas que ir a la oficina es más difícil que

cuidar a los niños, ir al doctor, hacer las compras, pagar las cuentas, preparar la cena y asegurarse de que la ropa esté limpia?"

"Pobrecita", dice él, "es obvio que trabajas demasiado… no te da el tiempo para nada… eres una completa esclava…"

"¡Basta ya! Detesto que seas sarcástico. Esto es un abuso verbal y no estoy dispuesta a tolerarlo más. ¡Si prefieres, yo voy al trabajo mientras tú te quedas en casa!"

¡Increíble hasta dónde se puede llegar por olvidar un simple traje! ¿Pudiste distinguir quién tiene la razón?

Esta pregunta se la he formulado a muchas parejas y casi siempre la respuesta es, "la culpa la tiene la mujer, debió haberse acordado de recoger el traje".

¿Qué piensas tú? Indisputablemente todo comenzó por su error, pero la pelea es culpa de ambos. ¿A qué me refiero? Está bien, a la mujer se le olvidó recoger el traje, pero ¿acaso su esposo cree que lo hizo intencionalmente? Si ese es el caso, entonces su matrimonio está en serios problemas[2].

En una relación sana, el marido se daría cuenta de que su mujer no actuó premeditadamente, sencillamente cometió un error, se le escapó de la mente. ¿Acaso él nunca ha olvidado algo? E incluso, si es tan organizado que jamás olvida nada, en una pareja los dos no tienen que ser iguales, esa no fue una de las condiciones en su compromiso, y seguramente hay cosas en las que es él quien falla.

Si el esposo hubiera reconocido que se trataba de un error y hubiese dejado de proyectar su frustración, la pelea habría cesado de inmediato. Sin embargo, él se negó a ceder y eso

---

2 El Talmud (*Guittin* 90a) discute en qué circunstancias está permitido divorciarse de la mujer. Según una opinión, el simple hecho que ella le queme la comida es suficiente motivo. Parece exagerado, ¿sólo porque la mujer queme la comida se justifica que su esposo se divorcie? De más está decir que ningún rabino permitiría a alguien divorciarse por esa causa. Hace algún tiempo escuché la siguiente explicación al respecto: lo que nuestros sabios están diciendo es que existe suficiente razón de divorcio si ella quema *su* comida, no *la* comida. En otras palabras, si se trata de un acto de malicia. Sin embargo, si uno de los integrantes de la pareja cometió una equivocación, eso en definitiva no justifica divorciarse.

generó una respuesta defensiva por parte de su mujer. A nadie le agrada ser atacado, en especial cuando se trata de un olvido.

En conclusión, ¿quién cometió la primera falta? La mujer. ¿Quién cometió la segunda? El hombre. Es decir, que ambos se equivocaron.

No es mi intención culpar al esposo por su reacción, creo que todos podemos sentirnos identificados con su enfado. Desde un enfoque religioso, la ira debe ser evitada del modo que sea, no obstante, no siempre lo conseguimos; el esposo no fue capaz de contenerse y siguió agrediendo a su mujer y ella perdió la paciencia. Si su esposa fuera una santa, no se habría molestado. Muy pocas personas lo son (y no debemos esperar que lo sean), así que en la mayoría de los casos, las personas no toleran las críticas.

Está claro que se trata de una situación con dos direcciones; ambos pueden argumentar que, la otra persona es la culpable; por consiguiente, si son sensatos, podrían rectificar y fortalecer su enlace.

Imagina que tu pareja te empujara, ¿cómo reaccionarías? Seguramente estarías molesto, anonadado, resentido y frustrado; son reacciones naturales frente a una provocación.

Pero qué pasaría si ella dijera, "siento mucho si te enfadaste, la verdad es que estabas parado encima de mi dedo y el dolor me hizo reaccionar de ese modo".

Una vez que entiendes que su agresión fue una respuesta natural frente a algo que tú iniciaste, es mucho más sencillo perdonarla. Así es que debemos ver a nuestra pareja cuando discutimos. No es que nos esté tratando de herir intencionalmente, solamente está reaccionando a algo que hemos hecho. Si los dos analizamos fríamente la situación, no reaccionaremos de esa forma.

Al poco tiempo de casarnos, mi esposa y yo nos mudamos a Panamá, mis funciones y obligaciones religiosas como rabino de la comunidad Ashkenazi acaparaban mi tiempo y cuando nació nuestra hija, mi esposa se encargó totalmente de su crianza.

Cierto día, mi mujer me preguntó si podía cuidar a la bebé, ella necesitaba hacer un mandado y me aseguró que no le tomaría más de una hora, sin duda alguna acepté y llegué a casa a la hora acordada.

Gracias a Di-s esa hora transcurrió sin ninguna eventualidad, pero al terminar la hora mi esposa no apareció, en esa época no existían los teléfonos celulares, era imposible contactarla. Al pasar quince minutos, empecé a ponerme ansioso, pasaron diez minutos más y realmente me molesté. Ella me había pedido cuidar a la bebé por una hora y ya había pasado casi hora y media, ¡no respetaba mi horario!

En ese punto la bebé comenzó a llorar y mis nervios se alteraron. Era obvio que tenía hambre. ¿Dónde estaba la madre? Yo debía estar de regreso en la oficina y sin embargo, me encontraba atrapado en el rol de mi esposa.

Quince minutos más tarde ella llegó, ya se podrán imaginar la increíble bienvenida que tuvo.

"¿Dónde andabas?", pregunté. "¿Por qué no regresaste a tiempo? Esto en verdad no es justo. ¿Qué estuviste haciendo hasta ahora?".

No recuerdo cuál fue su respuesta, pero sin duda no olvidaré la lección que recibí:

"Yo me encargo de cuidar a nuestra bebé todos los días, mientras tú estás en la oficina. Si una vez tuviste que tomar parte en mis labores y yo volví tarde, eso no es grave. Compara una hora de tu día con todo el tiempo que yo le dedico a nuestra bebé".

Ella estaba en lo correcto y yo cedí de inmediato. ¿Cómo podía enfadarme con ella por hacerme pasar treinta y cinco minutos más de lo planeado con la bebé, si ella solía hacerlo durante todo el día? Además, ¿por qué no habría de darle el beneficio de la duda? Evidentemente que no se había demorado a propósito.

Algunos argumentarían que yo tenía razón: mi esposa

acordó un tiempo determinado y se atrasó bastante, yo tenía otras cosas que hacer. Pero al enfocarme en su rutina, noté que *también* ella tenía razón. Yo no tenía derecho de enfadarme por haber cuidado a la bebé treinta y cinco minutos más de lo acordado, pues ella lo hacía las veinticuatro horas del día.

Dar el primer paso

La parte más difícil es dar el primer paso. ¿Quién debería ser el primero en pedir disculpas y reconocer su falta? El segundo desafío es cómo evitar futuras confrontaciones.

Cada pareja debe establecer cómo manejarlo, es importante reconocer que a nadie le agrada dar el primer paso, porque, siente que eso lo convierte en el culpable de la situación y aplasta su ego. Sin embargo, tenemos que aceptar que ambos somos: inocentes como culpables. Desde mi punto de vista tengo la razón, pero desde su posición soy yo quien ha errado. Mi autoestima no se ve afectada cuando procedo a corregir las cosas, no significa que sea un fracasado. Sencillamente reconozco que hice algo que la ofendió y lo siento; se trata de un acto de valor, no de debilidad.

Saber calcular los tiempos es fundamental. Reconocer tu falta puede estar en contra tuyo si alguno de ustedes, o ambos, todavía está enfadado. Es necesario esperar un tiempo para que la situación se enfríe, sin embargo, uno no debe ignorar lo ocurrido, sino solucionarlo. ¿Cuándo es el momento indicado para ello? ¿Acaso es primordial hacerlo antes de irse a dormir? Se dice que una de las reglas básicas del matrimonio es que nunca debes acostarte estando molesto con tu pareja. ¿Es esa una regla inquebrantable? ¿Acaso es tan grave esperar hasta la mañana siguiente?

En términos prácticos, si no se rectifican las cosas antes de acostarse, uno no puede dormir. Lo que es aún más serio, es que entre más se espera, más grave es el daño que sufre la relación. Uno puede llegar a reñir y no debe permitir que esa discusión defina su matrimonio, en especial, si se tiene una buena relación. No permitas que una pelea arruine lo que has logrado. Si no pueden decirse el uno al otro que lo sienten, demuestra que no saben poner su matrimonio en perspectiva, y las pequeñeces interfieren en el cuadro completo.

No es mala idea aplicar esa regla: si peleas un día, asegúrate de no irte a dormir sin pedir perdón a tu pareja. Eso no implica que lograrás analizar todo antes de dormir, pero está bien, porque has dado un paso significativo en el proceso de reparar la cerca entre ambos. Puedes convenir un momento del día siguiente o de la semana entrante para hablar del asunto una vez que estén calmados.

> Nunca vayas a la cama enfadado, mejor quédate despierto y lucha.

Reconciliarse o reiniciar la batalla

Si escoges dejar de lado el argumento por el que están discutiendo, ¿qué piensas que va a pasar cuando el tema renazca?

Mientras intentes ver el punto de vista de tu pareja, podrás confrontar el problema. Pero si de nuevo intentas demostrar que tienes la razón, reiniciarás la batalla y empeorarás las cosas.

Uno de los consejos más increíbles que he utilizado y que constantemente sugiero a los recién casados es, establecer reuniones semanales para conversar sobre todo lo concerniente a la relación. Es preferible debatir en un ambiente tranquilo; el objetivo de la reunión es mejorar el matrimonio. Algunas parejas deben lidiar con diversas situaciones, especialmente, en la etapa inicial de su enlace matrimonial, es fundamental conversar bajo una atmósfera de paz y calma.

De acuerdo a mi experiencia, resulta beneficioso realizar estas reuniones fuera del hogar, quizás ir a cenar o salir a caminar juntos y conversar.

Cuando la pareja toma la decisión de sentarse a conversar

exclusivamente acerca de su relación – lo que cada uno piensa, qué cosa quisiera cada uno del otro que cambiara y la manera que podrían ayudarse el uno al otro – evitarían angustias y estrés innecesario.

A veces las personas se dicen a sí mismas: *no debería agitar las aguas*, y prefieren no lidiar con temas delicados; esta actitud es contraproducente, pues con el tiempo todo saldrá a flote y cuando suceda, será como si un tsunami se hubiera desatado inesperadamente, devastando los cimientos de su relación.

En otras palabras, ¿por qué esperar a caer enfermo para ingerir vitaminas fortificantes?

Debes tener en cuenta que hay temas muy sensibles (como el que la familia de uno esté interfiriendo en el matrimonio, o algún trauma de la infancia que ha revivido y está profundamente arraigado), ante esta situación, deben recurrir a una tercera persona, bien sea, un rabino o un profesional. No debemos tratar de resolver situaciones que se encuentran fuera de nuestro alcance.

¿Qué pasará si no dedicas un tiempo para hablar esas cosas?

Recuerdo que una vez al inicio de mi matrimonio mi mujer me dijo, "¿por qué dejas siempre las puertas abiertas?"

Lo primero que pensé fue, *¿de qué me está hablando?, ¿qué puertas? Seguramente se refiere a la principal.* Me di cuenta que usualmente yo empujaba la puerta para cerrarla, si la empujaba con energía sonaba muy fuerte, decidí cerrarla con suavidad para no hacer ruido. A veces la puerta quedaba entreabierta, vivíamos en un edificio de tres pisos y conocíamos a los vecinos, por eso no me preocupaba si no estaba bien cerrada

Cuando mi mujer me reclamó por dejar la puerta abierta, pensé para mis adentros, *¿cuál es la gran cosa si a veces la puerta principal no se cierra? ¿Por qué le incomoda tanto eso?*

Cuando le expresé mi pensamiento en voz alta, su respuesta fue, "no me refiero a la puerta principal, si no a todas".

Ahora sí no tenía idea de qué me estaba hablando. "¿A qué te refieres? ¿Quieres que cierre la puerta de nuestra habitación?"

"No, me estoy refiriendo a todas las puertas".

"¿Puedes explicarme de qué hablas?", le pregunté.

Ella contestó, "tienes la costumbre de abrir el closet para sacar algo y dejar la puerta abierta, si abres el armario de la cocina para buscar un vaso, también dejas la puerta abierta".

"Debes estar alucinando", le respondí. "Eso no puede ser verdad". En serio yo no pensaba que era cierto, pero de todos modos exclamé, "como aparentemente no me doy cuenta cuando hago eso, te pido que la próxima vez que ocurra me lo muestres en el acto".

Durante los días que siguieron, pude ver exactamente a lo que ella se estaba refiriendo, por alguna extraña razón, tenía el hábito de hacer justamente eso. Se trataba de algo que le molestaba a mi esposa, pero mi cerebro no lo registraba.

Cuando logré darme cuenta, empecé a corregir mi falta, no me resultó fácil librarme de esa rara costumbre. De hecho, hasta el sol de hoy trabajo en ello. Créanlo o no, aún no estoy "curado", pero lo controlo mucho mejor que antes.

Lo que más me sorprendió fue que durante tres años completos, mi mujer nunca me lo hubiera mencionado. Si hubiera apartado un tiempo para conversar oportunamente sobre algunos temas de nuestro matrimonio, me habría enterado de esto mucho antes.

Si no lograste evadir una discusión, no significa que todo esté perdido. Pueden hacer las paces, permitiéndose ver la perspectiva del otro y disculparse. Asegúrate de apartar un tiempo para conversar acerca de todos los temas, para evitar futuras confrontaciones.

21 Cuando la Crisis se Desata

El objetivo de esta obra consiste en que las personas logren una mejor comprensión sobre los desafíos que conlleva el matrimonio, y en darles las herramientas necesarias para consolidar su relación matrimonial. Las ideas expuestas son prácticas y relevantes para la mayoría de las relaciones, los que utilicen estas técnicas podrán beneficiarse, Di-s mediante, en todos los aspectos de su vida conyugal.

Estas ideas están propuestas para ayudar a quienes afrontan problemas "comunes". A veces puede presentarse una crisis – una persona enferma en la familia, una dificultad financiera, un hijo rebelde, un caso legal o cualquier otro episodio traumático Di-s guarde; en estas condiciones se requiere de un esfuerzo mayor para que las estrategias funcionen, por el simple hecho de que la situación se ha vuelto más difícil[1].

Muchas veces una crisis une a la familia, y así debería ser. Cuando nos enfrentamos a una situación complicada, individual o familiar, la respuesta natural es unir esfuerzos para combatirla. Sin embargo, la tensión que le genera a la persona el tener que lidiar con difíciles desafíos, puede romper su espíritu y afectar negativamente sus relaciones interpersonales.

Si se trata de un problema a corto plazo, posiblemente hará que la pareja se una más, pero si se extiende demasiado y se transforma en una carga para los dos, puede resultar muy perjudicial.

---

1 Por supuesto que si se trata de un abuso físico o emocional -Di-s libre- entonces la persona debe buscar de inmediato ayuda profesional.

Cuando la Presión Persiste

Como hemos mencionado previamente, la razón por la cual un matrimonio es complicado, es debido a que cada uno de los miembros, siente que su ego y autoimagen se encuentran en constante riesgo. Lo que mi pareja dice, bien sea con su lenguaje corporal como con su tono de voz, se puede traducir en la mayoría de las veces, como: "Mi inteligencia/bondad/capacidad/disponibilidad están siendo cuestionados", lo que suele generar una respuesta defensiva u ofensiva.

Esto es cierto, aunque no existan presiones externas en la vida del individuo; pero si la persona está lidiando con una situación delicada, la más mínima señal de un ataque, se magnifica, al punto de ser percibida como una declaración de guerra; nos volvemos hipersensibles. En esos casos, la pareja debe esmerarse al máximo para evitar cualquier crítica y menospreciar a su pareja.

Pedimos a Di-s que nunca nos coloque a prueba, pero el judaísmo nos enseña que cuando lo hace, nos concede la fortaleza y aptitud para sobrellevarla.

Cuando estamos atravesando un momento difícil, es de gran ayuda considerar que podemos manejarlo. Al mismo tiempo, es fundamental que mantengamos nuestro espíritu en alto y nos aferremos a la fe, debemos hacer hasta lo imposible para mantenernos optimistas y entusiastas. ¿Cómo lograrlo si la situación es demasiado oscura?

Esto se logra cuando reconocemos que todo proviene de Di-s y que el objetivo de esa crisis, es que nos fortalezcamos y demostremos nuestro potencial. Esta es la mejor actitud que podemos adoptar en tiempos difíciles.

Podemos Hacerlo

Un miembro de mi familia, que maneja una institución de Jabad en California del Norte, contó la siguiente anécdota

Cuando terminó de dar una de sus clases, uno de los participantes se le acercó y le dijo: "Rabino, con su nivel de concentración seguro que usted podría romper una madera con la palma de su mano". "No creo que eso sea posible", respondió el rabino. "Nunca he hecho algo semejante en mi vida, sin embargo, estoy dispuesto a intentarlo".

"Rabino, usted puede hacerlo; cualquiera puede. Lo único que se requiere es estar convencido que lo puede lograr".

El hombre trajo un pedazo de madera, el rabino realizó su primer intento y casi se rompe la mano.

"El problema es que usted estaba viendo la madera y pensando en lo imposible que es romperla, por eso, inconscientemente frenó su mano en el último momento; lo que debe hacer es imaginarse que la madera no existe y tratar de cruzar la palma de su mano a través de ella".

Nuevamente el rabino se preparó y con un fuerte grito lanzó su mano contra la madera, en ese momento escuchó el ruido de la madera quebrándose, lo había logrado.

Similarmente, si nos lo proponemos, podremos superar toda dificultad que se nos presente y alcanzar el creci-

Todos los días un leñador iba al bosque, cortaba madera y la traía de regreso a la ciudad para venderla, el leñador ya estaba envejeciendo, y después de tantos años el trabajo se le hacía muy pesado y le costaba cargar la madera de regreso a la ciudad.

Cierto día en medio del invierno, no pudiendo ya soportar la tarea, dejó caer los maderos al suelo y exclamó al Cielo, "Di-s, libérame de esta carga y reclama mi alma para que regrese a mi hogar original". En ese momento se le apareció el ángel de la muerte. "¿Me llamaste?" le preguntó. El hombre lo miró de frente y exclamó, "gracias por venir, ¿me puedes ayudar a levantar mi carga?"

miento espiritual requerido. Aunque es muy difícil aceptarlo y pareciera imposible lograrlo, el judaísmo asegura que es así.

Di-s creó el mundo y Él tiene un plan maestro, es evidente que cuando una persona se enfrenta a una dificultad, tiene la capacidad de resolverla. Todos sabemos lo absurdo que es contratar a alguien para una tarea que no puede hacer. Como Di-s creó el mundo con un objetivo y Él siempre controla todo, es obvio, que también nuestros desafíos forman parte de ese plan. Si ese es el caso, sin duda alguna tenemos las herramientas para superar el problema.

Por más difícil que resulte admitirlo, tenemos la capacidad para superar todas las pruebas que surgen en nuestra vida.

En una época en que los judíos tenían prohibido poseer terrenos, así como, ejercer ciertas ocupaciones, dos hombres de nombre Moshe, solían contrabandear mercancía de Polonia a Rusia para venderla en el mercado negro. A uno se le conocía como el Gran Moshe, debido a que sus operaciones eran en gran escala, y el otro era reconocido como, el Pequeño Moshe, porque negociaba en menor escala.

Cierto día le informaron al Pequeño Moshe que habían confiscado su mercancía, estaba arruinado. ¿Cómo iba a pagarle a todos sus acreedores? Era demasiado y el hombre se desmayó. Cada vez que lo revivían él preguntaba si lograría recuperar su mercancía, cuando le respondían que no, se volvía a desmayar.

Finalmente, la familia optó por pedir un consejo al tercer Rebe de Lubavitch, *ZY"A*[2]. El Rebe dijo, "díganle que los bienes decomisados no eran suyos, si no del Gran Moshe". Al escuchar esto, el Pequeño Moshe se recuperó.

Al poco tiempo se demostró que la mercancía confiscada era en efecto del Gran Moshe. Los jasidim preguntaron al Rebe cómo lo sabía. El Rebe respondió, "nuestros sabios enseñan

---

2 Menachem Mendel Schneerson (1789-1866) Conocido como el Tzemaj Tzedek. Reconocido sabio de la ley Judía y enseñanzas místicas y autor de más de 60 volúmenes de pensamiento Judío.

que Di-s nunca pone a la persona una prueba que no pueda superar[3]. Percibí que el Pequeño Moshe, no tenía la capacidad para resistir semejante pérdida; evidentemente hubo un error y la mercancía decomisada pertenecía al Gran Moshe".

Cómo Ayudar A Tu Pareja Durante Una Crisis

No quiere decir que cuando tu pareja se está recuperando de una cirugía, un trauma, o una tragedia, debes decirle, "supéralo, todo viene de Di-s". Esta reflexión debe servirte para manejar tu propia crisis, pero cuando se trata de ayudar a otro, en especial a tu pareja, tu labor principal consiste en mostrar empatía: "no me imagino por lo que estás pasando, sé que debe ser muy duro. Estoy aquí para ti". Posteriormente, con mucho cuidado y gran sutileza, puedes fortalecer a la persona, transmitiéndole esperanzas y dándole ánimo.

La Torá nos cuenta el conmovedor episodio entre Yosef y Biniamin cuando los hermanos se reencontraron después de veintidós años. El versículo describe que Yosef lloró en el cuello de Biniamin y Biniamin en el suyo[4]. Rashi comenta que cada uno estaba llorando por la destrucción que tendría lugar en el territorio del otro: Yosef lloraba por la destrucción de los dos *Batei Mikdash* (Templos Sagrados) situados en territorio de Biniamin; mientras que, Biniamin derramó sus lágrimas por la destrucción del *Mishkán* (Tabernáculo) establecido en el terreno de Yosef.

El Rebe de Lubavitch, *zy"a*, pregunta, "¿por qué los hermanos no lloraron por su propia desgracia?"

Su respuesta fue la siguiente: cuando la persona tiene una dificultad se esmera por resolverla, no se pone a llorar, busca la raíz del dolor e intenta resolver el problema. Pero cuando tu compañero sufre, lo primero que debes hacer es compenetrarte

---

3 Midrash, *Bamidbar Raba* 21:22.

4 Génesis 45:14.

con su dolor y no tratar de justificar su padecimiento[5].

La Mishná declara en Pirkei Avot, "juzga a cada persona de un modo favorable[6]". Una vez que juzgo a mi compañero de esa forma, todo lo que me resta es sentir su dolor y acompañarlo en su pesar.

Lo mejor que uno puede hacer por su pareja cuando ésta se encuentra en medio de una crisis, es demostrarle que se está a su lado. No lograremos remover su dolor, pues no podemos saber en verdad por lo que está pasando. Cuando el individuo se percata que estamos con él y se siente acompañado, podemos transmitirle ánimo y decirle que sin duda él tiene la capacidad para superar el desafío.

Confía en que puedes superar todos los desafíos.

---

5 *Likutei Sijot*. Vol. 10, p. 146.

6 *Avot* 1:6.

Conclusión

Un comerciante llamado Jaim realizó un viaje de negocios a un lugar muy lejano, acompañado de Berel, su mano derecha, el viaje resultó un total éxito, el negocio les generó una inmensa fortuna. Desafortunadamente, al jefe lo atacó una terrible bacteria y, al no disponer de los equipos médicos necesarios, estuvo al borde de la muerte. El hombre pidió un pedazo de papel para estampar sus últimas palabras y esto fue lo que escribió:

> A mi querida familia,
> Me duele mucho que mi vida termine a tan temprana edad, he escogido a mi hombre de confianza Berel, para que se encargue de mi herencia. Declaro enfáticamente que lo que Berel desee, se entregará a mi familia sin titubear. Los amo.
>
> Firmado por, Jaim Goldstein

Berel estaba devastado con la noticia del fallecimiento de su jefe. Organizó un entierro digno y luego emprendió el regreso a su casa. Durante el viaje se dedicó a pensar en su nueva responsabilidad, específicamente, la de repartir las riquezas de Jaim.

En principio dividió el patrimonio entre la viuda y sus hijos, en partes iguales, él se quedaría con el cinco por ciento como compensación por su labor. Al poco tiempo Berel cambió de opinión y sintió que lo justo sería recibir lo mismo que ellos, debido a que estuvo muy cercano a Jaim.

Mientras continuaba su viaje, Berel repasó las instrucciones de Jaim nuevamente. Si Jaim hubiese deseado que su familia recibiera la misma cantidad que él, entonces lo habría especificado claramente. *En la carta se entiende que Jaim quiere que yo retenga todo el dinero y lo maneje para su familia.*

Cuando Berel llegó a casa se dirigió a la familia de Jaim y les dio la terrible noticia. Cuando finalizó la *shivá* (período de duelo), les mostró la carta que Jaim había dejado. El mensaje revelaba que Berel tenía autoridad total sobre la herencia. "¿Qué has decidido?" le preguntaron a Berel.

> Dos viejas amigas se encuentran después de varios años. "¿Cómo estás?", pregunta Lea a su compañera. Mirna responde, "bien, ¿sabías que me casé?" Lea contesta, "no sabía, que bueno. ¿Qué tal es tu marido?" Mirna responde, "es un ángel". Lea contesta, "eres muy afortunada, el mío aún vive".

Para su consternación él respondió, "pienso quedármelo todo".

Los hijos estaban indignados, ¿cómo pudo su padre hacerles esto? ¿Cómo fue tan tonto como para confiar toda su riqueza a su gerente?

De inmediato partieron a la oficina del rabino para pedirle consejo. Le presentaron los hechos y le revelaron el inmenso desengaño que los embargaba. El rabino escuchó con atención, pero no sabía qué hacer. Al parecer no había solución; por alguna razón desconocida, el padre había dejado el control de todo a Berel y Berel tenía la potestad de quedárselo.

El rabino dijo: "llámenme mañana y volveremos a hablar". El rabino sabía que tenía que haber gato encerrado, Jaim había sido un hombre sabio y muy dedicado a su familia. Nunca habría cometido el error de dejarle todo a su gerente.

A la mañana siguiente el rabino citó a Berel y a la familia de Jaim a su despacho. Pidió ver la nota original y prosiguió a leerla cuidadosamente. "queridos amigos", declaró el rabino, la nota dice claramente que "aquello que Berel desee le será entregado a mi familia".

"Berel, ¿qué deseas?" preguntó el rabino.

"Yo deseo quedarme con todo, el dinero que Jaim tenía y lo que ganamos en el último viaje que hicimos juntos".

La familia esperaba lo peor y efectivamente parecía estar sucediendo.

Viendo ambos lados, el rabino exclamó, "yo dictamino que la familia de Jaim se queda con todo".

"¿Cómo es eso posible?" gritó Berel. "¡Eso va en contra de la Ley! La carta dice claramente que se deben seguir mis deseos sobre la manera de dividir la herencia".

"Estoy cumpliendo con la voluntad que expresó Jaim en la carta", insistió el rabino. "Dice que lo que Berel desee se entregará a su familia. TU, QUERÍAS TODO, ASÍ QUE ESO ES JUSTAMENTE LO QUE SE ENTREGARÁ A LA FAMILIA, ¡TODO!".

Berel se percató de su enorme codicia al querer quedárselo todo, reconoció la habilidad del rabino y se marchó muy decepcionado, los hijos entendieron la astucia de su padre; sospechaba, que Berel podía ocultar lo que habían ganado en el viaje y diseñó un plan para poner a prueba su honradez.

Este mensaje es genial para un matrimonio: *Aquello que quieras, dáselo a tu pareja.*

¿Qué es lo que todos queremos? Que nos respeten, nos hagan cumplidos, nos aprecien, nos amen, nos entiendan, nos acepten como somos y nos complazcan… eso mismo debemos hacer por nuestra pareja.

Hemos discutido distintas técnicas e ideas para consolidar nuestro matrimonio. En resumen:

- Reconozcan sus diferencias.
- Observen el punto de vista de su pareja.
- No tomen las cosas de forma personal.
- Encuentren actividades que puedan realizar juntos.
- Háganse buenos amigos, no solamente compañeros

matrimoniales.

- ⊕ Enfóquense en aquello que puedan hacer por su pareja.
- ⊕ No hagan cálculos sobre quién hace mayores sacrificios en la relación.
- ⊕ Miren la vida desde el punto de vista de su pareja.
- ⊕ Eviten ser egocéntricos. Sean humildes y flexibles.
- ⊕ Solo observen las cosas positivas del otro.
- ⊕ Hagan a su pareja sentir que es su prioridad.
- ⊕ No den por sentada a su pareja.
- ⊕ Esfuércense – las cosas buenas no ocurren por ósmosis.
- ⊕ Expresen de forma clara sus necesidades.
- ⊕ Toda esposa debe tener intereses que incrementen su autoestima.
- ⊕ Háganse un espacio semanalmente para hablar acerca de su matrimonio y de cómo mejorarlo.
- ⊕ Recuerden que es parte de su misión Divina lograr la paz en su hogar.
- ⊕ Trátala como a una reina y tú a él como a un rey.
- ⊕ Dense más retroalimentación positiva y menos negativa.
- ⊕ Halaguen a su pareja con cumplidos.
- ⊕ Recuerden siempre su compromiso de un matrimonio a largo plazo.
- ⊕ Intenten alcanzar un amor incondicional.
- ⊕ Eviten aquellas facetas de la personalidad de su pareja que no le agraden.
- ⊕ Acepten a su pareja tal como es.
- ⊕ Entiendan las diferencias que se generan por las distintas culturas, comunidades y familias de las que ambos proceden y hagan lo posible por resolverlas.
- ⊕ Traten de que sus padres no se interpongan en su matrimonio.
- ⊕ Eviten, a toda costa, criticar o enfadarse.
- ⊕ Trabajen en equipo.
- ⊕ Absténganse de hablar de forma amenazadora entre us-

tedes.
- ⊕ Si se presenta una discusión, tomen un descanso y pospongan la conversación hasta que ambos se encuentren más calmados.
- ⊕ No escondan las cosas bajo la alfombra. Resuélvanlas.
- ⊕ De ser necesario, busquen ayuda profesional.

Antes de finalizar, quisiera discutir un poco más este último punto. En ocasiones uno requiere de ayuda profesional o de algún amigo para mejorar la comunicación de la pareja, una tercera persona puede ser de mucha ayuda para encontrar las soluciones apropiadas.

¿Por qué es útil la participación de un tercero? Es mucho más sencillo comunicarse por email o messenger, que cara a cara, uno está menos expuesto y por ende es más fácil evitar peleas. Por este motivo, la terapia de pareja puede resultar efectiva. Tratar de resolver uno mismo la situación, implica estar enfocado en ganar la discusión y no escuchar el punto de vista de la otra persona; al hablar con un terapeuta se logra poner más atención en corregir lo que está fallando en la relación.

Desafortunadamente, en las primeras sesiones, cada uno está tratando de convencer al terapeuta de que tiene la razón, y resulta difícil avanzar. Pero si uno acude a terapia con la actitud adecuada – para descubrir en qué estamos equivocados y qué podemos hacer – en la mayoría de los casos, el matrimonio mejora.

Como dice el dicho, "si piensas que la educación tiene un alto precio, intenta la alternativa (ignorancia)". Para que un matrimonio funcione y tenga éxito, hay que realizar un gran esfuerzo, la alternativa del divorcio es mucho peor.

Como padres haríamos lo que sea por el bienestar de nuestros hijos. No existe un obsequio mejor, que un hogar en el que reine una verdadera relación matrimonial armoniosa.

Cuando generamos paz en nuestro hogar, podemos aspirar a que la paz esté presente en nuestra comunidad y eventualmente, en el mundo entero.

Asegúrate de hacer cosas por tu pareja.

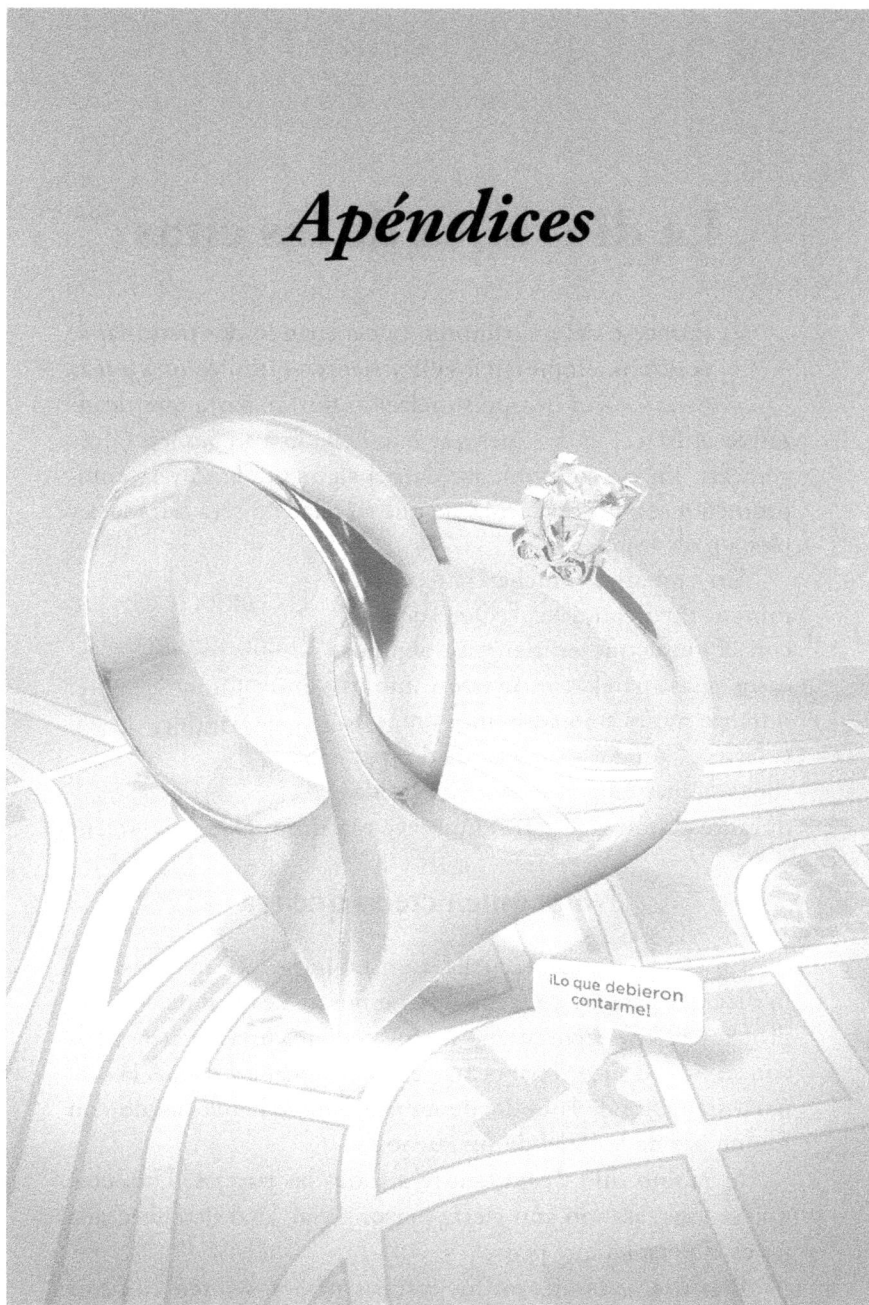

Apéndices

¡Lo que debieron contarme!

La dinámica de las citas

El proceso del matrimonio inicia cuando dos personas se conocen, empiezan a salir y sienten química una por la otra. Con el tiempo su relación florece hasta que alcanzan la satisfacción de saber que han hallado a su *bashert* (alma gemela). En cierto momento dan el siguiente paso y se comprometen con la convicción de que su relación será duradera y plena para ambos.

Sin embargo, muchas parejas terminan divorciándose. ¿Qué ocurrió con el amor que sentían? En algunos casos esas parejas estuvieron juntas durante meses o incluso años antes de casarse. ¿Cómo es posible que dos personas se mantengan felizmente unidas durante el noviazgo y tras un breve matrimonio, se divorcien?

> El amor es un sueño dorado. El matrimonio... ¡el despertador!

No es quien creías que era

En cierta ocasión escuché a un rabino explicar la historia bíblica del patriarca Yaacov y sus esposas, Lea y Rajel. Como probablemente recordarán, Yaacov trabajó durante siete años con su futuro suegro para casarse con su amada Rajel. A la mañana siguiente de la boda, descubrió, que se había casado con Lea en vez de la Rajel de sus sueños.

El rabino dijo, "esto ocurre a todas las parejas. Uno cree que se está casando con cierta persona y al final descubre que no es la persona que pensó".

Previo al casamiento, los futuros novios sienten como si

existiera un vínculo eterno entre ellos. No pueden imaginarse hacer algo que afecte esa conexión de modo irreparable. Cuando se casan y el anillo es colocado en el dedo de la novia, el vínculo emocional entre ellos se solidifica. Uno pensaría que el matrimonio en sí debiera fortalecer la conexión entre ellos y que deberían estar listos para enfrentar cualquier desafío juntos, sin que afecte de forma negativa su unión.

Sin embargo, en muchas ocasiones sucede lo opuesto.

¿Por qué? La razón es simple. Mientras que el novio reconoce que su vínculo con la novia podría romperse fácilmente, se esmera de sobremanera en complacerla por temor a que si se descuida ella lo dejará. Lo mismo ocurre con la novia. Una vez que se casan, están conscientes de que su relación no se va a derrumbar por cuestiones pequeñas, entonces ¿por qué habrían de ceder? No hay necesidad de invertir la misma energía que antes en la relación. ¡Ya el anillo fue colocado en su dedo! Así que en sus mentes piensan así: "a*l fin es su turno de tomar la iniciativa. En el pasado, me esmeraba por disculparme primero, aunque sabía que tenía razón, pero eso no puede seguir así eternamente. Sinceramente, cuando mi pareja está errada (según mi opinión), ¡que sea él/ella quien se disculpe!"*

Mientras tanto, la otra parte siente: "*Wow, esta relación ha dado un giro inesperado. Hasta este punto él/ella estaba dispuesto a reconocer sus errores, ahora se cree infalible.*"

Este cambio es común entre las parejas, estando casados no sienten la necesidad de cambiar ni de reconocer sus faltas. ¿Por qué habrían de hacerlo? De todos modos, ¿qué hará el otro al respecto a estas alturas?

Más de una mujer le ha formulado a su marido la pregunta, "¿por qué antes de casarte conmigo me regalabas flores, tarjetas, obsequios, y ahora no?"

"¿Estás bromeando?" responde él. "¡esa era una estrategia de venta!"

Cuando las parejas no están dispuestas a realizar los esfuerzos necesarios en su matrimonio, comienzan a sentir que la persona con quien están casados no es la que creían que era, lo cual hace que su vínculo se debilite[1].

> Si los hombres trataran a sus esposas del mismo modo en que tratan a su prometida, habría menos divorcios y más gente en bancarrota.

Lazos que Unen

Al parecer, lo que crea la conexión inicial entre la pareja durante el noviazgo, no es necesariamente lo esencial para mantener la unión a largo plazo.

Cuando las personas salen en citas, lo que buscan es a la persona ideal, a su Romeo o Julieta. Para una mujer, Romeo es alguien que le proporcione seguridad emocional, financiera y física – es decir, una persona fuerte, capaz y determinada, que sea bondadosa con ella. Asimismo, Romeo busca en su Julieta – una dama hogareña, noble, fina y que satisfaga sus necesidades físicas.

Después del matrimonio, Julieta requiere de evidencias de que en efecto ella es la prioridad de su Romeo, usualmente a través de cumplidos y atención. La atracción física que existe entre ellos no suele ser suficiente para nutrir su autoestima – ella anhela las palabras, obsequios y ternura que prueben que es amada y especial. Cuando eso no sucede, sino que su Romeo fuerte y determinado se torna en una persona exigente y egoísta, la ilusión original de que Romeo continuaría haciéndola sentir especial comienza a desvanecerse. Ella empieza a sentirse estresada e infeliz.

Romeo por su parte, quien antes deseaba tener a una Julieta dulce, cariñosa, sensible y que se expresara con delicadeza, tiene ahora la esperanza de que ella sepa defenderse sola. Debe

---

1   Ver Capítulo 11, "Haz que funcione, haz el esfuerzo".

saber manejar el hogar, por ejemplo, lidiar con la doméstica, tener la capacidad de obtener un precio ideal al realizar una compra, y lo más importante, que sea responsable en la educación de los hijos (incluso en algunos casos, que colabore económicamente), todo eso manteniendo su apariencia perfecta y satisfaciendo sus necesidades. Estas expectativas suyas no son nada realistas y lo llevan a rechazarla.

¿Qué está ocurriendo aquí?

La atracción original mutua que experimenta la pareja al inicio, usualmente se torna en la fuente del problema durante su matrimonio. A ella le agradaba su carácter fuerte porque la hacía sentirse segura, pero ahora detesta su tendencia pragmática. A él por su parte le gustaba lo dulce y delicada que era ella, pero ahora siente que es muy pasiva y que permite que la manipulen fácilmente. Por supuesto que la atracción es relevante, pero uno no debe elegir a su pareja basándose en puntos superficiales. Esta decisión, que impactará la vida entera del individuo, no puede fundamentarse en que ella se vea bien a su lado o en que él la haga sentir bien a ella.

Para que una relación florezca con el tiempo, ambos deben estar alineados en los siguientes cuatro elementos:

- ✛ Físico
- ✛ Emocional
- ✛ Racional
- ✛ Espiritual

En otras palabras, cada uno debería plantearse las siguientes preguntas:

Físicamente: ¿me siento atraído(a) físicamente a esta persona? ¿Encuentro su apariencia placentera?

Emocionalmente: ¿estoy conectado emocionalmente a esta persona? ¿Existe alguna química entre nosotros? ¿Disfruto estar a su lado? ¿Me siento cómodo(a) en su presencia?

Racionalmente: se refiere a aquellas cosas que son importantes para poder mantener una relación a largo plazo. ¿Esta persona es bondadosa, amistosa y compasiva? ¿De qué modo se relaciona con su madre, hermano, tío y amigos? ¿Sabe dominar su ego? ¿Qué impresión tienen de él o ella, sus compañeros de trabajo? ¿Es una persona trabajadora o perezosa? ¿Su único enfoque radica en amasar más riqueza material? ¿De qué manera se alinean nuestros valores familiares?

Espiritualmente: ¿somos de la misma religión? ¿Tenemos un nivel similar de afiliación religiosa? ¿Nos encontramos en el mismo camino de crecimiento y posición espiritual?

La mayoría de las personas que programan una salida en pareja, tienen una lista sobre las cualidades que buscan para emparejarse, bien sea escritas en un papel o en su mente. Te pido que mires tu lista, probablemente lo que deseas, pertenece a alguna de estas cuatro categorías. Ahora pregúntate lo siguiente: de estas cuatro categorías, ¿cuál determinará con certeza que has encontrado a la persona ideal para "cerrar el trato"?

Muy posiblemente, respondas que es la emocional, pues si una persona no siente un grado de conexión emocional no se casará.

En el mundo no religioso, los hombres se enfocan principalmente en la apariencia física y valoran esta condición para escoger a su esposa. Las mujeres, también quieren que su pareja sea un hombre guapo y de apariencia agradable. Pero incluso así, la conexión emocional es fundamental, pues sin ella resulta imposible establecer una relación.

Por lo tanto, antes de la boda, ambas partes están enfocadas en la dimensión emocional y física de su relación, no prestan demasiada atención a la parte racional o espiritual. Aún si alguno de ellos siente que el matrimonio va a ser un desafío debido a su falta de alineamiento en el aspecto religioso, o porque uno o los dos tiene inconvenientes para vincularse con los demás, es muy difícil terminar la relación cuando la frecuencia emocional está activada. Como dice el proverbio, "el amor es ciego". Si todo se ve bien desde afuera y se sienten bien, ellos encontrarán la manera de convencerse que todo va a funcionar bien.

Sin embargo, después de casarse, la dimensión racional y espiritual emerge y con el correr del tiempo su importancia se incrementa gradualmente. Si la pareja no es compatible en estos aspectos, aunque el noviazgo haya resultado exitoso, el matrimonio colapsará.

Sácate la venda (de los ojos)

Muchos divorcios se podrían evitar si las personas no cayeran en esta trampa. Por este motivo, lo ideal es conseguir toda la información posible acerca de la otra persona antes de involucrarse emocionalmente. Si tu cerebro te dice que esa relación fracasará (probablemente porque no están alineados en lo racional y espiritual) no permitas que tu corazón te convenza seguir adelante.

Quizás esto explica por qué muchas culturas han desarrollado sistemas de cortejo que evitan que se genere un vínculo afectivo o físico. En un extremo están aquellos que acostumbran a que los padres planifiquen el matrimonio de antemano sin siquiera involucrar a sus hijos. En el otro, están, quienes optan por salir durante años antes de pensar en casarse.

En la tradición jasídica de la cual formo parte, las parejas se citan varias veces y conversan durante horas acerca de sus valores, experiencias y de sus vidas. Si ambos sienten la seguridad, de que esa persona sería la pareja adecuada, toman la decisión de comprometerse. No obstante, ellos investigan, acerca del otro antes de conocerse en persona, con el objetivo de saber de antemano que esa persona posee un buen carácter. Una vez que han averiguado lo suficiente – según sus prioridades particulares – es que salen y se conocen, para ver si hay compatibilidad en otras áreas. Es decir, inicialmente se centran en lo espiritual y racional y posteriormente en lo emocional y físico.

Hay quienes encuentren difícil asimilar este sistema. ¿Cómo pueden dos personas verse por tan poco tiempo y tomar una decisión tan importante? ¿Puede una persona conocer a su pareja en veinte horas? ¿Es responsable actuar de ese modo? Se trata de una relación a largo plazo que eventualmente incorporará a los hijos.

Ellos piensan basados en su lógica, que una pareja que lleva saliendo un año o más, tiene mayores posibilidades de establecer un matrimonio exitoso, que aquella que tan solo salió durante un período corto de tiempo. Sin embargo, las estadísticas demuestran que noviazgos más largos no conducen necesariamente a matrimonios más duraderos ni menos divorcios. De hecho, los matrimonios religiosos – donde las parejas salen solamente un par de semanas – son más duraderos que los del mundo no religioso.

Esto no significa que todos los religiosos tengan matrimonios perfectos, toda pareja experimentará momentos difíciles y desafiantes, es algo inevitable y totalmente normal, a veces el matrimonio se debilita, sin importar cuán religiosa sea la pareja. Pero a largo plazo, entre más religiosa sea la pareja mayores son sus posibilidades de sostener su matrimonio.

¿Por qué es esto?

Un motivo se debe a las cuatro categorías que mencioné anteriormente. Para que el matrimonio perdure, la pareja necesita una base fuerte, tanto racional como espiritual. Esto es precisamente lo que las personas religiosas intentan explorar antes de involucrarse emocional y físicamente. Por ello la investigación que uno hace antes de salir es primordial. ¿Qué clase de persona es? ¿Qué opinan los demás de esta persona? ¿Cuál es su reputación? ¿Compartimos los mismos principios? ¿Ambos creemos en la importancia de tener una familia grande? ¿Educaremos a nuestros hijos con el mismo sistema de valores religiosos? ¿A qué tipo de familia pertenece?

De este modo, cuestiones que podrían surgir más adelante y generar fricciones, se analizan generalmente de antemano, incluso, antes de salir personalmente.

A los hombres que leen este libro, les diría que cuando ven un carro deportivo y les llama la atención, seguro no lo compran sin revisarlo previamente. No hacerlo y dejarse nublar por la pintura llamativa sería absurdo.

A las mujeres les diría: pregúntense si la mayoría de los hombres que conocen no estarían dispuestos a halagar a un vendedor con el fin de conseguir un mejor precio, lo más probable es que sí. La mayoría de los hombres dirían lo que sea para cautivar a una mujer con la que desean establecer una relación; eso no significa que estén forjando un compromiso inamovible. En otras palabras, mejor que el comprador (el proyecto novia) mantenga la guardia.

Exhorto a todas las parejas que hagan una lista de las cualidades y características que deseen encontrar en la otra persona y coloquen una puntuación. Luego analicen lo que pretenden y reflexionen, basándose en la lista, y las posibilidades honestas de tener un matrimonio exitoso.

Por ejemplo, quizás escribas que estás buscando un hombre con las siguientes características:

- Responsable
- Trabajador
- Inteligente
- De buen corazón
- Educado (que al menos tenga un título)
- Sociable y carismático
- Fuerte
- Guapo
- Respetuoso
- Humilde

Alguien que:

- Le guste leer

- Aventurero
- De alimentación sana
- Que hace ejercicio regularmente
- Con buen sentido del humor
- Que ame a los niños
- No fume, ni beb,a ni utilice drogas

Si eres un hombre, quizá buscas una mujer con las siguientes cualidades:

- Cariñosa
- Dadivosa
- Amorosa
- Inteligente
- De buena familia
- Extrovertida (o callada)
- Amistosa
- Organizada
- Profesional
- Interesada en una familia grande
- Comprensiva
- De buena apariencia
- Capaz de manejar el hogar
- Que le guste viajar
- Que no despilfarre
- Que no sea arrogante

Ahora toma esta lista y divídela en tres categorías:

(1) Indispensable
(2) Importante
(3) Preferible – sería bueno

Podría considerarse *esencial* que el marido al que aspiras no sea un bebedor ni use drogas, es *importante* que mantenga una alimentación sana y *sería bueno* que le guste ir de aventuras. El hombre que está buscando pareja podría decir que es *primordial* que la mujer no sea arrogante, *importante* que sea agradable físicamente y que *sería bueno* que le guste viajar.

Cuando conoces a un posible aspirante, puedes evaluar si vale la pena, darle seguimiento a esa sugerencia basándote en lo que consideras esencial. Esto evitaría que te involucres emocionalmente y termines sintiendo dolor y arrepentimiento al descubrir que en realidad no era la persona indicada para ti.

> La casamentera le preguntó al joven, "Entonces... ¿qué es lo que buscas en tu futura esposa?"
> "Ella debería ser una joven agradable, de buena familia, que tenga una gran dote, bastante inteligente, atractiva y dedicada a los valores familiares".
> "... ¡Joven, con todos esos requerimientos puedo casar a seis personas!".

Cuando estás analizando a una posible pareja, alguien con varios divorcios es una señal de alerta. Quizá la relación pudiera funcionar, pero en todo caso, sería adecuado investigar a fondo: ¿por qué se divorció? ¿Se trata de una persona de carácter difícil o simplemente le cuesta elegir a la pareja correcta? Haber fracasado varias veces o ser una persona que no tiene amigos, son también señales de alerta.

Una vez que la pareja ha obtenido la información pertinente, ambos pueden proceder a analizar los elementos emocionales y físicos de la relación. Ahora pueden preguntarse: ¿me agrada la apariencia de esta persona? ¿Podemos mantener una conversación decentemente? ¿Existe una chispa entre nosotros?

Estas preguntas no requieren de mucho tiempo para ser contestadas. Decidir si te agrada la apariencia del otro no es física cuántica. Evaluar lo compenetrados que están y cómo les fluye una conversación es algo relativamente sencillo.

El punto es que el matrimonio no es solo una decisión emocional; también debe involucrar el intelecto. Es evidente que resulta mucho más difícil tomar una decisión estrictamente racional; es mucho más fácil, permitir que las emociones nos controlen, pero, a largo plazo vale la pena, pues de ese modo puedes evitarte el sufrimiento de un divorcio.

De más está decir que cualquier arreglo que hayan establecido debe mantenerse firme después del casamiento. Si ambos decidieron que vivirán en cierto tipo de comunidad, tomando en cuenta sus necesidades religiosas y el nivel de afiliación, no es correcto, que de repente una de las partes desee vivir en otro tipo de comunidad. Si realmente deciden realizar un cambio en su estilo de vida, deberá hacerse de mutuo acuerdo, después de haber reflexionado sensatamente.

La mayoría de las personas dirán que es obvio, pero en realidad, para muchos no lo es.

Conozco a una pareja de recién casados, que tuvieron un fuerte desacuerdo, la mujer sostenía que antes de casarse habían convenido varias cosas y ahora su marido quería renegociarlas.

Cuando me acerqué a la familia del marido, con la esperanza de que se tratara de un simple malentendido, me enteré que para ellos, los acuerdos que se realizan antes del matrimonio no son decisivos. Me costó mucho digerir sus palabras, ellos insistieron en que era algo usual y que ese era el modo de proceder dentro de su familia.

"Pues bien, al parecer la familia de la esposa posee otras costumbres", les dije. "Un compromiso realizado antes de casarse es decisivo y no debe negociarse".

Un padre en su lecho de muerte mandó a llamar a su hijo y le dijo lo siguiente: "deseo revelarte los dos secretos más importantes en el mundo de los negocios".

"Sí papá, ¡cuéntame!" exclamó el joven con ansia.

"Si prometes que entregarás una mercancía en un día específico, debes siempre cumplir tu palabra", susurró el padre con sus últimas fuerzas.

"Padre, ¿cuál es el segundo?" Preguntó con premura el hijo.

Con su último aliento el padre respondió, "... ¡Nunca prometas!"

La base de toda relación es la confianza. Si dices algo, cúmplelo. Ciertamente puede ocurrir que con el correr de los años la pareja evolucione y ciertas cosas empiecen a cambiar, lo que conduce a que deban reevaluar algunas decisiones que tomaron al inicio de su matrimonio. Sin embargo, eso no debería suceder durante los primeros años de su relación, cualquier decisión radical que tomen debe surgir después de un amplio análisis en conjunto.

El punto final es que antes de que una pareja decida contraer matrimonio, debe tomar en cuenta que no solo se gustan y se sienten atraídos el uno por el otro, sino que además tienen intereses comunes y comparten los mismos valores religiosos.

¿Y qué pasa con el Amor?

¿Es acaso el amor un componente en esta decisión?

Definitivamente lo es, pero no el amor como se lo define en la sociedad actualmente. Tiene que existir un vínculo emocional, no necesariamente ese sentimiento intenso y alocado que las personas esperan tener[2].

¿Acaso no es arriesgado casarse sin estar enamorado?

Permíteme responder planteando una pregunta alterna. ¿Existe el amor verdadero en un matrimonio secular?

¿Tu respuesta inmediata será sí? Pues piénsalo bien, ¿se trata de amor o de un enamoramiento?

En realidad todo noviazgo es frágil y si solo se requiere

---

2 Ver capítulo 8. "El amor no es Accidental".

de un desacuerdo para terminar la relación, es obvio, que lo que sienten no es amor verdadero. Puede que se sienta tan apasionante e intenso como el amor, pero no lo es; se trata de una farsa, una versión engañosa del amor. No nos dejemos confundir[3].

En general nos casamos porque asumimos que recibiremos algo de esa persona: seguridad, amor, atención o una buena vida. Pero ese tipo de relación es condicional: mientras que la otra persona me brinde esas cosas le amaré. Sin embargo, el amor que sentimos por nuestra pareja debe transformarse en un amor verdadero, que no dependa de nada exterior. Para eso debemos hacer un esfuerzo: antes de casarnos investigamos a esa persona para asegurarnos de que sus valores y su carácter concuerdan con los nuestros; después de casarnos trabajamos fuertemente en satisfacer sus necesidades.

¿Puede una persona averiguar todo acerca de un pretendiente antes de casarse? Por supuesto que no. Tampoco las personas que salen por largo tiempo descubren todo acerca de la otra persona, en muchos casos están ciegos por la atracción que sienten, o no han discutido cuestiones importantes que surgen una vez que formalizan su vínculo.

En cambio, una pareja religiosa está consciente que tendrá que trabajar en su relación una vez que se casen. Ellos entran al matrimonio con los ojos bien abiertos, sabiendo plenamente que no será una eterna luna de miel, pero dispuestos a darse apoyo mutuo cuando aparezca algún desafío.

> Una mujer se sentó al lado de un señor en el avión y comentó casualmente, "Usted se ve como mi tercer marido".
> "¿Cuántas veces se ha casado?", preguntó el hombre con decencia.
> Ella lo miró fijamente y respondió, "¡dos!".

---

3 Ibíd.

La decisión de casarse no debería ser solo emocional. Uno debe asegurarse de que la pareja en potencia posea características deseables y comparta sus mismos valores.

APÉNDICE 2

El Rol Masculino y Femenino en el Judaísmo

¿Eres una persona tradicionalista? ¿Sueles creer que el hombre gana el sustento mientras que la mujer educa a los hijos? ¿O abogas por la igualdad de roles – que ambos ganen dinero y se dividan las responsabilidades del hogar? ¿O quizá eres de los que opinan que el hombre debe quedarse en casa y la mujer buscar el sustento?

El tema de los roles (masculino y femenino) puede ser una fuente de conflicto en el matrimonio. Tradicionalmente el hombre es la cabeza del hogar. A él le corresponde proveer las necesidades de la familia mientras que la mujer maneja la casa. Pero hoy día a veces ocurre que los roles se alteran. En muchos casos la mujer también sale a trabajar, o el marido pasa el tiempo estudiando Torá mientras que ella mantiene a la familia económicamente. En algunas familias los roles se invierten completamente, pues la mujer recibe un mejor salario y el hombre opta por quedarse en casa y atender a los hijos.

Aún si la pareja ha llegado a un acuerdo, bien sea en forma explícita o tácita, este tema puede generar conflictos. Quizá la mujer pensó que disfrutaría trabajando fuera de casa, pero, al comenzar a tener hijos desea estar con ellos. O quizá el esposo siempre imaginó tener una esposa ama de casa, pero ella no se ve a sí misma sin trabajar. Quizá el marido perdió su trabajo y se percatan que les iría mejor si ella consiguiera un trabajo.

La mayor parte del conflicto se debe a que se encuentran

confundidos en relación a cuál debería ser su rol particular dentro del matrimonio. Aunque elijan un convenio distinto, es importante que sepan que lo que han escogido – preferiblemente de mutuo acuerdo – es diferente de lo esperado. De ese modo, si las circunstancias cambian, les será más fácil tomar decisiones sin entrar en conflicto.

¿Cómo puedes estar casado durante tantos años sin pelear nunca? Le preguntó Ben a Michael. "Cuando nos casamos hicimos un acuerdo: yo me encargo de todas las decisiones importantes y ella de las menores. Han pasado cuarenta años y aún no tuve que tomar decisión alguna".

Una pareja me vino a ver y su situación era un desastre, tenían muchas peleas y una de las principales consistía en quién debía cuidar al bebé.

El marido decía: "Yo salgo a trabajar para poder proveer las necesidades de mi familia, así que mi esposa debería encargarse del bebé".

"No puedo hacerlo todo sola", respondió ella, "en ocasiones necesito tomarme un respiro. Me hace feliz cuidar al bebé, pero me gustaría que pudieras reemplazarme durante al menos veinte minutos cuando vienes a casa, eso me daría un muy merecido descanso".

El esposo se demoró bastante en comprender que era apropiado que tomara responsabilidad de vez en cuando por su bebé. No se trataba de que ella estuviera rechazando su obligación, simplemente necesitaba un respiro de vez en cuando.

Los roles masculino y femenino en la Torá

Se cuenta la anécdota de un vendedor novato de seguros, que, cuando se acercaba a la siguiente casa para hacer una venta, escuchó gritos. Estaba claro que esa pareja se hallaba en medio de una "guerra mundial".

"¿Debería tocar el timbre o regresar más tarde?" Se preguntó. Finalmente optó por timbrar.

Apenas sonó el timbre los gritos se detuvieron y un hombre se asomó a la puerta y dijo, "¿Cómo puedo ayudarlo?"

"Disculpe señor, mi trabajo es vender seguros, me gustaría hablar con la persona que toma la decisión".

"Por favor regrese en una media hora, estamos justamente tratando de resolver eso".

La Torá define el matrimonio como una relación en la cual el hombre lidera. Está escrito, *El hombre dominará a su esposa[1]*. También dijeron nuestros sabios, "¿Cuál es la mujer virtuosa? Aquella que hace la voluntad de su marido[2]". El Rambam escribe, "Una mujer debería comportarse con su marido como uno se comporta con un rey – nunca buscar hacerle daño alguno[3]".

La ley judía establece que si dos padres le piden a sus hijos cosas opuestas, ellos deben hacer caso a su papá, porque la madre también está obligada a obedecer a su marido. Esta es la razón por la que la Torá nos ordena, "Un hombre deberá temer a su padre y a su madre[4]". Rashi explica que esta declaración (que es dirigida solo a los hombres) nos informa que la priori-

---

1 Génesis 3:16.

2 *Tana D'vei Eliahu Rabá*, capítulo 9.

3 *Hiljot Ishut*, capítulo 15.

4 Levítico 19:3.

dad de una mujer casada es su marido, no sus padres[5].

Parece sumamente claro que, según la ley judía, el hombre es la cabeza del hogar. Como veremos pronto, esto no reduce en absoluto el rol de la mujer.

Si la Torá declara que el hombre juega el papel dominante en casa, ¿por qué tendríamos que aceptar la opinión del mundo en cuanto al rol de la mujer y sus derechos en el matrimonio?

Empecemos con un ejemplo sencillo. De acuerdo con la ley bíblica[6] un hombre se puede casar con más de una mujer. Esta regla no parece ser de ayuda para enseñarle a los hombres manejar una relación. Tampoco es un buen instrumento para construir la autoestima de una mujer y su sentido de valor personal. Como mencionamos en el capítulo 11 es todo lo contrario, "si quieres que funcione, ¡Esfuérzate!", un hombre que espera que su mujer le de todo lo que él necesita, sin esmerarse por darle lo que ella requiere, indudablemente no consolidará su autoestima.

¿Cómo la Torá permite la poligamia, si resulta nociva para el matrimonio? De hecho, es difícil comprender cómo una persona que se casa con varias mujeres logra mantener un vínculo profundo con alguna de ellas. Para ese individuo, el matrimonio se convierte en una experiencia egoísta, un vehículo de satisfacción independientemente de cuánto trabaje consigo mismo, porque cuando estás casado con una sola persona, debes controlar el ego, para dar espacio a las necesidades de la otra persona, de lo contrario el matrimonio no puede funcionar.

La ley judía ya no permite que un hombre se case con varias mujeres. Si bien encontramos que la Torá solía permitir la poligamia, no necesariamente la incentivaba. A mí en lo personal me abrió los ojos el hecho de que ninguno de nuestros patriarcas tuvo una segunda esposa voluntariamente. Abraham

---

5 Rashi, Levítico 19:3.

6 *Shuljan Aruj, Eben haEzer* 1:9.

no tenía hijos, su esposa Sará, le sugirió que se casara con su sirvienta; Itzjak por su parte, si bien no podía tener hijos, no utilizó esa opción; Yaacov terminó casado con cuatro mujeres, realmente él solo quería casarse inicialmente con Rajel; ni Yosef ni Moshé se casaron con más de una mujer. Al parecer la ley bíblica permitía la poligamia en aras de procrear y no por un deseo personal.

En otras palabras, no solo porque el hombre es considerado dominante y la mujer debe respetarlo "como respetaría a un rey", implica que el hombre pueda ignorar a su esposa. Al contrario, debe amarla y hacer lo necesario para complacerla. Al inicio del matrimonio, la Torá ordena al hombre hacer lo imposible por complacer a su pareja. La Torá enfatiza que "él debe hacer feliz a su esposa[7]". En palabras del Rambam, "él debe amarla más de lo que se ama a sí mismo".

Pero, ¿cómo se concilian estos dos puntos: "Yo estoy al mando, pero debo complacer a mi esposa"?

La importancia de una jerarquía

¿Por qué asignó Di-s estos roles específicos a hombre y mujer? ¿Por qué es necesario que uno de ellos sea el rey del hogar en vez de ser iguales?

Piensa en una gran corporación. Cada empleado, desde el vicepresidente hasta el secretario, tiene una función peculiar en la empresa. En la cima se encuentra el CEO quien dirige todo el sistema. ¿Eso significa que el vicepresidente, o los secretarios, deban sentirse intimidados o controlados?, obviamente que no, después de que los empleados dan su opinión, la decisión final la concreta el CEO.

Rashi comenta que "dos reyes no pueden utilizar simultáneamente la misma corona[8]". Para que una familia sea sana y

---

7 Deuteronomio 24:5.

8 Rashi en Génesis 1:16.

funcional, es importante que haya una jerarquía, una cadena de mando, eso no significa que el esposo pueda mandar como un tirano. Al contrario, él siempre debe actuar como un caballero, con nobleza, a veces puede y hasta debe, ceder frente a su esposa. En otras ocasiones, puede aspirar que se hagan las cosas a su manera, lo principal es que siempre considere las necesidades e intereses de su familia antes de tomar cualquier decisión.

Siempre que coloco las Mezuzot en casa de alguien, le comparto una excelente enseñanza acerca de este precepto. ¿Por qué la Mezuzá se coloca en forma diagonal? Una opinión sostiene que debería ser puesta verticalmente, la otra opina que de forma horizontal. La ley judía busca un equilibrio entre ambas, por eso la colocamos en forma inclinada, como un acuerdo entre ambas opiniones.

El mensaje es sumamente poderoso. Siempre debemos tratar de encontrar un compromiso, aún cuando nuestras opiniones sean muy distintas.

¿Qué debe hacer una mujer cuando está en desacuerdo con su marido? ¿Acaso debe ella siempre consentir verbalmente lo que él sugiere? Busquemos la respuesta en la Torá. ¿Fue así como actuaron nuestras matriarcas?

¿Acaso Sará siempre le dio la razón a Abraham? No, ella sostuvo que se debía expulsar a Ishmael de casa y Di-s le dio la razón[9]. ¿Qué pasó con Rivká? Está claro que tampoco su esposo Itzjak quería darle las bendiciones a Eisav, ella sabía que no era digno de recibirlas por lo tanto se encargó de que su hijo menor, Yaacov, las recibiera[10].

Ahora hablemos de Rajel, superficialmente pareciera que ella tuvo una falta de lealtad a quien sería su futuro esposo, Yaacov, al permitir que su hermana Lea se casara con él en su lugar. Sin embargo, su único deseo era el de proteger la repu-

---

9 Génesis 21:12.

10 Ibíd. 27:8 – 13.

tación de ella, no de rebelarse contra Yaacov[11].

En base a esto, podemos comprender mejor la enseñanza del Rebe de Lubavitch acerca de la máxima de nuestros sabios que declara: "¿quién es una mujer virtuosa? Aquella que *hace* la voluntad de su marido[12]". La expresión hebrea *osá* se puede traducir como que "*cumple* la voluntad de su marido" o que "*hace* la voluntad de su marido[13]". Es decir que Sará *hizo* la voluntad de su esposo Abraham. Así mismo Rivká hizo y forjó la de Itzjak, pues cuando se percató que había bendecido a Yaacov en vez de Eisav, él no se retractó sino que confirmó esa bendición. El punto es que en ciertos casos las matriarcas cumplieron a cabalidad la voluntad de sus esposos y, en otros, ellas tuvieron la sabiduría de hacer lo correcto, aunque iba en contra de ellos, lo que posteriormente generó que los patriarcas reconocieran la eficacia de su proceder y de ese modo nuestras matriarcas *hicieron* y *forjaron* la voluntad de sus maridos.

Similarmente, el Talmud[14] discute la diferencia entre la esposa de Koraj y la de On Ben Pelet. La del primero instigó a su marido a sublevarse contra Moshé, en tanto que la segunda se encargó de evitar que su esposo se uniera a la rebelión. Consecuentemente Koraj murió por hacer caso a su mujer mientras que On Ben Pelet sobrevivió por la eficacia de la suya[15].

En conclusión, cada mujer debe reconocer que su esposo se encuentra por encima de ella en la pirámide familiar. Pero asimismo él debe recordar que Di-s está por encima de ambos y que Él espera que trate a su mujer con dignidad y respeto — siempre abierto a escuchar su consejo, pues posiblemente ella

11 Rashi en Génesis 29:25.

12 *Hiljot Ishut* Capítulo 15.

13 Quizá podemos agregar otra interpretación más. La palabra "su marido" en hebreo es *baalá*, que significa literalmente, "su amo". *Ishá*, "mujer", representa al pueblo judío. En este sentido, la declaración de los sabios puede entenderse como, "¿Quién es un judío virtuoso? Aquél que cumple la Voluntad de su amo (Di-s)".

14 Talmud *Sanedrín* 110a.

15 Ibíd. 109b, 110a.

posea una intuición acertada en determinadas situaciones, que a él le falta.

El judaísmo no incentiva al esposo a controlar a su pareja con brazo de hierro. Ciertamente ella debe respetarlo, pero como el Rambam escribe, "él debe amarla más de lo que se ama a sí mismo[16]". Si amas a alguien más de lo que te amas a ti mismo, sin duda esa persona jamás se sentirá intimidada, manipulada ni sometida.

Una vez un hombre vino a mi oficina muy molesto y exclamó, "rabino, mi esposa viajó a Colombia y fue de compras sin mí. ¿Acaso no tengo derecho de saber exactamente cuánto dinero gastó y qué compró?"

"En definitiva tienes derecho", respondí yo, "pero si te sientes forzado a ejercer ese derecho, entonces tu matrimonio corre grave peligro".

En ese caso, el esposo sentía una necesidad de controlar a su pareja debido a su falta de confianza en ella. Mi objetivo era hacerle reconocer que si continuaba actuando de ese modo, estaba poniendo en riesgo la relación.

Si quieres lograr un matrimonio duradero, no te enfrasques en "él debe, ella debe". Cada uno de ustedes tiene un rol fundamental en la relación y ninguno es menos importante. Aún si decidieran dividirse las tareas en forma distinta a lo que es tradicional, siempre deben mantener en su mente, el hecho de que el hombre debe ser respetado como a un rey y la mujer atesorada y amada como su reina.

Como en la enseñanza previa de la mezuzá, en un matrimonio hay que encontrar un punto medio y saber ceder. Cuando vivimos en paz y mantenemos la armonía, invitamos la bendición Divina a nuestros hogares. Esto solo se puede conseguir a través de la humildad y aprendiendo a dar.

---

16 *Hiljot Ishut*, capítulo 15.

En el judaísmo, el hombre representa la cabeza del hogar. Es él quien tiene la palabra final, sin embargo, un hombre sabio estará dispuesto a escuchar la opinión de su esposa y sabrá honrar su intuición. El hombre debe atesorar a su mujer y asegurarse que todas sus necesidades se vean satisfechas, ella por su parte debe respetarlo y cumplir con sus requerimientos: esta es una fórmula práctica para tener un matrimonio sano y duradero.

La Conexión Física

El Talmud expone que los hombres sienten un mayor interés por la intimidad física que las mujeres[1]. Seguramente no necesitas que el Talmud te lo diga. La pregunta es, ¿cómo equilibrar la relación física con el reconocimiento de que se trata de un vínculo espiritual en que dos almas se tornan en una sola?

El Talmud[2] narra que en cierta ocasión los rabinos pidieron a Di-s que removiera el deseo por la relación física, con el objetivo de disminuir la fuerza de la mala inclinación. Los resultados no fueron los que esperaban. De acuerdo con el Talmud, "las gallinas dejaron de colocar huevos, las vacas de tener terneros y las personas de tener hijos". Al darse cuenta de lo que estaba sucediendo, volvieron a rezar, solo que esta vez su ruego fue que Di-s "le cegara un ojo a la mala inclinación" – es decir, que redujera el poder sobre el ser humano.

Para que un matrimonio perdure, la pareja necesita sana comunicación, intereses en común, valores similares, pocas discusiones y una visión flexible, de modo que cada uno sepa apreciar la perspectiva del otro. Para que un matrimonio prospere, debe existir una intimidad satisfactoria tanto a nivel emocional como físico.

Una mujer vino a verme diciendo que su matrimonio estaba al borde del colapso. "¿Cuál es el problema?" Le pregunté,

---

1 *Ketuvot* 64b.

2 *Yomá* 69a.

"¿acaso discuten demasiado?"

"Para nada", fue su respuesta.

"¿Él mantiene a la familia?"

"Sí. Tiene un ingreso decente".

"¿Te es leal?", le pregunté.

"Creo que sí", contestó.

"Entonces me doy por vencido. ¿Cuál es el problema?"

"Pues… raramente tenemos relaciones maritales".

"¿Por qué es eso?", le pregunté.

"Él dice que estoy pasada de peso", murmuró ella.

"¿Qué has hecho al respecto?", inquirí.

"Nada. Me siento tan deprimida y rechazada que no tengo interés en pasar tiempo con él".

El esposo no se sentía atraído a su mujer y ella sentía su rechazo. No me sorprendía que tuvieran problemas en esa área.

"¿Deseas salvar el matrimonio?", le pregunté yo.

"Sí, seguro", contestó.

"Tendrás que hacer un esfuerzo", "¿estás dispuesta?" pregunté, y continué diciéndole, "haz un esfuerzo por seguir una dieta rigurosa y todo estará bien".

Ella siguió mi consejo y los resultados fueron positivos. El matrimonio mejoró y la familia continuó creciendo.

Como todo lo demás, en un matrimonio, los hombres y las mujeres ven esta faceta de la relación de forma diferente y eso puede convertirse en un punto de limitación que puede quebrar el matrimonio. Muchas veces, aunque la pareja pueda estar discutiendo por numerosas cosas, el problema latente es la insatisfacción en esta área, especialmente para el hombre.

Entender la perspectiva de la pareja en cuanto a la intimidad física, puede marcar la diferencia entre un matrimonio feliz y satisfactorio, y uno en que ambas partes se sienten insatisfechas, lo cual conduce a pelear y genera resentimiento.

Las P's versus las A's

Para una mujer, la intimidad física funciona siempre y cuando todo lo demás está marchando bien. Para el hombre, todo lo demás funciona si la intimidad física anda bien. Como hemos dicho a lo largo de este libro, la tercera P representa el *placer*. Para la psicología masculina, el placer derivado de la intimidad física es el elemento central que alimenta su interés en la relación. Es evidente que la mujer también obtiene placer de la relación marital, pero eso es algo secundario a su requerimiento principal, sentirse amada y apreciada – su necesidad de *amor*.

Una vez escuché a un psicólogo decir, "La intimidad no hace al matrimonio; es un modo de celebrar el éxito del mismo". Sin embargo, muchas personas no estarán de acuerdo, están convencidos que es justamente la intimidad la que construye el matrimonio. Esto parece reflejar las diferentes perspectivas entre hombres y mujeres. Los hombres piensan que la intimidad es lo que sostiene al matrimonio. Para la mujer, en cambio, la intimidad solo puede funcionar como un medio para celebrar un matrimonio funcional.

Esto plantea un problema. Buscar placer para propio beneficio representa un

Un Melamed (maestro) que era un hombre sencillo, encargado de enseñar a niños en una aldea lejana, solía viajar una vez al año a casa para las fiestas, con el fin de compartir con su familia. Después de muchos años le ofrecieron un trabajo en su propia aldea lo cual lo hizo muy feliz. Tras un par de semanas, el rabino lo citó a su oficina. "Moishe", dijo el rabino, "Tu esposa se está quejando de que no tienen relaciones maritales".

"Rabino, cuando yo trabajaba en la otra aldea, solía venir una vez al año a casa y cada año teníamos un hijo. No puedo darme el lujo de tener hijos cada mes".

objetivo totalmente egoísta. Su meta es gratificar un deseo corporal, satisfacción personal, esto resulta dañino y perjudicial para el matrimonio. Entretanto la persona se enfoque simplemente en su satisfacción personal, su pareja se sentirá abandonada y excluida. El motivo de ello es que la mujer realmente necesita también pasar tiempo, en privado, con su marido fuera de la habitación. Pero si él solo se orienta en la intimidad física, seguramente ignorará las necesidades de ella.

> Un esposo que centra la atención en su propia gratificación física no puede proveer a su mujer la gratificación emocional y espiritual que son la base de su vitalidad[3].

Los hombres deben enfilarse en la necesidad de la mujer de tener un apoyo emocional en lugar de enfocarse únicamente en conseguir placer. Es propicio recordar que entre mejor sea el vínculo emocional de la pareja, más satisfactoria resultará la unión física. Por consiguiente, el marido debe ser muy cuidadoso y cumplir con los anhelos y requisitos de su esposa. Esto crea un ambiente en que todos salen ganando.

Por esta razón una de las tres obligaciones bíblicas del hombre para con su mujer, es la de darle relaciones maritales[4]. A primera vista debería ser al contrario, pues aparentemente el hombre necesita de la intimidad física más que la mujer. Sin embargo, al colocar esta obligación sobre sus hombros, la Torá le permite reconocer el aspecto emocional y espiritual de la relación, conduciéndole idealmente a orientarse en las necesidades de su pareja. Por este motivo la *mitzvá* enfatiza lo que él debe hacer por ella y no al revés.

Cierta vez vino a verme una mujer muy deprimida. La causa de su depresión eran sus relaciones maritales. Ella mencionó que aunque su esposo proveía ampliamente las necesidades del

---

3 Arush, *The Garden of Peace*, p. 134.

4 Éxodo 21:9, ver Rashi ahí.

hogar, cuando se trataba de la relación marital, él esperaba ser atendido como si fuera una relación unilateral.

Este marido nunca había estudiado acerca de la obligación del hombre de satisfacer la necesidad intima de su mujer, por eso creía que se trataba sencillamente de su propia gratificación. En su mente pensaba que estaba cumpliendo con su esposa suministrándole cosas materiales y que la relación física era para él solo.

Según la Torá, el hombre está obligado a proveer las necesidades básicas de su pareja: alimento, ropa, refugio – y relaciones maritales. En eso consiste la responsabilidad del hombre para con su mujer. El *Shulján Aruj* sostiene que "si el hombre se percata de que su mujer tiene interés y está buscando cercanía, debe atender su deseo[5]"

Similarmente, rabí Yaacov Emden escribe[6] que "el hombre debe conversar con su esposa antes de iniciar la intimidad e incluso al terminar el acto, no debe alejarse rápidamente, para que no sienta que la motivación del acto era por su propia gratificación, sin tomar en consideración los sentimientos e inquietudes de ella".

El Zohar, reconociendo la necesidad de que la relación sea mutuamente satisfactoria, expresa, "Aquél que se dispone a tener intimidad con su mujer, debe apaciguarla con palabras, para que no se sienta menospreciada a sus ojos; si no lo hace, no debe estar con ella. Todo esto es con el objetivo de que sus voluntades se encuentren alineadas y no haya ninguna coerción mental"[7].

---

5 *Shulján Aruj, Oraj Jaim,* 240.

6 En su Sidur, *Amudei Shamaim.* Rabí Yaacov Emden, conocido también como *Yaavetz,* fue un sabio alemán del siglo XVIII.

7 Rabí Aron, *Spirituality and Intimacy* (Devora Publishing Company, 2000), p. 52.

El denominador común de todo esto radica en que la esposa nunca debe ser tratada como un objeto. Eso ocurriría fácilmente si uno tuviera acceso irrestricto a su pareja. Cuando la persona trata a su pareja como un objeto, la relación pierde toda la parte espiritual y además se vuelve físicamente monótona. Eso es lo opuesto a lo que queremos. La intimidad física debe unir a las dos personas, no acoplarse a la agenda de una de ellas.

La Intimidad puede ser Sagrada

Las religiones orientales tienden a rechazar el mundo material, sosteniendo que todo lo que forma parte del mundo físico representa la maldad, la cual se debe evitar siempre que sea posible. Estas creencias ven al cuerpo y sus necesidades como el enemigo, que se interpone a la misión del alma, por esa razón el cuerpo debe ser controlado y dócil.

En el otro extremo se encuentra la cultura occidental, que enfatiza la indulgencia. Se jacta de decirnos que vivamos la vida al máximo sin ninguna restricción, aprovechando cada posible sensación de placer que tengamos al alcance, nos incentiva a perseguir fama y fortuna.

¿Cuál es el enfoque del judaísmo?

El objetivo consiste en encontrar el equilibrio entre ambos. El judaísmo no predica ascetismo, pero tampoco favorece la indulgencia. El mundo material no es maligno per se, pues al utilizarlo de forma correcta se vuelve sagrado. De hecho, cuando una persona se enfoca en servir a Di-s, reconoce que todo lo que existe, Él lo creó para completar Su objetivo original[8].

La comida es un buen ejemplo. Si nuestra motivación al comer radica solamente en satisfacer el estómago y saciar nuestro apetito porque nos encanta el sabor de ese jugoso pedazo de carne, entonces nuestra actitud "reduce" el estatus del ali-

---

8 Ver Rambam, *Hiljot Deot*, Capítulo 3.

mento en cuestión. En cambio, si comemos con el fin de fortalecer nuestro organismo para así poder servir a Di-s, hemos elevado esa comida a un estatus superior.

En pocas palabras, aquellas cuestiones materiales que son permisibles de acuerdo con la Torá, no son buenas o malas per se, sino que somos nosotros con nuestro comportamiento que determinamos el valor moral del mundo físico.

La filosofía jasídica nos enseña que, aunque el cuerpo se asemeja a un animal, no por eso tenemos que estar en desacuerdo con éste. Más bien, debemos entrenarlo y gentilmente persuadirlo para que junte sus fuerzas con el alma y le ayude a cumplir su misión[9]. Esto se aplica a cada actividad, tanto a nuestras obligaciones como a nuestros pasatiempos, sea día o noche.

Así mismo es en cuanto a las relaciones maritales. Tenemos la obligación de introducir sentido y santidad a esa experiencia física.

Por este motivo, existen reglas acerca de cuándo una pareja puede tener relaciones, lo que permite que se mantenga la emoción ya que la Torá establece las normas. Durante una parte del mes la pareja debe separarse físicamente[10]. Además de eso, el judaísmo también sugiere mantener el decoro durante el acto mismo. Por ejemplo, una pareja no debe tener intimidad en un lugar abierto, aunque no haya gente alrededor. La expresión utilizada es, "No tengas intimidad donde la luna pueda verte"[11]. Incluso en la privacidad de la alcoba hay cierto protocolo[12]. Todo esto es para permear de santidad algo que, de otro modo, sería tan solo un acto físico en aras del placer

---

9 *Kuntres U'Maayan*, Capítulo 6.

10 Esos tiempos dependen del ciclo menstrual de la mujer. Por al menos 12 días la pareja tiene prohibido las relaciones maritales. Hay muchos libros que detallan las leyes de *Taharat haMishpaja*, *Pureza Familiar*. Por ejemplo la obra del Rabino Fishel Jacobs, *Family Purity* (Campus Living and Learning, 2000).

11 *Shuljan Aruj, Even haEzer* 21.

12 Ver *Shuljan Aruj, Oraj Jaim* 240.

propio.

Más aún, la Torá limita ciertas situaciones en las que una persona podría estar tentada por otra. La Torá prohíbe que un hombre y una mujer se encuentren solos en un cuarto, además hombres y mujeres tienen prohibido involucrarse íntimamente sin estar casados. Es decir que la Torá solo permite intimidad a una pareja si están desposados. La persona sabe que debe solucionar todos los problemas matrimoniales antes de relacionarse íntimamente con la pareja, esto ayuda a que ambos estén más atentos para resolver los conflictos entre ellos. Un hogar que no tenga estándares morales, deja la puerta abierta a que uno de ellos opte por buscar placer afuera y no sienten la necesidad de actuar y corregir la situación.

Las leyes judías sobre la intimidad se orientan en fortalecer y santificar el matrimonio, de modo que incluso en medio de la pasión nos enfoquemos en el objetivo de nuestra vida – que consiste en elevar lo mundano y hacerlo sagrado.

Las Leyes de la Intimidad Física Mejoran el Matrimonio

Existe una serie de beneficios al cumplir los mandamientos bíblicos en lo que concierne a las relaciones maritales – además del beneficio principal, que es cumplir con el mandato Divino:

- Aumenta la intimidad.
- Reduce el nivel de rechazo.
- Limita las infidelidades.
- Dignifica a la mujer.
- Altera la forma en que el marido percibe a su mujer.
- Enseña autocontrol.
- Da una ventaja espiritual a los hijos en su futuro viaje espiritual.

Ya que varias de estas ideas son conocidas, seré muy breve:

Afianza la intimidad: algo que se puede disfrutar ocasionalmente es considerado especial y genera mayor interés, no solo esto, si lo quitan y lo prohíben, lo deseamos más. Si le dices a tu hijo adolescente que no puede utilizar su Ipad o conducir su auto por dos semanas, mi impresión me reafirma que no tendrás que esperar mucho para ver cómo su deseo por ambas cosas se intensifica progresivamente.

Durante ciertos días del mes la Torá prohíbe las relaciones maritales[13]. La conclusión del Talmud es que "al menos 12 días del mes, toda relación está prohibida". Es fácil reconocer la tensión y la ansiedad que se genera en ese período de tiempo, eso hará que cuando la pareja pueda estar de nuevo junta, alcancen un nivel superior de intimidad.

Es interesante ver que cuando la mujer está embarazada, estas reglas no suelen aplicarse. ¿Cómo podemos reconciliar ese tiempo de accesibilidad irrestricta, con la noción de que demasiado acceso conduce a la monotonía? ¿Qué hay de aquellos beneficios que se logran a partir de separarse mensualmente?

Me parece que la respuesta es obvia. Usualmente cuando la mujer está embarazada no se siente ella misma, tiende a sentir nauseas, fatiga, ansiedad, lentitud, y otros malestares. Tener a la pareja atada a un ciclo mensual podría generar una carga mayor para ella, por eso Di-s en Su infinita sabiduría, removió dichas limitaciones, de ese modo la pareja solo tiene que ensimismarse en el embarazo. Además permite al marido concederle a su mujer el cuidado y la dedicación extra que ella necesita en ese estado.

En este sentido, recuerdo que en una conferencia una mujer me preguntó "¿qué ocurre cuando la esposa ha pasado la menopausia?"

La ley judía establece que cuando el período de la mujer

---

13 Levítico. 25:18.

cesa, lo único que debe hacer es ir por última vez a la Mikve y luego se le permite tener relaciones con su marido sin restricciones, por el resto de su vida.

Yo le respondí en chiste, "Para entonces, ya es demasiado tarde".

Hablando en serio, al parecer en esa edad la urgencia física empieza a disminuir y por ello no es necesario aplicar estas reglas, debido a que ambos miembros han alcanzado una mayor madurez con los años y se enfocan más en la dimensión emocional que los une.

Reduce el nivel de rechazo: los hombres y las mujeres se sienten atraídos a diferentes elementos en cuanto a la relación física. Los hombres se enfocan más en el aspecto netamente físico, en tanto que las mujeres anhelan la realización emocional. Debido a esto, es fácil que la pareja se encuentre desalineada.

Para la mujer, que busca una sensación de apoyo a nivel emocional, su deseo e interés variará día a día según cómo se sienta y qué necesidades tenga. En cambio, el hombre, cuyo principal deseo es la parte física, puede fácilmente sentirse dispuesto. Esto ocurre más cuando tienen horarios distintos e intereses diferentes. Al limitar ese placer a un tiempo y contexto particular, se logra recalibrar a la pareja para que ambos se encuentren en la misma dirección.

Dicho en otras palabras, una intimidad plena solo se puede lograr cuando ambos sienten la disposición de estar juntos físicamente, no cuando es algo unilateral, porque podría generar serias dificultades en la relación.

Aquí es donde entra el tema del rechazo. Una de las formas en que la gente lidia con el estrés es a partir de hacer actividades que le producen placer físico. Al menos reemplazan de esa manera temporalmente su malestar anímico por algo más agradable.

Es común que las personas coman cuando están ansiosas, el deleite físico mitiga por un tiempo ese sentimiento desagradable. Lo mismo se aplica a toda forma de placer físico. Una de las actividades que los hombres realizan cuando se sienten tristes, es la relación marital; así como también, cuando un hombre tiene un día exitoso, desea celebrarlo con la relación marital, sin embargo, es posible que ella no se encuentre alineada con los sentimientos de su marido.

La naturaleza singular de los hombres y la compleja naturaleza de las mujeres suele conducir, en ciertos casos, a que alguno de los dos se sienta rechazado. Recibir una señal que demuestre falta de interés por parte de la pareja puede generar un sentimiento de no ser deseado o querido, cosa que agrede el ego. Esto puede suceder especialmente cuando ambos saben que pueden estar juntos cuando quieran. Entonces uno dice, "¿por qué tiene que ser ahora? Podríamos estar juntos mañana o la semana entrante".

En cambio, cuando la pareja se ha separado durante 12 días, ambos están ansiosos de volver a estar juntos. En el inicio del período permitido, es poco usual que alguno se sienta rechazado. En la segunda fase del tiempo permitido, el hecho de reconocer que les queda un período corto de intimidad también reduce la posibilidad de que exista algún tipo de rechazo.

Cuando se tiene una fecha límite, es más probable que uno se encargue de hacer las cosas, lo mismo sucede en la intimidad.

Disminuye las infidelidades: la infidelidad es una plaga universal, muchos matrimonios se destruyen por ella, usualmente, de forma abrupta. Incluso cuando un matrimonio sobrevive a la infidelidad, ambas personas deben tolerar un gran sufrimiento. Una vez que la confianza se perdió, hay demasiado dolor que debe sanar antes de poder reconstruir la relación. Es discutible si realmente es posible superarlo del todo, seguro será difícil regresar a la concordia que tenían antes del adulterio.

Una causa de la infidelidad radica en que las relaciones maritales se han estancado y se volvieron monótonas, el placer forma parte integral del matrimonio, cuando éste cesa, se incrementa la posibilidad de una infidelidad.

¿Esto se adapta igualmente para hombres y mujeres?

En base a la teoría de las P's y las A's, pareciera que los hombres se precipitan más que las mujeres a ser infieles. Si no consiguen el placer que buscan dentro del matrimonio, puede que lo busquen en otro lado.

Las mujeres buscan las A's, eso implica que requieren afecto y amor. Por consiguiente, en términos generales, ellas no buscarán una relación extramarital, a menos que sus esposos descuiden su necesidad emocional; en ese caso, puede que se sientan abandonadas y todavía anhelen sentirse amadas y queridas, por lo que si llega otra persona y les hace sentir que puede satisfacer ese vacío, una mujer vulnerable podría, Di-s libre, sucumbir.

Hace muchos años conocí a un hombre soltero de casi cuarenta años. Le pregunté cuando planeaba casarse.

Su respuesta me desorientó, "me preocupa que la persona con que me case me sea infiel".

Entonces le aseguré que si él era fiel ella también lo sería.

Si un hombre satisface las necesidades emocionales de su mujer, ella no siente deseo de serle infiel, a menos que él le haya sido infiel y ella quiera vengarse. Si ella se siente emocionalmente abandonada, puede caer víctima de alguien que si llene sus necesidades emocionales. Cuando la pareja no tiene límites en su relación física, con el tiempo, el hombre puede llegar a perder interés, y puede tentarlo a buscar afuera y así se inicia un círculo vicioso. Cuando el hombre se siente insatisfecho en su relación marital, descuida las necesidades emocionales de su esposa; en efecto, ella siente que no es amada y consecuentemente no quiere satisfacer a su esposo físicamente. La relación se deteriora y ambos están propensos a caer en la tentación si se le presenta la oportunidad.

Hay quienes argumentarían que es al contrario, que el hecho de estar separados por un período puede generar más infidelidad, nadie dice que separarse es fácil, pero sí es beneficioso; justamente por lo difícil que es, se logra mayor entusiasmo y satisfacción cuando se reúnen de nuevo. A largo plazo, la pareja logra mantener mayor satisfacción en las relaciones y eso reduce la tentación de explorar afuera.

Reconocer y apreciar este concepto nos permite llegar al siguiente elemento de la lista, que es fortalecer la dignidad de la mujer.

Dignifica a la mujer: a la gente no le agrada que la empujen a hacer algo en contra de su voluntad, si voy a hacer algo debo estar de acuerdo. Por ese motivo la ley judía establece, que la persona nunca tenga relaciones con su pareja en contra de su voluntad[14]. Esta regla incluye la prohibición de presionar a la pareja para establecer intimidad.

Típicamente, los hombres tienen un interés mayor que las mujeres cuando se trata de intimidad. Cuando su petición no se cumple, pueden llegar a colocar un cierto grado de presión; eso hace pensar a la mujer que sus sentimientos y requisitos no se consideran y la pone incómoda y ansiosa.

Cuando se trata del matrimonio, la ley judía, da a la mujer suficiente tiempo al mes para que se encuentre libre de la presión masculina. El distanciamiento emocional y físico que se genera en esos días, permite a la pareja, que haya un mismo grado de interés, para cuando puedan volver a estar íntimamente.

Altera la forma en que el marido percibe a su mujer: ya que el placer es uno de los componentes de la autoestima masculina, en cierto sentido su interacción con su esposa puede traducirse a, "esta persona me produce placer", en lugar de ver a su mujer como su par, la percibe como alguien que le hace sentirse bien, esto no es correcto en una relación. Antes que nada, la esposa de uno posee muchas cualidades y logros, ¿por qué verla en términos de una dimensión en particular?

---

14 *Shuljan Aruj. Oraj Jaim.* Capítulo 240.

Cuando un hombre sabe que durante alrededor de dos semanas le será imposible disfrutar de una relación física, se ve obligado a encontrar otras formas de establecer un vínculo profundo con su mujer. Debe aprender a relacionarse con ella de otro modo – no como pareja sino como amigo. El poder verla de esa manera le permite conectarse a ella en forma distinta una vez que se reanude el contacto físico.

> En última instancia, la Torá pide una relación entre marido y mujer que faculte una expresión óptima de su amor mutuo en un nexo apasionado. Entonces, esa relación y su expresión reflejarán una unión elevada y un reconocimiento que unificará a la pareja, no solo en el sentido físico y emocional, sino también espiritualmente[15].

Es por esta razón, que la modestia y el recato son tan importantes en la ley judía. Tanto hombres como mujeres deben vestir con recato, las leyes de modestia tienden a enfocarse más en la mujer; no es una carga, al contrario, cuando una mujer viste modestamente, ella se beneficia enormemente. El verdadero valor de un individuo radica en sus principios y carácter. Si las personas solo aprecian mi apariencia, en definitiva, no me valoran realmente. Las reglas de la modestia permiten que la apariencia física pase a un segundo plano y obligan a la gente a enfocarse en el individuo.

Similarmente, si un hombre es apreciado por su fuerza física, su altura o su musculatura, ¿cuál es su verdadero valor? Lo mismo es aplicable al casarse con una persona por su dinero o sus posesiones. Esos matrimonios suelen fracasar porque sencillamente nunca hubo un compromiso hacia la otra persona – se casaron con el carro, la casa, la cuenta de banco, el cuerpo musculoso, o la belleza. Son todas consideraciones bastante

---

15 Aron, *Spirituality and Intimacy*, p. 121.

egoístas y superficiales, ninguna bastaría para mantener la pareja unida y comprometida con su matrimonio.

En el matrimonio, es muy importante, que el hombre aprecie a su esposa por quién realmente es, por sus cualidades interiores; las leyes de la modestia hacen eso posible. La forma de vestir que la Torá establece sirve para que un hombre vea más allá del aspecto exterior de la mujer.

En cierta ocasión, un ladrón se infiltró en una joyería muy bien cuidada. Luego de observar la mercancía, el hombre tomó un manojo de oro y salió corriendo. De inmediato lo capturaron los guardias y lo pusieron en prisión. Cuando lo estaban juzgando, el juez le preguntó, "¿cómo fuiste tan tonto como para robar oro, sabiendo que había tantos guardias en la tienda?"

"Yo no vi a nadie," respondió el ladrón con toda sinceridad. "Lo único que vi fue el oro".

Enseña autocontrol: hemos aprendido que parte de nuestra misión en el mundo consiste en aprender a controlar nuestros instintos e impulsos[16], además de tener una ventaja espiritual – al permitirnos conectarnos con Di-s – nos proporciona un beneficio psicológico.

Todos conocemos el sentimiento que genera tener el control de una situación, y nos desagrada cuando otros nos controlan; no queremos que los demás nos manipulen. Cuando cuidamos las leyes que estipulan en qué momento podemos tener intimidad física, automáticamente, logramos un sentimiento de fortaleza interior. No somos esclavos de nuestros deseos físicos. Es muy satisfactorio poder decir no a un impulso.

Da una ventaja espiritual a los hijos en su futuro: el Baal HaTania enseña[17], que cuando los padres se santifican durante la relación marital, empezando por respetar las leyes de sepa-

---

16 Ver Capítulo 11, "Haz que funcione, haz un esfuerzo".

17 *Tania*, Capítulo. 2.

ración, y la mujer cumple correctamente con el ritual de la Mikve al finalizar su período y mantiene pensamientos puros durante la relación íntima, el alma de sus hijos, desciende a este mundo, con una gran sensibilidad espiritual – una ventaja espiritual que les será útil durante toda su vida.

Tenemos la oportunidad única de darle a nuestros hijos que lleguen al mundo con una ventaja superior desde el instante en que son concebidos. ¿Qué padre no estaría interesado en darle a su hijo semejante ventaja en su vida?

La intimidad física es fundamental para lograr un matrimonio exitoso. Las leyes de separación que rigen entre marido y mujer incrementan el sentimiento de plenitud y satisfacción de la pareja y santifican su relación.

¿Qué Puedes Hacer Por Tu Pareja?

¿Cómo complacer a tu esposa?

Aquí te ofrezco un sencillo ejercicio que alterará tu modo de ver tu relación: Siéntate y pregúntale a tu esposa cinco cosas que ella estimaría. No las cuestiones ni analices. Solo elige dos de ellas y hazlas realidad. Cada cierto tiempo realiza el mismo ejercicio y verás resultados maravillosos.

Cuando una mujer dice: estaré lista en cinco minutos, equivale a que un hombre diga: estaré en casa en cinco minutos.

Sospecho que algunos de esos puntos, si no todos, aparecen en la lista aquí abajo. Aparte de esas cinco cosas, trata de hacer tantas como te sea posible de las sugeridas en esta página. Fíjate cómo cada una de ellas satisface una o varias de las tres A´s:

- Cuando llegues a casa, saluda a tu mujer y mírala a los ojos.
- No entres en la casa hablando por celular.
- Cuando te hayas relajado, pregúntale cómo fue su día. Tus preguntas deben mostrar que estás al tanto de sus planes. Por ejemplo: "tuviste una cita médica - ¿cómo te fue?"

- Aprende a escuchar y a formular preguntas que demuestren que estás interesado.
- Tráele flores a tu esposa – no sólo en ocasiones especiales, sino incluso cuando no existe un motivo aparente.
- No esperes al viernes para preguntarle a tu esposa cómo desea pasar el fin de semana. Planifica con anticipación.
- No des por sentado lo que ella hace – cólmala de cumplidos.
- Respeta sus sentimientos cuando se enfada o molesta.
- Ofrécele ayuda, especialmente cuando está cansada.
- Si se te está haciendo tarde, asegúrate de llamarla y decirle por qué estás atrasado.
- Si se hieren los sentimientos de tu esposa, dile en tono compasivo, "de verdad siento mucho que estés molesta", y no digas nada más. No le des consejo alguno ni trates de demostrar que no es tu culpa.
- Nunca descartes ninguna de sus preocupaciones como si fuera algo absurdo o tonto.
- Si ella es quien usualmente lava los platos, de vez en cuando ofrécele hacerlo en su lugar.
- Cuando estés saliendo de la casa, pregúntale si necesita algo. No olvides hacer todo lo que te pida.
- Abrázala varias veces al día.
- Llámala desde el trabajo para saber cómo se siente, para compartir ciertas noticias con ella, o sencillamente para decirle, "estaba pensando en ti".
- Lava su carro.
- Muéstrale interés. Si no se siente bien, pregúntale cómo sigue.
- Muestra atención a tu esposa y no la ofendas, en especial en lugares públicos.
- Demuestra respeto a tu esposa, en especial delante de los hijos.
- No la contradigas y te pongas a favor de los hijos cuan-

do ellos estén presentes.
- Si eres estable económicamente, sé generoso con ella.
- Dale pequeños obsequios como chocolates y perfumes constantemente, y ocasionalmente grandes regalos.
- Cuando tu esposa prepara la cena, asegúrate de alabarla por ello.
- Si está cansada, prepárale una taza de té.
- Encuentra tiempo para estar juntos.
- Dile que la extrañaste cuando estabas de viaje.
- Compra tortas o pasteles que le gusten.
- Siempre dale las gracias cuando hace algo por ti.
- Respeta a su familia – no la critiques.
- Cuando ella te habla, mírala y deja todo lo que estás haciendo. Enfoca toda tu atención en aquello que te dice, sin distracciones.
- Avísale si vas a algún lado o si quieres descansar.
- No le digas que coma menos o que pierda peso.
- Si vas a algún lugar, avísale que llegaste bien.

¿Cómo complacer a tu esposo?

Las mujeres también pueden hacer el ejercicio que mencioné antes: pregúntale a tu esposo cinco cosas que quisiera que hagas por él. Elige dos y llévalas a cabo. Además, te presento una lista de cosas que probablemente tu esposo quisiera de ti. Aunque algunas de ellas corresponden más a una mujer que es ama de casa, la mayoría de ellas aplican a toda mujer casada. Mientras vas leyéndolas date cuenta cómo satisfacen las tres P's que todo hombre necesita:
- Alístate antes de que tu esposo llegue a casa. Trata de verte relajada y no apurada. Luego de todo un día de trabajo y estrés, él ansía llegar a un lugar pacífico. Le dará placer verte calmada y atractiva.
- Cuando él llegue a casa, asegúrate de apagar tu iPhone

y Tablet y de darle toda tu atención.

- ✦ Prepara la casa para recibirlo.
- ✦ Asegúrate de vigilar bien a los niños y de que estén en horario. Mantente al tanto de sus tareas y proyectos especiales.
- ✦ Cuando regresa a casa, déjale un momento para que se relaje y no lo bombardees con tus problemas.
- ✦ La cena debe estar lista antes de su regreso. Aún si se le hace tarde, asegúrate de esperarlo con la cena.
- ✦ No te quejes si llega tarde a cenar. Podrán hablar de ello en otro momento.
- ✦ Trata de no planificar actividades en que debas salir por la noche mientras que él permanece en casa.
- ✦ Acompáñalo mientras cena (aunque haya llegado tarde).
- ✦ Sé considerada con las finanzas.
- ✦ No lo ataques ni lo critiques. Utiliza otros métodos para comunicarle una queja[1].
- ✦ No le transmitas mensajes que lo hagan sentirse un fracaso.
- ✦ No seas demasiado persistente, aunque se trate de cuestiones importantes. Plantéalas delicadamente.
- ✦ Sube su ego: dile cuanto lo admiras como esposo, padre, proveedor y ser humano.
- ✦ Déjale tiempo para sus pasatiempos y vida social.
- ✦ Muestra interés en la intimidad. Hazle sentir que se trata de un interés mutuo.
- ✦ No lo ofendas en presencia de otros.
- ✦ No lo contradigas y te pongas del lado de tus hijos cuando ellos estén presentes.
- ✦ Respeta su familia. Si tienes problemas con ellos lo mejor será que evites el tema.
- ✦ Cuando te habla, enfoca la atención totalmente en lo

---

1 Ver Capítulo 18, "Segundo Paso: No se trata de qué dices, sino de cómo lo dices".

que dice y no te dejes distraer.

⊕ Avísale si vas a algún lado o si quieres descansar.

⊕ No le pidas que coma menos o que baje de peso.

⊕ Si vas a alguna parte, llámalo y avísale que llegaste bien.

Mantén en mente lo que puedes hacer para complacer a tu pareja.

Glosario

ASHKENAZÍ: es el nombre dado a los judíos de origen europeo que se asentaron en Europa central y oriental en el siglo X, principalmente en Alemania, Polonia, Ucrania, Rusia y otros países eslavos.

BAR MITZVA: significa literalmente "hijo del deber". El varón judío a los 13 años comienza a ser responsable de sus obligaciones religiosas.

BAT MITZVA: significa literalmente "hija del deber". La niña judía a los 12 años está sujeta a cumplir los preceptos.

BILAAM: un profeta gentil que trató de maldecir al pueblo judío.

CASA DE JABAD: centro judío que promueve la observancia del judaísmo con alegría.

HALAJÁ: conjunto de leyes de la religión judía.

JALÁ: pan trenzado que se bendice en las cenas de shabat y festividades judías. Su significado halájico: es el trozo de masa que se separa y consagra tradicionalmente a Di-s cada vez que horneamos pan.

JASID (pl. JASIDIM): judío ortodoxo que sigue a su Rebe, guía espiritual según la línea de Baal Shem Tov.

GÉNESIS: primer libro de la Torá.

GUEMARÁ: obra que recoge principalmente las discusiones rabínicas sobre leyes judías, tradiciones, costumbres, narraciones y dichos, parábolas e historias.

IDISH: idioma perteneciente a las comunidades judías ashkenazíes tanto del centro como del este europeo.

KIDUSH: bendición sobre el vino antes de comenzar la cena de shabat y en otras festividades judías.

KIPÁ: lo que los hombres judíos usan para cubrir su cabeza";
La ley judía exige que los hombres se cubran la cabeza en
señal de respeto y reverencia a Di-s.

MENSCH: una persona honorable, decente y auténtica.

MEZUZÁ: rollo de pergamino que contiene el "Shemá." – un
pasaje bíblico que declara la unicidad de Di-s y la dedicación del pueblo judío al Todopoderoso. Se coloca sobre el
marco de la puerta de todo hogar judío.

MIKVE: baño ritual.

MISHNÁ: cuerpo exegético de leyes judías, que fue codificada
por Rabí Yehudá Hanasí, hacia finales del siglo II.

MITZVÁ: mandamiento.

NU: palabra en idish que los judíos ashkenazim utilizan para
solicitar algo. Similiar a ¿y?...

OY VEY: exclamación de consternación, dolor o exasperación
en idish.

PESAJ: festividad judía que conmemora la salida de Egipto.

PIRKEI AVOT: ética de los Padres, es parte de la Mishná.

ROSH YESHIVA: director de una academia de estudios judaicos.

SHABAT: día de descanso en la tradición judía.

SEDER: comida festiva que es llevada a cabo en la primera y
segunda noche (o sólo la primera en Israel) de la fiesta de
Pesaj.

SEFARADÍ: Judío provenientes de España y de los países de
Medio Oriente.

SHIVA: período de siete días de luto según las leyes del judaísmo.

SHULJAN ARUJ: código de leyes judías.

TALMUD: obra que recoge principalmente las discusiones
rabínicas sobre leyes judías, tradiciones, costumbres, narraciones y dichos, parábolas e historia.

TORÁ: la Biblia (también incluye otros textos judíos).

YESHIVA: academia de estudios judaicos.